地緣★風雲

世界多極化　中國何去　香港何從

黃裕舜 著

目錄

序言（按姓氏筆畫序）

Part 1 風起☆雲湧

Part 2　光明☆磊落

Part 3　改革☆開放

Part 4 明珠☆我家

Part 5 我思☆我在

序一

我與黃裕舜認識的時間其實不長，但是一見如故的感覺確是很強烈。每次和他交談或者研讀他的文章，經常是既感投緣亦感汗顏。

裕舜年紀雖輕，但是看問題成熟穩重，是難得的集政治學者與政治評論員於一身的青年才俊。看他侃侃而談，讀他洋洋灑灑的文章，頓感後生可畏。

他最新的時事評論合集，以通俗易懂的語言，旁徵博引，讓讀者開卷有益並掩卷而思。我真誠推薦此書。

王向偉
浸會大學傳理系專業應用副教授

序二

ChatGPT可能是現代社會裏面最為令人期待的科技發展。

但它也讓我們不得不擔憂一個根本問題，那便是人工智能正對我們這些「知識／智慧工作者」構成嚴重的威脅。

黃裕舜這一本書，充分論證了在人工智能崛起之時，起碼還有一種職業應該能暫時幸免於其所帶來的衝擊──那便是地緣政治家。黃裕舜這一本書的尖銳性、廣泛性、思考的縝密與令人感受深刻的深度，表面看來儼如一個超優秀的人工智能所撰寫的散文集。當然，這本由黃裕舜累積數年文章結集而成的書裏面實在有很多地方，人工智能是無法複製或取代的。此書對真相有一種擇善固執，其政治判斷公允而平衡，更將本地政治與國際形勢之間的互動淋漓盡致地表達出來。

《地緣風雲》是一本針對香港、中國整體，以至於全世界國際動態現況評論的經典之作，望能為無論是對「我們世界現在為何／如何？」還是「我們世界應當如何？」感到興趣，以至於所有對政治理論與科學有所好奇的朋友，帶來精闢見解。

貝淡寧（Daniel Bell）
香港大學法律學院政治理論講座教授
山東大學政治與公共管理學院前院長

序三

兩三年前，有朋友提醒我留意一個在《信報》寫長篇評論文章的
年輕人，說「他的東西值得讀讀」。從那以後，我不時留意黃裕舜
（Brian）的發表——我相信，不少人同我一樣，關注這個「回歸寶
寶」的動向。

我在 Brian 的上一本書《破繭論》中讀過他的「三環論」，而他的這本
新書《地緣風雲》，可以說是以三環論為思想框架，對全球、國家、
香港這三重時空的發展邏輯、互動關係和演變趨勢，進行梳理、研判
和理論總結；在國際地緣政治的宏大框架下，探索國家和香港的發展
路徑，亦思索大時代背景下，「我」作為知識分子、小人物的前路。

隨着全球化紅利耗盡，世界進入動盪時期，人們驚覺歷史並未終
結、地緣政治「回歸」。 Brian 認為，地緣政治從未離開，雖然傳統
全球熱戰非大概率事件，但全球已進入「共存共鬥」狀態，區域性戰
爭漸趨頻繁，並擴展到科技、金融、思想、輿論等多種領域，地緣
政治重新成為各國制定政治經濟外交政策的核心關注點；而威脅人
類生存的多重風險，包括核戰、全球暖化、強人工智能等，卻又呼
喚人類命運共同體的形成。如此全球格局下，中國這個大國，該如
何選擇？而香港這個大國博弈夾縫中的特殊經濟體，又如何找到自
身定位，承擔起應有的責任？

全書展示宏觀的全球性框架，層層遞進，視野廣闊，而我從 Brian
洋洋灑灑的論述中，還讀到年輕人難得的對個人、群體、組織、國
家之複雜性和多面性的成熟理解，以及「實事求是」的世界觀。在

世界、國家與香港這3個層面,他均毫不留情地駁斥二元對立的思維,大聲呼籲包容、開放、審時度勢,約束務實,從世界之多元複雜性出發,立體而多面地看世界。

本書有不少閃閃發光的思想。比如,他認為,民主只是手段,而良政善治才是我們新時代的目標;顛倒了手段與目標,其實是誤入了別人的話語壟斷。以人民的福祉為標準去衡量善治,用自身的實踐去定義善治,才能開啟我們的話語體系,擺脫將「民主」視為唯一管治真理的話語糾纏——這一點,實有警醒之義。

再比如,他指出,「說好中國故事」不是宣傳、不是政治表態表忠;在不觸碰紅線的前提下,應以有異於官方文宣的語言,以多元柔性的說明,「有技巧地呈現國家的缺陷美」,彰顯國家摸着石頭過河的客觀現實,讓世界各國人民從中產生共鳴,構建立體的認同感。他說,好的中國故事,是說出來的,更是「做出來」的——這一點,我很認同。

再比如,他說「解殖」並不是去國際化,反而需要通過持續的國際化,強化對國際的全面充分認知,提升解殖的質量和效率,讓社會與這個時代同步而行;而香港,必須推動深度「改革開放」,珍惜自身與內地的不同,重新與世界對接,重塑我們作為國家改革開放試驗田、助推器和創新地的角色——對此,我也深以為然。

這本書,讓我窺見這個年輕人在學術上力圖建構一套完整論述體系的雄心。我讚賞他作出這樣的努力,也期望他能真正實踐他在書中所提出的「知識分子」的責任:不是活在象牙塔中,而是成為真正的行動者和構建者。

洪雯

香港立法會議員

序四

我們身處的年代，國際政經秩序正在剝離、重組，奉為圭臬的自由
主義經濟觀，正被國族主義、保護主義所侵蝕。大國權力競逐正演
變成一場軍事競賽，核子武器像從盒子裏放出來的精靈，在大國的
操弄下，有可能失控。在這種背景下，疫情與經濟下滑只是雪上加
霜。在前景混沌下，世局正步入不確定的未來。

我們該如何詮釋世界現況？又應如何因應詭譎多變的國際形勢？年
輕學者黃裕舜給了我們一些線索和啟示。

他的新書《地緣風雲》像一場及時雨，大家最關心的一些地緣政治與
中美間及香港的問題，他在書中嘗試理出頭緒，分享他的觀點。讀這
本書，如同與作者一起走一條探索困局的路。他的觀點與倡議，未必
為大家接受。然不可否認，他激盪我們的思考、拓寬我們的思路。

整本書焦點不限於地緣政治，探討層面多元繁複，由遠至近，從國
際、區域到中國，最後回至香港。作者關切香港與中國的前景，在
數百頁的文章裏，我們感受到作者濃郁的在地情懷（第四部分：明
珠。我家）及對家國的熱愛（第三部分：改革。開放）。他希望透過
一支筆，穿梭歷史與地緣之間，梳理一條脈絡，作為因應劃時代挑
戰的策略選擇。

作者年紀輕，知識卻十分廣博，文字亦很精練，氣魄不小。探討議
題時，引經據典，反覆析論，哲學思辨帶動論述的張力，觸角伸展
至不同脈絡。這種探索議題的方式，顯示作者深受哲學熏陶，推論

與思辨是觀察世局、解析問題的基礎，不同於現在美國的政治學訓練，強調理論及分析架構，這也是本書的特色。

大國激烈競逐下，全球化步調緩慢下來，跨國合作受到意識形態的干擾，影響擴及全球，未來充滿了變數，這不是短短幾年可以結束。過去不會重來，全球正走入可能長達幾十年的動盪。

我們須在不確定年代，找到一條有利的發展道路；絕對不能瞻前顧後，以拖待變，必須積極有為。或許基於這個理念，作者於書中以不少篇幅，評論、探索現階段中國發展與香港革新的途徑。

簡單來說，作者認為中國與香港須與國際對接，反對閉關自守。不過，在新冷戰氛圍下，中國正遭美國排擠，靠人遠不如靠己。總不能將自身的未來，寄放在對方的善意上。中國應充分利用自身優勢與潛力，深化改革，推動內需。香港則應政策革新，改變單一產業結構，增強發展韌性，注重成長果實的分配。

作者也注意到，中國面臨的挑戰非全是外在的，有些是內在的。如果不將自身經濟體質搞好，不把發展引發的內在矛盾有效化解，僅寄望對外開放、國際化，不單不切實際，反受制於人。

總的來說，本書從宏觀至微觀的探索議題，引人入勝。書中提出香港三環論，另提出如何爭取人才，立論十分精采。我相信這本書僅代表作者一部分的思路，將來一定還有更精采的新著發表，拭目以待。

高朗
香港恒生大學社會科學系教授兼系主任

序五
我們為什麼要讀懂地緣政治

當今世界，錯綜複雜，表面上看好像都是大國博弈，再往深處看，大國博弈的矛盾往往都出自於很多「小國」，例如已經打了一年有餘的烏克蘭戰爭。國際關係有時候真的猶如牽一髮而動全身，這也是地緣政治的重要意義所在。

有人說，香港也是「小地方」，大家在香港努力賺錢就好，何必研究什麼國際關係？我個人非常不認同這樣的看法，也正因此，我非常欣賞並支持好像黃裕舜這樣土生土長的香港年輕學者，用新世代的眼光，為香港乃至世界提供一些國際關係的新視角，也因此高興見到裕舜關於地緣政治的新書問世。

裕舜長年在《信報》等媒體撰寫專欄，涉及題材頗廣，不僅僅我會經常拜讀，身邊朋友也時不時傳閱。如今裕舜可以把他有關地緣政治和國際關係的專欄文章集結成冊，同時亦加入很多歷史背景，幫助讀者梳理頭緒，實在是難得。哪怕再忙，讀者若能睡前翻幾頁，相信開卷有益，漸漸地一定會對國際關係有更深入認識，我想這可能也是裕舜出書的目的之一。

再者，我們身處香港這個國際大都會，每天都和各式各樣的「國際」因素打交道，有人說，香港就中美關係而言，好似「三文治」，香港夾在中間，確實有其不言而喻的難處。正因為「三文治」的特殊地緣意義，無論是特首還是銀行家，香港人更應該對地緣政治乃至國際關係有一定程度的理解。很多事情，不是非黑即白，拿中美關係舉例，如今絕非簡單粗暴地可以通過「零與博弈」的理論解決任何問題。

香港是與紐約、倫敦並駕齊驅的三大國際金融中心之一，如今和錢打交道，也務必多了解一些地緣政治和國際關係知識。大國外交，字裏行間充滿很多所謂「外交辭令」，是不是真的會打仗，印太地區的「紅線」究竟有多少，中美大國關係背後又有哪些「小國」在左顧右盼，裕舜不會直接告訴你「是或者不是」，因為國際關係本來就不是那麼簡單。讀完此書，希望可以掌握自己分析國際關係的邏輯與思路，正所謂授人以魚不如授人以漁，我想這亦是裕舜完成此書的另外一個目的。

最後，從職業發展角度，我也免不了想再囉嗦幾句。有人說，讀國際關係沒用，除了教書，還能做什麼？還不如念法律醫生來的實在。此言差矣。筆者過去多年服務於一家美國大型科技公司，以科技公司為例，最麻煩的其實並非科技創新本身，而是公共政策以及如何讓監管者和用戶更理解新興技術的發展，這其中亦涉及很多國際關係理論，我的身邊亦有很多念國際關係的同仁，甚至包括很多博士。

我們為什麼要讀懂地緣政治，對國際關係的把握有自己的判斷和分析？因為這個世界變化莫測，唯一不變的就是這個世界每天都在改變，與其依賴所謂「專家」告訴你「是或者不是」，不如自己多讀書，多思考，為自己的投資、職業乃至人生做決定，因為我們的世界已經是你中有我，我中有你。從香港出發，看清世界真面目，不要人云亦云。

陳澍

美國耶魯大學世界學者、香港大學公民社會與治理研究中心高級學者；
曾任美商 Meta 大中華、蒙古及中亞區公共政策董事總經理、
香港《南華早報》執行總編輯等職務

序六
給《地緣風雲》的推薦語

一口氣讀完黃裕舜（Brian Wong）的《地緣風雲》之後，我腦海中浮現出3個關鍵詞：1、視野，2、知識，3、情懷。

作為一個香港土生土長，亦在中國內地和英國讀書和生活過，更遊歷過世界不少地方的年輕學者，Brian這本書為讀者就着地緣政治、中國崛起、香港前途和知識分子應有的角色和機會，提供了他的看法。

在今天的「百年未有之大變局」中，不少人會感覺到頗為迷茫，一部分人容易變得「人云亦云」，社會某些階層容易陷入一個負面或不知所措的「集體潛意識」狀態。Brian的這本書就像在黑暗的汪洋大海中的一盞亮燈，為人們燃點出一線強光。

謝祖墀

高風管理咨詢公司創始人兼CEO
前BCG中國區總裁
Booz Allen大中華區董事長
《變局思維》作者

引言

這是一個眾多小人小事的小世界。這是一個充滿大是大非的大時代。

冷戰結束後的 30 年，已發展國家與地區中的絕大多數人認為，地緣政治矛盾、國際博弈鬥爭的年代，一去不復還。有人高舉「西方自由民主」，斷定歷史已經終結。也有人認為「萬千世界本為一體」，世界正朝着和平與多元的國際秩序演變。豈料在短短數年間，中美博弈升溫、新冠疫情席捲全球、俄烏戰爭一發不可收拾，所謂的全球化美夢，迎來了最嚴峻的衝擊。但須知道，地緣政治其實一直也沒有離開過──從伊拉克到緬甸、中非到東歐的諸多國家，全球化所帶來的黃金輝煌，並沒有他們的份，並沒有為他們預留一席。與其說地緣政治回歸地球，倒不如說，2023 年之時，人類集體來到了一個不能再忽視意識形態、政治誘因與地理分布之間交織的臨界點。在這臨界點前，從政者與施政者必須認真地正視地緣政治，更要把握契機，以務實主義針對性地化解外交危機、提振內政。同時，身在大格局動盪中的普通人，也必須知道自己其實並不普通。只要我們啟發潛能，將地緣政治的脈絡弄清楚，方能在亂世中自保以外，也能為社會、為世界出一分力。

中國急速崛起，為上下舉國人民帶來振奮人心的發展紅利，成就舉世皆見，也不容政治渲染性的抹黑或攻擊所扼殺。但同時我們更要意識到一點，就是中國這些年來的外交成果，乃是建基於一種遊刃有餘的和平、多邊、務實、以民為本的哲學與世界觀。此一成功秘訣，自然與鄧小平前輩當年的「韜光養晦、有所作為」戰略思想息息相關，卻也是建基於中國對世界各國各地開放的國際化、全

球化、體制化。如今迎着中國的，正是近50年以來前所未見地嚴峻而複雜的國際形勢。在世界趨向更進一步巴爾幹分裂化的時代中，中國到底應當如何提升自身的軟實力、經濟實力，以四兩撥千斤？中國近代諸位外交家，又有何真知灼見能讓國家看見前路，活出希望？

七十年代末，八十年代初，中國踏上了改革開放的時代道路，通過引入積極理智的市場機制、推動資金累積與增長、革新官僚主義與意識形態主義加持下的政府結構、引入「四個現代化」的破格思維，從而讓國家得以扶貧濟困、和平崛起。今時今日，經歷了新冠疫情、在風雨飄搖的大時代中，正如國家領導人在去年二十大及今年兩會期間所鮮明表明，中國對深化鞏固改革開放的堅持與魄力，不會動搖，也不能動搖。這裏，從探索改革軌跡與開放歷史，我望能梳理出一套點出中國政治、經濟、體制、法律改革路的理論框架，從而希望把對中國近代發展與歷史具興趣的朋友帶來認識中國、充分了解其起伏波折、面臨逆境如何迎難而上的空間與機會。

過去26年走來，香港也走得毫不容易。固然，香港得天獨厚的法治、基建、人才知識，再配以我們背靠中國而面向全球的優勢，理論上應當讓我們可一帆風順。但事與願違，政治內耗、體制與民間需要重建互信，而地緣政治與國際博弈下，令香港多年以來作繭自困，更在「外憂內患」的交織下衍生出令人觸目驚心的政治動盪。「破繭」之路雖已開展，但長路漫漫。今時今日，在過去數年的擾攘終於告一段落之時，香港正面臨關鍵抉擇。到底我們是選擇內捲、內向、將我們獨一無二的制度性優勢徹底抹去，選擇排外仇外；還是選擇往外走、外向，把我們獨特的東西南北交織融為一體的熔爐定位重新展示出來，堅持香港作為中國最自由、最開放、最國際化的城市，繼續發光發亮？這是一個關乎到你我的問題，也是任何一名負責任的中國香港公民，必須反思重視的問題。

國際化不是一個口號，而是一種行動哲學，更是一種生活態度。知識分子在大時代中，可以選擇沉默不語，也可以選擇煽風點火，從群眾中撈取政治與金錢資本。當然，也希望有足夠的同路人，願意擇善固執，超越一個人的個體想像，去開拓改革開放的土壤與道路。

這本不是教科書，也不是歷史書。裏面有個別章節會將一些構思及思想拋磚引玉地呈現出來，卻未必能在有限篇幅內將所有細節與論據詳細探索。這是必然的局限，也是一個只能通過後續討論來補充的局限。歸根究柢，這是一本希望能引起眾多讀者對書內話題有興趣的文集，其將我過去數年有幸在《信報財經新聞》的專欄精髓集結起來，再加上數篇的補充性與調研性文章。書中也會標註文章出版日期，望能為讀者提供背景參考。有些文章內容時間性較為鮮明，有些則相對沒有那麼重要。

為何要將這些文章整合起來，放在同一本書中？撰寫時事評論永遠是一個有趣的旅程——有些預測是出乎意料地準確，也有不少預測最終與事實不符。我且將這些文章——無論箇中的預測是對，還是錯——皆嘗試以最原汁原味的方法包含在這本文集之中，希望立此存照，也讓我與大家一起來作一場痛快的反思。與其透過「事後孔明」的視角嘗試去粉飾我過去對歷史進程的評價與預測，我倒想更坦誠地就着我的思考與心路歷程，與眾多讀者就着地緣政治、中國崛起、香港未來等議題作更深入的對話與探討。

《禮記・大學》提出：「古之欲明明德於天下者，先治其國；欲治其國者，先齊其家；欲齊其家者，先修其身」。本書則嘗試先剖析天下走勢，再探討我們國家之近代起伏與波折，然後再拷問作為中國面向世界窗戶的香港，未來發展路向應當為何。最後，以個人的「修身」問題作結——究竟在這風起雲湧的年代中，知識分子應當擔任什麼樣的角色？是要猛烈批評與示威？是要無條件地卑躬屈膝與俯

首稱臣？還是要在保留清醒的同時，懂得儒家淑世精神，在「士」與「大夫」這兩種模式之間學會周旋與平衡？

在這個後現代個人主義先行的時代中，「我」很重要，「我們」不重要。這卻是錯的。怎麼把群體中的集體「自己」重新建立起來，重新找回政治思考的群體性、同時保存真我的自主性，需要協商、需要思辨、需要辯證。不隨波逐流、不搖風擺柳，敢於面對異見、破除迷信，將自己輕輕舉起也輕輕放下，這才是應對地緣風雲的唯一方法。

「行到水窮處，坐看雲起時。偶然值林叟，談笑無還期。」——王維《終南別業》

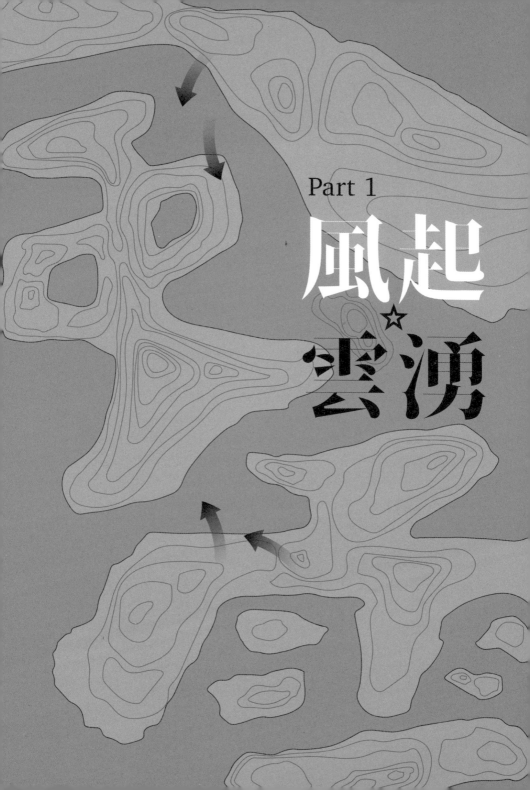

Part 1

風起
☆
雲湧

1.1
我們應當如何理解地緣政治？

什麼是地緣政治？

廣義上「地緣政治」這四字指的，乃是針對地理分布與資源分配，如何構成國與國之間的互動——包括合作、衝突、相互防備與協調，以及其所帶來的國際層面效應，而所展開的研究學問。狹義上，「地緣政治」指的則是以上這些因素所帶來的國與國之間的直接或間接博弈、競爭、聯盟與敵對關係。我們的生活裏面充斥廣義地緣政治的痕跡，以及狹義地緣政治到臨的衝擊。

但要充分分析當代的地緣政治前，我們首先要掌握地緣政治的過去思想軌跡，方能讓我們理解其現在與未來的重要。這一篇文章，嘗試將地緣政治分析分成三大浪潮，它們之間並沒有必然的時間連續性，卻大致反映在這理論空間中的辯證過程：一、軍事地理主導；二、經濟文明主導；三、多重交織性模式。第三學說，也就是筆者認為攸關重要而最為合理而全面的論述。

一、　軍事地理主導

歷史上，從十九世紀末至二十世紀中葉的地緣政治學，主要由筆者
稱為「軍事地理主導」的理論作主流思想。這些流派普遍信奉的主要
綱領，當中包括：

一、　國際社會上，國與國之間的互動必須以地緣關係作為分析
　　　基礎。

二、　地緣關係的核心，乃是各國的地理位置、互動，以及經濟
　　　實力與生產力。

三、　在地理與經濟基礎上建設的軍事實力，對國家的成功失敗
　　　具備攸關重要性。

「地緣政治」這一字眼，歷史上最早能追溯至瑞典政治學家契倫
（Johan Rudolf Kjellén）所提出來的「Geopolitik」主張，其認為一個
國家就如一個有機體一般，有必要不斷生長——也因而需要生長的
土壤與空間。契倫更認為國與國之間的互動本身就是一場搏鬥與競
爭，結果必然是弱肉強食。與傳統的「現實主義」國際關係主張不同
的是，契倫的「Geopolitik」更傾向於押注在某一個特定國家身上，
讓其成為平衡各方利益的主心骨。對於契倫來說，二十世紀初的德
國便是一個最合理的「使者」，基於其海陸兩路皆兼備資源的先天性
優勢，讓德國有權有力爭奪世界霸主一位，從而抑制沙皇俄國的拓
展主義。契倫主張背後，乃是赤裸裸的功利自利主義，卻成功地為
日後納粹暴政第三帝國地緣政治理論鋪墊出基礎。同情納粹的軍人
與政治學家侯士荷化（Karl Haushofer）其後將契倫理論轉化成合理
化納粹帝國主義的基礎，從而也讓「地緣政治」這字添上一定的陰影
與污名。

契倫的理論工作，也間接為軍事地理主導學派中的眾多百家思想，提供了彈藥與基礎。此一學派有三大主要學說。第一主張，乃是由美國海軍軍人與歷史學家馬漢（Alfred Thayer Mahan）於1890年所出版的《海權對歷史的影響 1660-1783》（*The Influence of Sea Power upon History: 1660-1783*）所提出的，也即是著名的海權論。海權論認為，在眾多因素當中，最能影響及干預國家之間的實力懸殊的，乃是他們對海洋的控制掌握與所能動用的資源。這論述指出，海洋乃是物資、貿易、人口進出（尤其是在航空與陸運尚未通行之前）等層面上不可或缺的輸出輸入性平台；同時，海洋能為軍隊所帶來的彈性與開放程度、可接觸的距離與範圍，也是大陸難以複製的。有見及此，若一個國家能佔據可直接進入海洋的地理位置、同時具備優良港灣與海岸，這個國家的「海權」籌碼，以及其所帶來的政治影響力，也必然大幅上漲。反之，若一個國家的人口與其海岸線不成正比（比方說，完全的內陸國家，又或是只有一小部分邊境是接壤海洋的），那此一國家則難以在海上的經貿博弈與競爭中佔有先機，在發展「海權」上也會遇到相應的阻力。馬漢在其理論框架中花了很多時間探討經濟實力作為軍事實力的先決（但絕不充分）條件。以他所看，海權這地理建構，決定了世界權力分布；然而能影響海權的，遠不止於天然的地理條件，也包括後天的管治能力、生產力、海軍的完備程度等。

第二主張，則是隨着陸上發生的急速工業化、陸路運輸開始出現跨層性跳躍、熊皮特（Joseph Schumpeter）所說的「創意性破壞之風」（gales of creative destruction）開始滲透歐亞大陸上較為先進而現代化的國家，這些因素皆令海權的相對重要性有所下降。英國地理學家麥金德（Harold Mackinder）於二十世紀初至中期發表多篇文章，就着「陸權論」展開論述。以他所看，「陸權」也即是指一個身處大陸的國家，能否控制大陸上關鍵的運輸與貿易樞紐與管道，同時善用大陸所賦予的先天性屏障與防守設備（包括高山、廣闊草原、

大江大河等），為國家建立牢固的防守設備與空間。他認為海權與陸權國家之間並沒有必然的高下，而歷史上正充斥着海陸權主導交替的表表例子。麥金德認為，在現代化社會當中，世界力量的核心處於歐、亞、非這三洲結合起來的世界島，而這個島的核心正是歐亞大陸的中部，也即是東歐到蒙古之間那一段「心臟地帶」，以東歐作為最主要的窗戶。麥金德同時認為，在歐洲裏面最有可能控制着這一段空間的，乃是橫跨兩大洲的俄羅斯與德國，西方「盟友」有必要確保這兩者之間保持一定距離，不能成為一個攻守同盟。某程度上也正因此一說法，在第一與第二次世界大戰期間，歐洲諸國對德國侵略及吞併東歐等國的野心甚為警惕，恐怕釀成俄德就着東歐及世界「心臟地帶」的聯手統治這天大的災禍。

第三種學說，則是對應「海權」與「陸權」來說的「空權」。躋身獨裁者墨索里尼（Benito Mussolini）的軍方最核心圈子的杜黑（Giulio Douhet），認為相對於以上兩種「權」力分布，其實「空權」方是讓國家在國與國之間的戰爭取勝的法門，因為航空科技能讓人類直接避開地面上的泥漿摔跤。在撰寫空權理論之時，地對空導彈仍未普及，故杜黑認為天空所能為軍隊及作戰模式帶來的可能性，是無窮無盡的。唯一有效的防守方法，依他所看，乃是發動有效的進攻。杜黑更主張通過空中轟炸，將敵方平民百姓「震懾」，驅動民眾顛覆地方政府，方能讓戰事及早完結。對於杜黑來說，在空戰中取得關鍵主導權，將對方平民傷亡轉化成自身的戰爭籌碼，便能在降低自身人力成本的同時及早取勝的要素。在這一點功利考量之前，所謂的「戰爭倫理」（war ethics），「平民 - 軍隊」之間的分野（civilian-military distinction），根本並不重要。

以上這三大主張集體構成了軍事地理主導的第一浪潮，也是在十九世紀末至二十世紀初在廣義地緣政治中舉足輕重的重點思想。但毋容置疑的是，這些理論框架皆存有很鮮明的盲點。第一，即便他們

嘗試就着全球的地緣政治走向作出推測與解說，但他們主要引述的論點與例子（麥金德為例外）皆是圍繞歐美（尤其是歐洲）展開，例證骨子裏缺乏代表性，也未必能套用在海陸權兼備的東南亞諸國或俄羅斯（亞洲部分）身上。第二，過度看重「海」或「空」（馬漢與杜黑），又或是忽略了空權對戰爭與博弈所能發揮的關鍵性影響（麥金德），則讓這些理論家罔顧其他「權」範式所能起到的作用與重要性。海、陸、空都甚為重要。

第三，地緣政治不止於單純的軍事角力與比併。固然這些作者所生活的時代，驅使他們也許對軍事上的「硬實力」有所強調，這可以理解，但奈爾（Joseph Nye）所提出的軟實力一說，也有其重要性。一個國家能否通過文化輸出、價值輸出、媒體與輿論的操控，以至於對文明與宗教的塑造，從而建構出「不戰而勝」的另類實力？這與我們中國《孫子兵法．謀攻》中所說的「不戰而屈人之兵」，異曲同工，通過以柔制剛的方法「無勝有利」。當然，軟實力的套用範圍也遠不止單純的戰爭——日常經貿與國際政治聯繫當中，一個國家能否掌握或塑造國際話語權，與其地理實力並沒有直接掛鈎。以上這些學派，又有何說法呢？

最後，這些理論框架皆似乎將實體地理（physical geographical）因素視為決定經貿與人文往來的地理因素之全部，其中尤以麥金德的「心臟地帶論」為甚。但須知道，一個地理地帶是否具備重要戰略價值，看的除了是其本身的位置與天然結構，也看地球上的經濟活動與貿易分布，也即是人文地理（human geography）之說。麥金德低估了美國在南北美洲所能展開的經濟現代化與科技增長，讓其即便未能佔據心臟地帶，卻也能建構出以自身為主導的世界金融與經濟秩序。固然有的人會認為，此一秩序如今已走到盡頭，但我們必須承認美國在過去70年在世界上作為雙極之一與單極的霸權這一點事實。美國在二戰期間與其後的崛起，並不可純粹以「陸權」框架

作分析——為何歐洲的「海權」與「陸權」未能壓制美國的「海權」與「陸權」？有的說，答案乃是因為美國的鄰國敵國較少、板塊資源較多。也有人指，這是與美國的宗教文化與崇尚自由經濟的創意型社會有關。這些都是可能的解釋，卻不被軍事地理主導框架所包含在內。

二、經濟文明主導

第二次世界大戰結束，全球政治格局處於一個充滿騷動與不確定性的復甦階段。戰勝一方的同盟國分裂成由蘇聯主導、共產主義為基礎的華沙公約，以及由英美聯手牽頭、逐漸演變成美國單寡頭主導的北約。這兩大陣營之間展開了歷時40年的軍事、科技、價值觀、文化、經濟競爭，最終以蘇聯解體、柏林圍牆倒下為終止。冷戰期間，地緣政治被賦予鮮明的意識形態含義與定型。第一世界（美國為首與蘇聯為首的兩端）內在的張力，反映出不同管治秩序、政治價值觀、意識形態對權力分布與國家定位的直接影響。著名冷戰歷史學家，如克拉默（Mark Kramer）、蓋迪斯（John Lewis Gaddis）等，認為意識形態在掌控蘇聯的斯大林引發冷戰層面上，起了至關重要的作用，讓東西陣營陷入不可復原的存在性爭奪搏鬥之中。地緣走勢與方向，因而成為了彰顯意識形態，以及懲罰對意識形態有所叛逆的「叛徒」之組合品。冷戰時期不少地區爆發的代理人戰爭（proxy war），也在這框架下順而成為了意識形態鬥爭的犧牲品與搏鬥場。這裏指的意識形態，乃是一種對世界「應然」（應該發生什麼）與「實然」（實際在發生什麼）的研判，也是一套未必完整或能自圓其說的價值觀。

當然，這種以意識形態居中的分析，忽略了蘇聯與美國內在所蘊含的龐大政治利益體制。莫斯科與華盛頓之間存在着一種共生共滅的微妙關係——華盛頓需要莫斯科所代表的「威脅」去作團結國內政治

政黨與派系，以及推動本地革新創新的誘因；莫斯科則需要華盛頓這個「資本主義敵人」幌子，藉以論證其對自身國民的高壓統治（雖然高壓手段隨着斯大林之死而有所減退）。兩者之間的政治博弈並非起因於純粹的地理競爭（隨着冷戰推進，麥金德的「心臟地帶論」也逐漸被科技競爭、核競賽、航天競賽（space race）等科技較量淘汰），激烈競爭的推進與地理因素也沒有太明確的關係。

冷戰於九十年代初結束，及後十年地緣政治學中冒起了兩股聲音，嘗試就着冷戰的完結與未來世界政治走勢發展提出他們的解讀與分析。第一種聲音，乃是由路德瓦（Edward Luttwak）所提出，指出冷戰的結束意味「地緣經濟」（geoeconomics）的崛起。有別於以軍事競爭分析為主的第一股思潮，這一股思潮認為蘇聯敗於美國的主因，乃出於其在經濟與平均生活水平上與美國龐大的差異，以及因過度虛耗資源去驅動軍事競賽而導致的資源透支。在蘇聯瓦解以後，隨着全球化全速推進，經濟實力在決定國家於國際舞台上的影響力與因子的重要性，也隨而大幅上漲。主張地緣經濟主導地緣政治的學者認為，隨着地區之間的經濟融合加快增強（其中包括歐盟、東盟），以及隨着多邊經濟組織（包括國際貨幣組織、世界銀行、亞洲發展銀行等）的崛起，這些趨勢皆讓國與國之間的競爭，從代理人熱戰，轉化成經濟層面上的博弈、協商，以及不容易的和平（uneasy peace）。固然美國在千禧年代左右，依然在這個金融與經濟扮演重要的主導角色，但隨着包括中國在內的其他龐大經濟體系崛起，國際秩序正迎來前所未見的變革需求與呈現。

第二種聲音，則是較為傾向於相信，地緣政治最終乃是由文明之間的分庭抗禮所定奪的。亨廷頓（Samuel Huntington）的《文明的衝突》中提出，冷戰時期的意識形態鬥爭乃是短暫而獨特的，因為其彰顯一種獨特時空與政治考量（經歷了兩次世界大戰後的世界）交織下所構建出來的競爭模式。但整體而言，文化與文明依然是主導地

緣政治衝突與矛盾的最關鍵要素。亨廷頓視文明為一種特定、全面性並同時超越一般界線的「文化體系」。在他眼中，後冷戰時期世界未來的衝突，將會是由不同文明之間的分歧、競爭與誤解所引發。他更將世界劃分成包括「西方文明」、「拉丁美洲文明」、「東正教文明」、「中華文明」、「日本文明」等不同共同體。在其分析框架之中，東南亞與南亞部分國家「不成一個統一文明」、以色列、埃塞俄比亞等國家「自成一國」。而當然，這種極為全面而完善的分類，也因而招來不少人類與社會學者批評（此乃後話）。

亨廷頓表示，地緣政治的演變將會按着文明之間的四大互動模式去走——第一，這些文明之間的分歧是不可調和的，此乃是出於文化與歷史傳統的根深柢固性。第二，經濟區域化（又或是筆者所說的全球經濟與金融巴爾幹化）的趨勢正在加速，只會增強按着文明分節分野去設置的權力攻守同盟。第三，全球化將人民之間的距離收窄，同時也讓包括宗教與其他依附在文明之上的複合體成功地收編新的支持與追隨者。第四，隨着非西方國家內部出現日益增長與膨脹的國粹主義意識，其必然會與西方發生衝突。在這四大趨勢干預之下，地緣政治將會成為「西方文明」與「非西方文明」之間的衝突。

我認為這兩種學說都有其可取之處。第一主張，能精準地帶出後冷戰30年的貿易與金融為主導的全球化邏輯與秩序。第二主張，則有效地點出了西方文明對「恐怖主義」以及在他們眼中所借代的極端伊斯蘭主義之恐懼（當然，恐怖主義並非伊斯蘭文明，我們必須搞清楚這一點），以及更進一步對中國與俄羅斯當代的排斥。但這兩種學說，也有其局限性與不足，以下且簡略帶過（然後再切入我所提倡的新模式）。

首先，地緣經濟理論忽視了經濟與貿易，對本土利益以及盈餘分配問題的論述乏善可陳。也即是說，全球化一直以來所依賴的，通過

讓一部分人富起來，然後再讓所有人隨之而獲得社會往上流動的機會，這一論述本身未必成立。一個國家的經濟實力，不能只看其整體生產總值有多少，也要看其分配是否具備基本的公正與均衡性，讓基層貧苦大眾免於受他國貿易與較為便宜的生產過程所替代。資源分配不公長遠而言所帶來的後果，並不單純停留在道德與價值觀層面上，而更能威脅到整體社會秩序與共融性（可參見美國的特朗普崛起與英國的脫歐）。再說，地緣經濟並沒有就着貿易性質分輕重——有不少兩國之間貿易，是可以通過與別國的合作與往來作替代的。但例如半導體、稀土等的關鍵要素，並不能通過重新構建另類的貿易夥伴而迴避有可能出現的樽頸或限制。最後，正如俄烏戰爭充分彰顯，地緣經濟最終也要向軍事霸權主義以及國家安全壟斷的防衛意識低頭——經濟的運行，建基於基本和平。基本和平的先決條件，則是國與國之間願意尊重，並且同意不僭越這些限制去挑動戰爭。

至於文明衝突論，筆者其實某程度上認同亨廷頓老前輩的說法。不同文明之間，確實存有不同的道德與審美標準、不同的社會秩序與風俗，以及文化代溝與差距。但我們不應視文明為獨大的主宰因素，因為現實世界上也存有不少文明迥異，但在地緣政治格局中卻走在一起的「另類組合」。比方說，俄羅斯、伊朗、阿拉伯地區、中國的文明體系各有不同，卻為何能跨越「鴻溝」，組成另類的新式命運共同體？又或者，日本、韓國與西方諸國的文明不盡相同，卻為何在北約牽頭下成為一個戰略攻守同盟？我們當然可以掩耳盜鈴地將日本單純地歸納為「西化」，但日本文化在過去 40 年其實正在急速地本土化與在地化。我們也當然可以說，俄羅斯與中國人民的價值觀很相似……但這種說法其實是不成立的——俄羅斯與中國的文化、宗教、理念皆有大相逕庭之處。更甚的是，文明衝突論忽略了「文明」背後的建構過程。其實無論是撒哈拉以南非洲（Sub-Saharan Africa）還是伊斯蘭國家（Muslim World），這些「文明體系」背後所

蘊含的價值與秩序，又何嘗不是受善用國粹主義的強悍領導人、善用宗教教條主義的宗教意見領袖所左右，從而操作整個政治架構的外交方針？

所以與其相信文明是「自古以來」而難以逆轉的，倒不如說，對於很多國家的個別領導人來說，通過鼓吹「文明傳統」來強化與合理化自身管治，乃是對於他們來說的上乘之計。人民在龐大的文宣與媒體體系當前，難以反擊，也因而無奈地接受這種「文明論述」的操控。再加上「文明」被賦予了這種類似被神化的「高階」地位，則更難以被推翻或反駁——我們可以不尊重某些政治指引，但我們似乎並不能「違反文明」。也正因如此，文明衝突論才有其獨特的張力與吸引力，為管治者提供間接或直接指定外交政策的合理基礎。

三、多重交織性模式

從一個學派角度出發，在眾多論述當中，筆者本身較為貼近亨廷頓的觀點。我確實相信未來30到40年，世界各地的地緣政治將會是按着「文明」的導火線與界線作基礎，從而推展。但我必須在此引進「文明論」以外及以上的數點修正與補充，從而帶出一個很簡單的結論：分析地緣政治，需要我們接觸與接納事實的多重性。中美現在交惡、勢成水火，不但也未必是文明層面上的衝突，而是較為直截了當的地緣政治實力較量——美方認定中方有意並有能力挑戰其霸權位置，中方認定美國只想將中國崛起扼殺在搖籃之中。裏面並沒有牽涉到什麼文明或價值觀的必然衝突——這些所謂的「道德」與「價值觀」衝突或多或少都是雙方，尤其是美國一方，為了論證這赤裸裸的權力鬥爭而添加上去的解釋。

有見及此，在分析地緣政治之時，除了思考不同文明組成與相互關係以外，更要考慮本土政治博弈因素——這是第一點補充。不同

國家的領導人、政府、管治團隊、以至於地方政府與州省政府所面對的挑戰與困難、所期盼的利益與進賬，究竟是什麼？戴高樂（Charles de Gaulle）當年為法國創造了戰略自主性的基礎，其「不親美也不親俄，但親『西方價值』」的務實主義，至今依然在法國外交政策中擔當重要作用（可參考馬克龍〔Emmanuel Macron〕於4月初訪華，嘗試與中國建立一種異於中美關係的外交模式）。難道法國在文明上與其他歐洲國家，有很大的區別嗎？未必——但是馬克龍一來有意鞏固與穩定國內經濟與金融狀況，二來也想向美國論證自身作為「成功談判者」的角色，三來也為法國在聯合國安理會中重新確立地位（作為代表歐洲戰略自主一面的聲音），這三點讓其在外交政策上明顯與歐洲中較為反華的聲音保持一定距離與區分。

退一步而言，當任何一個國家內政出現嚴重不穩之時，該國領導人往往面對嚴峻的管治聯盟內外雙重壓力。他們要不是通過外在的經濟援助（包括貿易與投資）作為紓緩燃眉之急的方案，要不便是投向戰爭，嘗試通過戰爭來團結國內民眾。這一點，也印證為何在嚴重的政治撕裂與兩極化下，唯一能團結美國的便是中國，因而產生的兩黨反華共識（可參見王緝思與Scott Kennedy於4月初為《外交事務》〔Foreign Affairs〕撰寫的一篇分析文章）。外交政策，往往就是本土政治角力或鬥爭的延伸。

第二，地緣政治學中的「地緣」必須拓展至包含對以下的認知與分析：(1)包括稀土在內的戰略性天然資源分布；(2)隨着氣候變化而改變的農作物分布（土壤條件將會出現相應的改變與變遷，將適宜耕作的土壤帶徹底顛覆）；(3)針對未來挑戰而興起的新進科技，包括人工智能、再生能源（太陽能板）、以及作為現代經濟靈魂的半導體。前兩者與地緣之間有最直接的關係，因為地理因素正是影響一個國家在受氣候變化所干預的「後覺醒」世界中，國際貿易與金融話語權的爭奪。後者，則其實更為重要——正如米勒（Chris Miller）

在《晶片戰爭》（Chip War）一書中指出，世上沒有一個國家能獨善其身地自行製造最高端的半導體，以滿足市面上先進科技產品之需要，又或是滿足軍事科技上的實際需求。誰能主宰廣泛性最大、整體技術水平最高的半導體聯盟，才能被視為這場半導體戰爭的真正贏家。事實上，相對於正面的軍事交鋒，又或是間接的經濟比併，真正在二十一世紀最具影響力的搏鬥，正在科技層面上展開。科技，能載舟。科技，亦能覆舟。

第三，也是最攸關重要的一環。我們必須切記，「文明」乃是一個由人類所構建出來的詞語與建構，以合理化符合權力鬥爭邏輯的限制與約束。高度服從性的文明體系，讓跟隨者不敢推翻或挑戰權威。強調不可知論者的文明，則往往對風險承受程度較高。對群體生活有所嚮往的文明，在動員社會資源與硬性服從上較為「駕輕就熟」。但歸根究柢，能操控人民所想、所思考的，便就是文明的編造者。這並非一種虛無主義，而是一種權力現實主義（筆者並不是在支持這種做法，而是純粹道出現實）。

二十一世紀，「文明」的定義正在隨着社交媒體、演算法、資訊戰（包括假新聞與真新聞在內）的展開而有所動搖與變遷。烏克蘭無疑某程度上正在西化——在俄烏戰爭展開以後，西化的進度相信比以前更是加速。東盟諸國正在努力創造自身的文化——亨廷頓認為菲律賓乃是西方文明的一部分，但這一種說法，又能否經得起如杜特爾特（Rodrigo Duterte）所代表的反西方政治渲染的衝擊？西方並非鐵板一塊、東方也並非完全渾然天成。與其估計未來世界是一場非西方與西方之間的鬥爭，倒不如說，這是一個不同政治利益共同體，按着時代與資源分配變遷，相互之間的激烈抗衡與協調？我不相信「文明」是靜態的。我更傾向於相信，作為地緣政治主心骨的「文明」，乃是一個無時無刻皆在演變與變化的利益共同體，以漂亮的語言，去編造為當權者及幕後得益者提供利潤的美好謊言。這也

就是我對地緣政治的幾點看法。接下來，我們將會把以上原則盡量地套用在不同具體例子之上，望能引起更激烈的爭辯！

1.2

國際關係 不可亂讀

過去多年研究國際政治及理論，筆者或多或少對國關也形成了一些看法。讀錯國際關係，錯判形勢而導致的引喻失義，後果可大可小。若人類不想永遠總犯同一樣的錯誤，我們必須認清楚何謂「錯」、何謂「對」，方能「悟」出真理來。以下幾點，乃是分析國際關係時候必須留意的謬誤與陷阱。

一、 「非黑即白」的偽二元對立：不可取

童話故事裏面，有好人，有壞人，邪不能勝正，正邪必然分得很清楚。現實生活裏面，固然也有絕對邪惡（比方說，希特拉的納粹主義及其所蘊涵滅絕人性的種族屠殺主義），也有絕對善良（出現相對概率較低），但絕大多數國際形勢與實踐，並不足以讓我們清晰易見何謂「好人」、何謂「壞人」。再進一步去說，我們先不說誰對誰錯，就連我們的分析框架，也其實很難三言兩語地統一歸納，因為現實的道德性與演變本質上便是複雜、便是混沌，而難以按一兩條簡單的推論及原理去蓋棺定論。科學家要做的，是求實求是。政治科學家要做的，便是在混沌現實中以實事求是的作風找出真相。

而真相往往不會是能以某個單一框架或定律所囊括。有美國朋友跟我說，在分析中國、中東諸國、俄羅斯的時候，我們應當只問，究竟這個政權是否民主，是否選舉民主，便可得出其政治認證及正當性的結論。也有愛（中）國的朋友跟我說，無論如何，只要是在他們眼中對中國不利的，都必然是西方霸權及帝國主義所培育出來的勢力。前者論述將這個世界劃分成「（按西方那一套去走的）民主」及「（不按西方那一套去走的）非民主」，故事很動聽，也因而被用作論證各種各樣的軍事拓展行動的基礎。後者，則將反殖民及反帝國主義變成一套千篇一律的剖析框架──「這個人批評非西方國家，所以肯定是收了西方錢，肯定是間諜，肯定是打手」。兩個極端之間存在的，卻是事實──固然部分歐美國家帝國及軍事主義的魔爪有其絕對威力，但世上並非所有的國家都是向這些「滋事者」靠攏，也有不少在堅持自身選舉民主及自由人權價值的同時，也堅持與新保守與軍事主義者保持距離，不同流合污。同樣道理，固然世上確實有些威權國家本質上欺壓及剝削人民，但若將所有的非選舉民主體系妖魔化、一竹篙打一船人，忽略了非選舉民主也能在特定情況下服務絕大多數人民，到頭來這種「敵我分明」的二元思維只會導致自我實現預言的出現，促成由粗劣意識形態所建構成的「新冷戰」。

筆者當然知道二元對立的魔力──作為一名作家，我深諳「歸邊」與「站隊」的戰略利益何在。維護涇渭分明、非友即敵的世界觀，能讓輿論分子獲得龐大而絕對的政治經濟資本，讓其在受眾中迅速上位。同時，從一而終地推舉着唯一的思想體系，不斷地嘗試把批評聲音以從一而終自身支持者執念所遮蓋，必然能為君省卻不少煩惱（比方說，米爾斯海默〔John Mearsheimer〕前輩的攻勢現實主義〔offensive realism〕，便是其中佼佼者──其理論固然有其可取之處，卻忽略了中小國家民眾的自主權，以及意識形態和價值觀在國際關係中所構建出的現象及反現象）。反之，破除這種「一本通書看到老」的綑綁性思維，接受這個世界上除了「帝國」與「反帝國」、「自

由資本經濟」與「社會主義」、「西方」與「東方」以外或之間，還有更多的可能性——需要勇於迎接複雜性（complexity）、堅拒「降維解釋」的睿智，方能讓我們看見更多更廣的事物。

請不要誤會——若事情確實能以很簡單的框架去做概括，又或當從我們作為評論家角度而言具備非常明顯地「一面倒」的道德價值觀審判之時，筆者並不會堅持要大家繼續「和稀泥」地做人，繼續「不歸邊」。比方說，戰火燎原之時，筆者永遠不會把死傷枕藉怪罪在手無寸鐵而對自身國策毫無影響力的國民身上，這一點不容我們含糊其詞。在真正大是大非情況當前，我們必須選擇道德上對的一邊，方為盡自身的世界公民責任。但我更擔心的是，我們現在有時為了化繁為簡，把一切重要的具體境況細節位置拋諸腦後，為求盡快找到「壞人」，然後自我定義為「好人」一部分——這種思想，不可取。

二、 「天真是我」的一廂情願主觀意願：不可行

國際關係不是愛情或實驗小說，我們不能「試當真」，便自以為真。

兩個大國之間博弈，我們若要就着博弈互動及將來走勢作出預測，必不能墮入主觀意志陷阱，按着自身選擇支持的一邊，只吸收對自身立場有利的資訊，然後將其投射在事態演變的判斷之上。正是這種危險的「自負」思維，令歷史上不少泱泱大國的軍事領袖對自身軍事實力過於自信，對他者的軍事靠山過度輕視，結果貿然侵略他國，造成生靈塗炭、鎩羽而歸。拿破崙自認不凡，在佔領了普魯士王國及華沙公國後，在俄羅斯帝國所發出的最後通牒後，決意要「直搗黃龍」，進一步入侵俄羅斯國土——結果在其始料不及的寒冷天氣及俄軍堅壁清野戰略下，法軍遭遇前所未見的挫敗，為拿破崙秩序敲響了崩塌的喪鐘。

這種一廂情願的「人定勝天」，到頭來換取的，卻是慘痛的教訓。在分析國際形勢之時，我們必須摒棄「地球圍繞着自己轉」的迷思，認認真真地面對現實：在大國博弈之中，中小國固然可能有其一定的自主權和獨立性，卻也有可能在乏善足陳的領導下，成為灰飛煙滅的炮灰。同時，過度高估自身在外的聲譽及支持、低估觀感上的阻力及排斥，則對制定長遠外交方針百害而無一利——這種國家層面上的鄧寧—克魯格效應（Dunning-Kruger Effect），足以讓決策者車毀人亡，嚴重更可能在政治或軍事上致命。

從一個較為抽象的角度去說，我們有必要分清楚應然（ought）與實然（is）之間的區別。應然指的乃是我們認為有義務、有道德論證、有理由讓我們認為是合乎倫理要求的。反之，實然指的則是現實世界裏面過去及現在所發生的一切，以及將來有可能發生的事物。應然與實然之間肯定有所關聯——我們對應然的判斷，會影響我們在現實世界中回應事實所做出的行為；反之，我們現實世界的秩序及規律，則或多或少會干預我們個人對應該發生的事之判斷（哪怕我們當中某些人多麼努力地嘗試把自身道德價值觀描繪成源自社會或群體以外的「自然定律」，我們在構建道德知識過程當中，必然會動用到及把其間建基於我們的日常生活基礎之上）。

但兩者不能混為一談。我們不能認為「X應該（道德或理想層面上）發生」，從而推論出「X應該（現實生活中）發生」。相信世上沒人會認為應當有瘟疫、屠殺、戰亂、暴力革命，讓無辜老百姓送死——但現實是，綜觀古今中外，這些現象比比皆是。要慫恿人送頭的政治投機者、挑撥離間的虛偽小人，無處不在；我們可以幻想世上一切事物將會如我們所願般發展，認定這些人是必然是少數，然後以「主角視角」去看待我們周邊所發生的種種，為自己加上各種各樣的英雄光環。但事實是殘酷的——權力及武力追隨的，往往並非坐在觀眾欄上看客的三言兩語，而是能帶來更多權力與武力的對象。也

正因如此，我們在剖析災難悲劇之時，必須抽離自己，將自身放逐在主觀意志及情感覆蓋面以外，盡量以去蕪存菁的心態分析時事。

同時，我們也必須要時常警惕自身可能出現的盲點——不要安於接受及不斷應用自身所擁有的既定信念，而要無時無刻都詰問自己，究竟我在哪裏可能出錯？究竟這一論點有何漏洞及假設？一個人若能在困難當中堅持自己的信念，其勇氣可嘉。一個人若能在被否定之時反思及修正自身的信念，則更為值得敬佩。同時也得注意，實然與應然之間的區別，並不代表我們應當放下一切嘗試改革現狀的理想——理想是驅使我們作為社會改革家往前進的動力。但從一個單純政治分析與推論層面而言，我們必須將兩者分清楚：赤子之心、不知蕭薔——前者值得認同，後者絕不可取。

三、「唯我獨尊」自負自傲地把自己局部所知等同於全部真理：不可信

有些人常將自身論述設定為「客觀」評論，然後將其與「愚昧」的他人作分庭抗禮的對比。持有這種世界觀者，認定所有其他人都是「主觀」的，或是被「忽悠」的，或甚至是被「洗腦」及「收買」的。在這些朋友們的眼中，凡是反對或批評自身立場的，要不是愚笨，便是別有用心，針對並反對自己。眾人皆醉我獨醒——正是這種過度自信，結果導致自己永遠都停留在特定的思想迷宮之中，跳不出既定框架。

筆者並不認為世上有任何歷史學家或政治學家，能達至所謂的絕對「客觀」。從來在現實生活中，客觀是一個比較性的概念，而不是一個絕對性能達至的境況。我們能朝着「客觀」進發，但永不能確保自身能將一切的「非客觀性」排除。為何如斯說？在這裏，讓我們打個比喻吧。若我們將「客觀」定義為一個能完全獨立於人類思想及認

知，處於社會知識框架以外的世外桃源，那我們根本無法與這個世外桃源進行「抵壘接觸」，因為其與我們之間存着一道很厚很厚的絕緣體及防火牆。假設我們確實能窮盡一切方法，將這道牆拆下來，屆時我們固然能到達這個「香格里拉」，但過程當中必然會滲透自身的前設假設、知識方法論等的外在元素。這也是為何客觀事實「可遠觀而不可褻玩」。

這當然不是說，我們沒有嘗試更為貼近這個世外桃源的義務或追求，也不是說，所有對事實的判斷都是離客觀事實同樣地遙遠或接近。我們不應，也毋須因以上論述而成為虛無主義或修正主義者。一個指着一隻斑馬說「這是手機」、指着懲罰說「這是恩賜」的人，自然相對於認定斑馬是斑馬、懲罰是懲罰者來得更「錯」。而政治學分析過程，便是要把錯誤的機率次數減至最少，從而提升研判的準確度。套用這在我們日常生活討論當中，筆者常聽到某些朋友表示，「XXX媒體必然是偏頗的；YYY媒體必然是公正的」。但這種說法所形成的慣性思維，正導致回音室（echo chamber）出現、政治兩極化及二元對立漸趨嚴重的惡性誘因。若我們早午晚都看着同一立場的媒體、接觸同一政見的朋友、對相反或稍有差距的意見表示強烈的厭惡，那很自然，我們只會對自己既有立場愈來愈有信心，忽略了自身的短板盲點！

在社交平台崛起、去中心化資訊世界蓬勃發展的時代中，普遍存着一股令人憂心的社會風氣——那便是對所謂的「公共知識分子」（這裏的「公知」，並非指國內那種特有的「公知」）的個人崇拜。無論是西方世界對如Jordan Peterson、Naomi Wolf等「知識明星」那種鋪天蓋地的熱愛，還是中華文化圈中對某某「大師」及「KOL」的由衷尊敬，這種個人為中心的知識性原教條主義（intellectual fanaticism），令人民變成了盲目的追隨者、從而將自身原設的批判性思維徹底放棄。我們現有的知識體制裏面，充斥着封建、不思進

取的個人崇拜。因為我們很多時候仍然生活在一個崇尚膚淺學歷及衛頭等表面特徵的時代裏面。我們因而選擇訴諸權威,忘掉理智與批判性思考。

對,現代生活意味着我們很少會看長文,必須依賴簡單資訊捷徑(heuristics)作較為快速地獲取資訊的手段。但即便如此,我們作為讀者、作為閱卷人,仍要保持警惕,不斷地進行自我思想革新,破除對個人的迷信!凡事留兩分給自己。要將自尊與自知之明分開處理,因為多麼老練的政治分析員也有失足失手的一天——不可盡信!

四、「憤世嫉俗」的消極否定主義:不可為

第四,這也是筆者作為一名專研政治頗長時間的普通人的一點個人看法。讀歷史、讀政治、讀社會、讀哲學,其實本質上都是一個動態的過程,乃是將自身內在意願及判斷,與外在世界的一切糅合磨合的一個旅程。我們都是旅途上的同路人,本應守望相助,共同探索,通過討論辯論,尋覓事實真相的合作夥伴。有些朋友們,可能本身知識確實豐厚過人,卻因而對其他看似並沒有自己閱歷或知識經驗者,全盤否定。卻似乎忽略了,每一個人都有自身知識領域所長及所短——世上沒有一個人的知識體系,能徹底地被歸入(subsumed under)另一個人的知識體系之中。故弄玄虛者弄的,是學問。直截了當說話的,也是在做學問。開門見山,海納百川,這才是真正做學術的「元」方法論(meta-methodology)。若把學問局限於某一個層次或表述模式,則只會局限了學問發展。

同時,世上確實充斥着各種各樣的不公不義。自以為看透一切,選擇「躺平」者,也許能換取一時三刻的安寧平靜,卻是有違分析國際時事之時的應有之義。對國際地緣政治關注者,應當做的,並不是消極地否定一切、把批評視為自己唯一的任務(這一點,筆者與部

分較為激進的批判主義朋友有所分歧），而是把現實的局限一步一步地拆牆鬆綁，從而推進看似不可為、實際上中長期卻其實可為的改革。同時，正因人心叵測，學者更要把準確無誤的分析，送至能影響決策及時局的每一位持份者手中。

回歸到地緣政治這個層面上而言，我並不認為盲目的「冷嘲熱諷」，乃是一名負責任知識分子應當做的事。有一位我很尊重的傳媒朋友曾跟我說，我們對公義的堅持（integrity）與能接觸到而發揮到的影響力（access），兩者之間其實並非一個嚴謹對立。There's no integrity without access。若我們連權力結構的邊緣也沾不上，又談何改變現實與權力結構的組成？我更不認為落井下石、販賣末日感、將別人的苦痛變成推斷自身理據理念的「有力證據」，乃是任何君子應做的事。時代巨輪正往前方推進、時間洪流也不會因個人的悲天憫人而停下來。讀通讀透國際關係，非常困難。需要的，是不斷的閱讀、不斷的反省，然後從經驗中更新及改善自身閱歷，從錯誤中尋找正確的蛛絲馬跡，摸石頭過河。憤世嫉俗，不可為之！

五、　多從他人視角出發，少以自身偏見做則作準

這是一個充斥着地緣政治的時代，也是一個充滿人性醜惡的時空。我們要擇善固執，但千萬不要固執到以為自身必然是對的，他者必然是錯的。國家國籍、族裔宗教、語言財富，這種種標籤及分類基礎，正嘗試將我們內在的排他性與「圍爐」取態挑動起來，讓我們對「非我族類」者趕盡殺絕。在別有機心的政客、媒體、科技巨頭等的煽風點火下，我們正在趨向一個自我中心而狹隘非常的世界觀。這種世界觀內在的假設，乃是「我們就是最正確的，他人必然都是懷有歹意」的丁蟹思維模式。

多從他人視角出發。一貫支持及推崇西方的，不妨試試以長年受西方局部帝國主義壓迫的被害人角度看事物，反思自身的思想誤區與盲點。認為中國永遠都是對的，也應當以對中國抱有懷疑及質疑的人士觀點出發，探索與嘗試理解他們對中國的批判。筆者不是說，我們必然要跟南轅北轍的意見觀點妥協，以和稀泥的形式接納他們部分論述。但唯有將自身切入他人眼中，進行「易地而處」，才能讓我們知識論述趨向完善。

在牛津，我獲得了很多十分寶貴的學習與實踐政治的機會。其中最令我珍惜的，乃是牛津校園裏開放、文明、多邊、多元化的辯論氛圍，讓我與我的同僚同學們能和而不同。唯有和而不同，方能讓我們看懂看通地緣政治。剛愎自用，自以為是的，難登大雅之堂，更甭論真正認識世界。

1.3

地緣政治，一直都在

（此篇文章原以〈地緣政治的回歸（上）〉為標題，
刊登於2022年8月）

2022年4月28日，時任英國外相（也就是史上任期最短的首相）卓
慧思（Liz Truss）於當地一個午宴上發表演說，表示「地緣政治已經
回歸」（The Return of Geopolitics）。席上，她表示二戰與冷戰後
的經濟安全秩序正在逐漸消逝，對所謂的「霸權」及「列強」主義的
壓制並沒有二三十年前那麼牢牢鞏固。從英國的角度出發，卓慧思
認為無論是來自於俄羅斯的侵略性軍國主義，還是中國的新時代集
權主義，皆對英美等主宰的「民主自由秩序」構成威脅。在英國政
壇眼中，中國經濟與軍事實力崛起、俄羅斯入侵烏克蘭、英美歐在
國際上的形象及影響力相對下降，反映出「地緣政治」回歸的事實。
所謂的後冷戰鐵幕體制（post-Cold War order），正在面臨存在性
衝擊。

「地緣政治」這一詞，廣義定義乃是針對地理因素如何塑造國與國之
間，以及相關的不同個體（包括跨國集團及多國組織、國內的政黨
組織及政客、知識界的思想分子等）如何透過自身地理因素，構建
及維繫政治互動。狹義而言，在卓慧思的演講之中，則是指國與國
之間在地理因素影響及干預下，所發生的政治張力及博弈。前者視
「地緣政治」為一學科；後者則是以「地緣政治」作一種借代，帶出
背後的特定心態及現象。

一、西方大國遲來的覺醒

且讓我們先針對狹義定義展開討論。「在這些種種（非選舉民主）國家的行為之下，地緣政治回來了！」——站在美國角度而言，對包括中國及俄羅斯在內的「非西方聯盟」國家持有此一判斷，其實並不難了解。美國政府實質管治合理合法性與其外交政策並沒有直接關係，但當實質管治的觀感出現系統性危機之時，則要投向外事作為印證及鞏固管治威信的主要方法。當年伊拉克戰爭，讓小布殊民望急升。九十年代美國在波斯灣的種種戰役，也為在冷戰結束以後的美國確立了一個新穎的共同敵人（伊拉克及其借代的威權武裝體制），讓美國在外事能維持着秩序守護者的角色扮演。

但也許會令部分人驚奇的是，為何說以上這一句話的，是英國外相，而不是美國國務卿布林肯（Antony Blinken）？英國理論上毋須視中國為一個系統性威脅（將入侵烏克蘭的俄羅斯如是看，尚情有可原；但中國並沒有對任何歐洲國家或英國構成直接軍事或經濟威脅），也沒有必要就着這些非美國強國崛起感到如斯躁動不安。可實際上，脫歐後的英國在外交定位上並無他選：與其在對其有所排斥的歐盟及歐洲諸國面前嘗試維持藕斷絲連的外交一致性，倒不如善用英國仍存在龐大的軟實力，孤注一擲地鞏固英美之間的「特殊關係」（Special Relationship）？也正因如此，英國於2022年的外交觀，並不能與2010年代初期卡梅倫政府下的「中英黃金時代觀」，或貝理雅當年嘗試遊走在美國與歐洲之間相提並論。中美關係一日維持緊繃，中英關係相信也難以順利重塑。

卓慧思有一部分說得沒錯：地緣政治確實存在——但卻是一直都存在。所謂的「回歸」與「離去」，不過是一個相對主觀的評價。對於飽受新自由貿易主義剝削以及各種大型勢力在內煽動或挑撥離間的全球南方（Global South）國家，又或是在冷戰之後四分五裂和經歷

體制轉型以至內部動盪的前蘇聯加盟共和國而言，地緣政治自1990年初期走來，一直都在──從來沒有消失過。能迴避地緣政治（又或是將其「外輸」至別處，繼續進行），是一種專利（privilege），更是一個對全球絕大多數人口而言難以想像的特權。

著名學者 Edward Luttwak 曾引用所謂的「大國自閉症」（Great State Autism）一詞去形容其心目中的大國體制，在溝通障礙及缺乏對國際形勢的具體掌握下，所出現的系統性偏差問題。Luttwak 嘗試把這理論套用在中國之上（這是一個很大膽也未必正確的假設），但筆者認為此一說法，更應被套用在被財閥及政治游說所牢牢掌控的美國，又或是長年累月受官僚主義及嘗試轉移民眾極端憤怒視線的英國之上。

「大國自閉症」讓大國忽略了在其身邊甚至內部所出現的地緣政治燃點（flashpoint）與風險，同時把國家內在問題視若無睹，單純以為通過外交及國際戰略方針，便能成功轉移當地民眾視線及訴求。「大國自閉」下所出現的排外及國粹主義，會驅使政府嘗試將地緣政治衝突風險降低者，加以種種莫須有罪名（比方說，針對反軍事行動者，指他們「求饒」及「缺乏大局意識」）。這些判斷反映的是從現實到當權者之間，出現嚴重的溝通及認知隔膜這一事實。而即便今時今日世界各地領導人看不見或想不通地緣衝突所帶來的嚴重衝擊及效果，我們必須承認一點：衝突的可能性一直都存在。與其說地緣政治「剛剛」回歸，倒不如說，國際局勢演變，如今已來到一個不容世上任何一個大國忽視或區隔排斥（firewall）的地步。要來的，始終躲不過。

二、歷史從來沒有終結過

有的說，「歷史終結論」正間接印證了「地緣政治」衰落結束（上一本書《破繭論》裏面，我提出了我對歷史終結論的數點質疑——包括，這是誰的歷史？歷史是否真的單向移動？選舉民主是否真的能解萬難？）。但須知道，歷史從來都沒有終結，也不會貿然終結。有關所謂世界往「民主自由」或「賢能管治」「趨向」的歷史主義（historicist）理論，本質上忽略了人與人之間政治及倫理互動的可變性及多變性，變相就着一些變化萬千的問題提出過度簡單的蓋棺定論。無論是黑格爾還是福山（Francis Fukuyama），都犯了這樣的毛病。過去30年，福山曾多番提出不同版本的「歷史終結論」。九十年代初，福山以為柏林圍牆倒下、冷戰結束，乃象徵着民主自由經濟體制（capitalist liberal democracies）的最終勝利——而所有非民主自由的政權，其中包括沿用（新）威權或集權主義的國家、具競爭性威權政權（competitive authoritarian states——可參考 Steven Levitsky 和 Lucan Way 於 2002 年合撰的文章，又或是 Levitsky 跟 Daniel Ziblatt 合寫的《民主怎樣死》〔How Democracies Die〕一書）、行使君主實權制等的國家，皆會朝着民主最終方向演變。

結果呢？民主自由國家數量並沒有在過去 20 年大幅增多，而「第三浪民主化」除了在西方及一小撮後蘇聯解體國家以外，並沒有席捲全球。阿拉伯之春，套用 Ziblatt 的分析，是反映着一波失敗民主化的浪潮（突尼斯除外）。福山近年所引入的「前提」及「預設」愈來愈多，重新鞏固自身推論的成立度，也變相削弱了理論的應用度。即便福山努力地為自身論點辯護，我認為福山是嚴重低估及忽略了一個更為廣泛而具可信度的推論——那便是隨着冷戰結束，高速全球化（high-speed globalisation）正在全面展開。這也是《紐約時報》記者 Anand Giridharadas 在《勝者為王》（Winners Take All：The Elite Charade of Changing the World）一書中所提出的觀點。冷戰

落幕所帶來的最主要效果並不是「消極」結果（非民主體制永久崩塌，再也不能對民主體制構成衝擊），而是一個「積極」效果：世上不同國家開始投放更多資源參加國際組織及秩序，當中尤以商貿為主導方向。這些國家當中，既有傳統沿用直接或間接民眾選舉的社會，也有沿用集中權力管治模式的國家，他們都通過商貿與全球化為自身經濟體系帶來增長動力，也從而鞏固與他國（包括與自身體制相牴觸）的連結聯繫。

1990 年之時，世界總貿易量為 3.5 萬億美元。在 2020 年，即便受到疫情所影響，世界總貿易量卻已增至 17 萬億美元──是接近 6 倍的增長。同時，國際外來投資（Foreign Direct Investment）總額在過去 20 年不斷上升，讓不少發展中國家（包括中國）也能從中獲利受益。至於中國，則於 2001 年正式加入世界貿易組織（World Trade Organization）──當年成功除了因為中國自身日益增加的經濟重要性，也與美國嘗試透過接觸政策（engagement policy）對中國施展其心目中的體制性改造（structural overhaul）願景相關。

隨着美國及日本佔全球經濟的相對百分比持續下降，包括中國及東盟諸國在內的經濟板塊重要性在日益擴大。過去 30 年的人類歷史進程，並不是一個「民主制度」的勝利，而是「全球化」在橫跨民主與非民主體制之間的階段性勝利。經濟及金融層面上的全球化確實進行得如火如荼，卻沒有如部分理想主義者所言，導致專制政權順然「終結」以及民主政治「崛起」。反之，無論是中東還是俄羅斯，有不少非自由民主國家，皆在全球化之中「均衡參與」，獲取龐大政治紅利。

當然，也有不少聲音會向筆者提出一個字面上的質疑──為何我似乎是接納並沿用一套較為接近西方話語權及理論框架的「民主」理論，而不嘗試去思考民主的多樣性及多元性？西方民主，難道就是真正

民主嗎？對此一批評，我會說——我今天批判的對象，乃是特定而牢牢扎根在西方新保守主義（neoconservatism）之中的「歷史演變會帶來（西方選舉）民主」。何謂民主，什麼不是民主，並非今天批判的對象。從一個所謂「民主化」角度而言，歷史並沒有終結——卻也許有所暫停。History had not ended, but it had certainly paused.

1989年（柏林圍牆倒塌）至2019年，乃是現代全球化的黃金30年。至少從表面上看去，全球化確實要求不同國家將地緣政治層面上的分歧及訴求管控縮小，盡量不要讓國與國之間的地緣政治矛盾浮面，以達至跨國合作的目標。黃金時期的全球化是一個建基於去政治化的契約——無論是在意識形態抑或政治體制上有多麼大的差異，都要學會共處，更要將經濟貿易、金融交流置於首位——其他一切皆為次要。

三、全球化下「政治為次」純粹為一個表象

這30年「黃金時期」的國際關係，具備三大特徵。第一，通過多邊及國際組織，不同國家嘗試透過建立、引述、沿用一套具備國際公信力的共同規矩及秩序，去化解她們之間的矛盾及不信任。從一個風險應對力（詳情可參見陳志武教授最新的著作）角度出現，這些具備有限約束力的體制，即便不能徹底將國家之間的歷史恩怨及現代衝突化解，也起碼能在這些燃點之外創造更多的共同合作及共識的空間。也正因如此，無論是聯合國還是世界衛生組織、世界貿易組織還是G20，甚至是較為區域性的東盟、歐盟、「一帶一路」、上海合作組織，這些組織在過去數十年皆有持續鞏固及發展之勢，願景便是為了縮短及拉近國家及民眾間的距離。

第二，主談經濟，少談民主。綜觀全球各地，在過去數十年最能夠維持自身政治平衡及公允力的，乃是能在物質及發展層面上為其民

眾帶來一定富庶及實質結果的發展型政權——而不是構建出最堂而皇之意識形態的思想型政權。前者重視的，乃是將民眾生活水平提高、創造更多人民自我表述及實踐的機會、降低生活中所出現的不可預計風險。後者講求的，則是所謂的「意識形態」實踐，讓人民感覺到生活在一個價值觀及道德規範與自身有所相關的國度之中。在此讓我先反駁一點：與其說身份政治及「文化戰爭」在西方的崛起，是反映出「思想型政權」的崛起，倒不如正視這些浪潮冒起背後的原因，是因為當地政府並沒有好好地為全球化所帶來的紅利分配不對稱，做出妥善的應對及處置。

第三，直至數年前，姑勿論中西何方，全球各地的政商界精英皆認為，隨着更多的貿易來往，國與國之間產生大型軍事衝突的概率將會持續下降。波蘭尼（Karl Polanyi）在 *The Great Transformation* 中便表示，國際金融融合，正是拿破崙戰爭至第一次世界大戰之間歐洲和平的關鍵所在。在 *Crashed* 一書中，Adam Tooze 也指出英美歐的金融系統在金融海嘯前後的聯繫（connections），遠比中美之間互動來得深厚，卻並不代表中美之間並沒有就着這「貿易和平論」嘗試作出過努力。無論是胡溫體制下的「大國外交」，還是美國政治建制當年提出 G2（中美為世界兩大共同領袖），這些理論框架皆視全方位的經貿金融來往，為世界和平的首要及促成條件。

四、當表面「去政治化」表象破滅時

在這三大趨勢下，過去30年，以西方國家為首的中型或大型勢力國家，自然在外交戰略上把地緣政治的張力及矛盾置於一邊，視為次要的推展對象，但對於飽受西方另類「經濟殖民」，以及在自身盤算方面千方百計地推進更全面綜合實力提升的新興大國眼中，地緣政治並沒有「消失」，甚至愈來愈加劇。

花無百日紅。有很多人對過去三四年國際關係急速惡化、地緣政治在西方大國從嚴重被「遺忘」及「邊緣化」重新轉化成首要外交任務表示詫異，認為這是「黑天鵝」事件。恕我直言，這絕非一隻黑天鵝，而是一隻大剌剌的灰犀牛。其實「去政治化」只是一個表象，也是一個短中期內能維持，但長遠必然破滅的幻象。

第一，全球化為政權所帶來的「合理化」邏輯，乃建基於一個「紅利期」的假設——當全球化不再為人民帶來紅利，又或更準確而言，若人民再也感受不到自身能從全球化及「精英」經營的經濟邏輯下獲得適當（贏得）回報，這點則會驅使他們對全球化產生強烈而難以扭轉的厭惡排斥。若人民認為現有的體制根本不是在服務他們，而是單純為那一小撮商家、金融家、投資者及政客背後的大財團服務，又怎可能讓他們繼續相信國際化與全球化是唯一出路？

無論是中國還是美國、歐盟還是英國，民粹主義及反國際主義在民眾內發酵、萌芽，乃是一個並非必然，但絕非意外的時代產物。一旦「全球化就是經濟增長，增長就是人民想要的東西」這複式幻想有所破滅，要讓人民重新對經貿開放及金融連結重拾信心，是一項深具挑戰的任務。為何美國人民硬是要把俄羅斯人民設為假想敵？為何日本現代社會部分人硬是要投向軍事主義，把日本帝國的惡行浪漫化？這些通通離不開經濟增長停滯不前、人民生活捉襟見肘等的現實。

第二，民眾慾望及取態並非單純由針對物質及經濟富裕追求所主導。對，從一個客觀政策制定角度而言，手停口停的人民，需要穩定的收入來源，也許需要長遠能讓其脫貧的方向。

但民眾主觀關注的，遠不止金錢及資源上的充沛。他們同樣關注，甚至更為重視宗教及價值觀層面上的契合——究竟他們是否生活在一個自身願意接納的社會秩序之中？究竟他們的政客有沒有嘗試聆

聽其聲音？究竟那些「遙遠而不可觸碰」的遠方國家，對他們是否構成道德及理念上的衝擊？我並不是說這些議題比物質議題更為重要（我並不相信「後物質主義」是一個必定的不爭事實，對於很多在民主國家生活在水深火熱中的貧窮戶，經濟及階層是關鍵的投票議題〔voting issue〕）——但我們必須記得一點：自由貿易所帶來的，除了經濟紅利以外，也是在文化及思想層面上對傳統秩序的徹底衝擊。

這些衝擊的「受害人」，並不會因飯桌上多了幾盤飯，便罔顧對他們來說更核心及值得捍衛的「價值觀」及身份，甚至所謂的「後物質主義」與「物質主義」之間的對立，根本上是一個偽命題——在互聯網及資訊發達的時代中，諷刺地說，我倒認為有不少人民倒退至一個「前物質主義」（pre-materialist）時代，儼然生活在原始社會中的部落族群一樣，只看身份及最為膚淺的形式價值觀表述，而不看實體對經濟及社會議題的立場及觀點。全球化的「去政治化」忽略了身份政治的根深柢固，也沒有為福利民生以外的議題做出適當的處理盤算。正是這種「前物質」精神，讓受民粹操控的人民從民生經濟議題上的不滿，演變成不問緣由的無理取鬧，成為被身份政治禁錮的囚犯。

第三，政治乃是一個既有需求，也有供應的市場遊戲。政客正正是這場遊戲的供應一方，民眾則是顧客。但在這個市場當中，由於政客數量有限，而他們之間的競爭也不能圍繞着所謂的價格（投票或基本支持價格理論上並不高）所展開，因而必須投向所謂的「獨佔性競爭」（monopolistic competition）。供應一方必須透過產品（思想或政策倡議）的具體差異化（product differentiation），方能爭取到更多民眾的支持。

在此前提下，不能排除部分「商家」（也即是政客）為了有效地確認民眾對他們所推銷的理念有所認同，而相互合作去構建出一個「壟斷

排他性論述」(dominant discourse)，將不符這論述的競爭對手排擠在外。套用在今時今日的政治現實之中，為何綜觀全球各地，皆有不少政客高舉「國家利益」旗幟，將「全球化」扣上一頂又一頂的帽子？正是因為無論是舉行定期選舉的西方國家，還是沿用集權精英制度的其他國家，箇中的政客都需要民眾（顧客）的支持，讓他們能順利壓倒對手，鞏固自身權力。在西方及已發展國家而言，過去數年不少政客開始遠離原本推崇備至的「全球化」及「開放經濟」，並選擇以「捍衛本土／國家利益」為名，行「反全球化」之實，也從而間接促進了在當地我們如今所看見的「地緣政治」回歸。

第四，也就是最為重要的一點。正當發展國家或「超級大國」的權貴精英在過去數十年的無數酒會晚會上就着「世界和平」與「慈善人生」致詞之時，世界各地卻有着成千上萬的人民，無時無刻都在面對政治衝突所帶來的衝擊與破壞。有的，乃是因戰亂與「反恐」軍事行動而流離失所，家破人亡。有的，則是在全球暖化及能源危機下被迫遷、被迫害而無家可歸的人士。更有不少，在逃離自己國家過程當中，在路上死亡。對於這些被全球化所遺忘的人民來說，地緣政治，根本沒有停息過。

綜上所述，（狹義的）地緣政治從來都沒有真正的消失，所以所謂的回歸一說其實並沒有太多廣泛應用性。針對部分人主觀的「地緣政治回來了！」觀點，我們頂多只能說，其在全球化下獲取經濟與政治紅利的國家之間的跨國博弈，在過去30年表面上有所消減，但箇中的暗湧，以及在這些國家以外的世界，絕對是有增無減。正因紙包不住火，當全球化的紅利耗盡之時，也便是民眾醒覺之時：地緣政治，一直都在。

1.4

地緣政治，何去何從？

（此篇文章原以〈地緣政治的回歸（下）〉為標題，
刊登於 2022 年 8 月）

叱吒一時的德意志政治家俾斯麥（Otto von Bismarck）曾說過，「治
理家的任務，乃是仔細聆聽着上帝在歷史中的腳步聲。在身邊走過
之時，必須抓上其衣袖，隨其而走。」（筆者翻譯）

俗語有云，「時勢造英雄，英雄造時勢。」但真正的英雄，依我所
看，本質上就是時勢，與「勢」密不可分。在不適當的時候做適當的
事，到頭來還是一塌糊塗。反過來，多麼不適當而有違規範的事，
在適當的時勢之下，也可成為另闢的蹊徑，拐過來成為後世所歌頌
的康莊大道。隨着時移世易，上位竅門有所變遷、政治生存之道也
有所變遷。唯一不變的，乃是人類為求生存的鬥志及堅持。要掌握
自身命運，首先要了解自身所處的時勢之內涵，方能「人法地，地
法天，天法道，道法自然」。

讀通國際「勢」之起落，也正是知「法」的第一步。不要對所謂的
大國霸權抱有任何幻想，也不要對挑戰霸權者抱有過度浪漫化的想
像。不要以為這一刻你受萬人擁戴，在霓虹光中成為所謂的英雄，
便能挾着此銜頭過活。也不要將任何國家或國與國之間的關係看得
死死硬硬——因為到頭來，真實世界永遠不能被設想定律所禁錮或
蒙蔽。

上一篇文章提到地緣政治的回歸，剖析了其中的起因與起承轉合。地緣政治從來沒有正式消失過，但過去30年確實讓已發展國家及部分發展中國家在政治鬥爭中短暫地喘息過來——即便生產力沒有大幅上漲（綜觀全球最大的一眾經濟體，除了印尼以外，絕大多數國家生產率在過去十多年都有所停滯不前），我們生活的世界仍遠比二十世紀來得低風險。然而過去兩三年，無論是中美矛盾、俄烏戰爭，還是新冠疫情之下，這種種現象，皆驅使地緣政治重新進入政治家及民眾視線範圍之中。要逃離政治，絕不容易。

地緣政治的所謂「回歸」，其所帶來的結果及影響，未來十多年將會呈現在多個層面上：

一、　各式各樣的戰爭，漸趨頻繁及區域化，並擴散至非傳統領域

隨着全球化貿易及金融、人民及社會交流聯繫所帶來的互動，傳統全球性熱戰（hot war on a global scale）發生的概率，呈現整體性下降。原因有數個，並不局限於國與國之間的相互依賴（mutual interdependence），而是因為從一個博弈角度而言，國與國並不能再如十八世紀一般，假設自身（針對弱者或他者）的軍事行動並不會招來一定程度的反噬；也不能如十九或二十世紀一般，將戰爭的最壞情況（worst case scenario）局限於「重裝武器」所帶來的破壞。核武器拓展、網絡數據世界上的相互貫通、金融世界對資訊快速而瞬間的反應，皆使得全球性熱戰對於絕大多數穩定國家而言，成為了規範層面上的禁忌（normative taboo）。這也印證了英國學派（English School）所言，為何即便國與國之間的關係沒有必然的道義遵循性，也有相應而表面的道義呼應性。國家領導人未必會關心別國人民的福祉及道德權利，卻會關注在自身單方面破壞道義規範下，對自身在國際社會中地位及權利的相應制裁及磨蝕。「遵守」

國際禁止熱戰的法規之下，乃蘊含着深層次的自身利益考慮（self-interest considerations）。

當然，這並不代表熱戰並沒可能發生。正正相反——筆者認為區域性熱戰發生的概率將會有所上漲。與一場同時在數大洲上演的戰爭抗爭不同，區域性熱戰無論是對參戰國家所構成的經濟壓力，又或是所能導致的最壞情況，又或是對國際秩序及規矩的破壞程度，在這些種種層面上，皆並沒有如上所言的那般「禁忌性」。即便在冷戰過後，美國仍然大舉入侵包括伊拉克及阿富汗在內的中東國家，中非諸國分別爆發內戰與邊境衝突（中亞亦然），而低烈度的軍事衝突也有在中印邊境等敏感「燃點」上演。但這些衝突或軍事行動的共同點乃是，他們都是區域性的——並沒有擴散至全球各地。參戰的各方擁有着鮮明的誘因，去抑制局勢持續升溫。

海內外不少名家皆指出，戰爭並非政治手段的首選，而是別無他選的不堪結局。那為何國與國之間依然會想「開戰」，而為何筆者認為戰爭的可能性，不能被低估？原因有三。第一，因為無論是人民還是官方體制，國與國之間的信任，受不同層面上的對立影響，正在不斷下降。曾經被視為可以接受的預演或表述，如今在資訊不對稱及信任不充分的情況下，卻可能被有機心分子描繪成故意的挑釁。曾是可以理解的所謂主權或立場宣示，如今卻大有可能成為燃點直接地緣衝突的起因及導火線。第二，隨着全球化（及是次新冠疫情）為不同國家帶來嚴重的內部社經矛盾及不平等持續加深，而權貴階層卻仍然被困在自身的象牙及珠寶塔中，精英若要持續維繫自身的認受性，必須找到有效方法轉移人民視線。發動戰爭、妖魔化對戰一方、將戰爭包裝成所謂的道德義務（英國戰爭詩人Wilfred Owen所形容的 'Dulcet et decorum est'），乃是鞏固內在認受性的不二之選。第三，戰爭往往（當然，絕非永遠）並非一個必然——除了在自衞及個別特殊情況下，絕大多數國家皆沒有「必然」要動用武力

去捍衛自身的利益。有不少戰爭由來，是在地緣矛盾及利益衝突前提下，當國家領導人及軍隊主觀地認為自身必須動用武裝力量去震懾對方，而在震懾對方過程中，激發所謂的「安全兩難」(security dilemma)，導致對方及自身不斷地將回應及反回應武力提升，從而最終觸發戰爭。

問題這就來了——在一方面，國與國之間並不想將區域性戰爭轉化成全球化熱戰；另一邊廂，矛盾及衝突的次數在上文所提及的種種因素下，正在增加：那在這兩個前提下，國家如何在迴避全球化熱戰的情況下，繼續推進所謂的「鬥爭」或「戰爭」，以滿足以上提到的一眾誘因及目的？答案其實呼之欲出——便是以「去熱」(de-heating war)模式進行激烈碰撞，從而推演出一個脆弱的共存共鬥模式(fragile modus vivendi)。金融戰、經濟戰、網絡戰，這些「明戰」不在話下。思想戰、資訊戰、輿論戰，這些「暗戰」更為難防，也是新時代結構的產物。

說到這一點，也要拓展一下。這些「暗戰」難防原因，正因為若只懂得正面「反擊」這些思想、資訊、輿論層面上的攻擊，則只會墮入設陷阱一方的圈套，成全其中的抹黑及污衊。太極的「四兩撥千斤」及詠春「寸勁」，教會我們必須縮窄距離、在應用力時用力，在應迴避及沉住氣時忍讓，方能在戰略層面上取得真正勝利，大事化小、小事化無。但在急功近利及短視為上的政治氛圍下，這些回應，未必會得到體制中人、層層疊疊官僚的認可。再說，正因為「非熱戰」沒有熱戰所帶來的直接而明顯後果，所構成的生靈塗炭雖未必會在熱戰之下，卻並沒有那種即時性(immediacy)及顯然性(viscerality)。正因如此，「非熱戰」的密度、後果、覆蓋層面將會不斷地擴散，直至有足夠持份者能居中調停。

二、　政治身份意識形態，將會壓倒經濟主導的意識形態

意識形態與知識本質上乃是有着一種共生關係。所有知識理論或框架，皆包含着一定程度的意識形態。千禧年代左右的世界政治，讓我們能親自探索此一論述的應用。英國前首相貝理雅（Tony Blair）將工黨從左翼拉回「中間」；美國克林頓將民主黨與商界利益徹底糅合，從而吸引原本的共和黨及獨立支持者轉而支持民主黨；中國在江澤民領導下，加入世界貿易組織、與國際社會經貿對口大幅增加，人均平均收入大幅上漲。以「三個代表」為根基的社會主義模式，配以具備資本主義特徵的經濟發展措施，讓中國走入世界、邁向經濟蓬勃，卻也同時讓國家出現了日益嚴重的社經不平等——直至過去十年，這問題才得到大幅改善。2000 年前後，無論是俄羅斯、印度還是德國等大國，皆在表面上看來較為「經濟為上」的領導下，偏向發展產業，以民生推進及經濟開放作為「千禧年代」管治的基石。

在這前提下，有的人說，千禧年代前後，世界政治開啟「去除意識形態」的過程，從冷戰時期的意識形態惡鬥，邁向以「悶聲發大財」的發展為上主義。這種以民生為基礎及核心的管治觀念，讓不同國家能放開心中那道刺，在「人民幸福」這終極目標下求同存異。有見及此，有個別聲音甚至認為，「意識形態主宰的年代已經過去，現在是講究經濟增長（或發展）的時代。」他們卻似乎沒有察覺到，其實他們也只不過是在為另一種意識形態搖旗吶喊。所謂的「第三條路線」，本質上就是一種以個別經濟結果為目標的意識形態。資本主義、共產主義，是一種意識形態。務實主義、貿易主義、全球化背後的國際主義，也是意識形態。問題從來都不是，「我們脫離了意識形態的操控了嗎？」——而是，「究竟支配着我們的意識形態，是什麼？」

經濟發展主導的意識形態，確實在冷戰過後的30年，逐漸取代了傳統(以宗教、精神、迷信〔澄清：宗教並非迷信！〕或以人物魅力為基礎)及政治(以政黨立場及分歧、國與國之間的領土及主權鬥爭等)意識形態，成為了世界的主流。身份政治、非經濟議題層面上的路線政治，這些種種皆成為了「次主流」——在主流媒體及論述以外持續悄悄發展，悄悄「起革命」，卻難以打破主流格局。這一現象，持續到約莫2016年——當年西方世界兩場選舉，一場是英國6月份的脫歐公投，另一場則是美國11月的總統選舉，結果皆對當時的精英權貴構成莫大衝擊。原因很簡單：他們想像不到，他們心目中能確保經濟「馬照跑、舞照跳」的所謂技術性官僚，竟然會敗在民粹主義之下。在這種「技術體制主義」下物質及非物質利益皆被忽略的人民，終於「受夠了」，要投下他們手中的一票，對那種脫離他們平常生活、政治及道德觀念的精英說「不」。而除了是對全球化所帶來的經濟後果表達他們不滿以外，很多支持「脫歐」及特朗普的選民，投票意欲更多的是出於他們對「外來人口」、「外來文化」、「國際化所帶來的文化蠶食」等身份政治議題上的看法——這些看法固然有其經濟成份在內，卻更多是反映出一種以「我是美國人／英國人，不要移民／不是歐洲人」的排斥性對立心理作主軸的行為思維。由此可見，2016年，響起了身份政治(當中必然包含物質主義訴求，但絕不能以物質主義做蓋棺涵蓋)重新崛起的號角。

隨着地緣政治矛盾在國際舞台——尤其是已發展國家之間——逐漸吃重，身份政治壓倒經濟意識形態這現象，只會繼續深化。地緣政治操作者不喜歡以經濟利益作為他們「入侵」或「捍衞」自身利益的公開理由。正所謂，沒有人會想別人覺得自己是只看着飯桌或金錢行事的功利主義者——哪怕事實確實如此。反之，普遍政客更多會傾向於以所謂的「價值觀」作論證及支援自身立場的理據。「收復國土」、「民主自由」、「救助弱勢」、「反對霸權」，這些較為堂而皇之的理據，方能「放在桌上」，成為大國博弈之間的藉口與籌碼，同

時為拓展軍事、金融、科技層面上的單邊勢力及主義提供合理化基礎。無論是本地選舉還是對外關係、國內政治還是國際關係,這些領域中的身份政治成份只會在未來十年持續吃重——反之,只談「賺錢」,而不談價值觀者,則會在國內外層面上皆有所吃虧。同時,若盲目跟隨別國的價值觀、以他們所提出的價值觀作為標榜及衡量自身定位的標準,則只會墮入他們所設的輿論圈套之中——在這些大風大浪的時候,真正要維持獨特自主性的國家,應當創造自身的輿論出來,而不是與他人進行正面交鋒,泥漿摔角。

三、 動盪時代需要變通,靈活者方能生存

有個別朋友曾經問我,在這百年未見的大變局中,究竟什麼樣的國家,方能取得勝利?

我的答案很簡單——第一,我們必須摒棄所謂的「勝利」概念。世上難以有絕對「勝利」的國家——即便是後蘇聯解體的美國,當時全盛時期成為世界上唯一的單極勢力,其也不能被視為獲得絕對勝利。恐怖主義及其他新興勢力崛起,對美國霸權位置有着根本性的威脅。即便是強如漢朝或羅馬帝國,也並沒有在其所屬年代「勝出」大國博弈。絕對性的「勝利」是一個難以實踐的理想,也並非世界所需的。第二,任何國家對國與國之間互動及博弈的取態,應當以「kiasu」(閩南語中的「驚輸」)為主調:不要輸!避免敗輸,比爭取勝利更為容易——後者是一個絕對性的概念,容不下相對的妥協。前者則是一個相對而共存性的構思:世上所有國家可以同時不「輸」,卻不能同時「勝出」。在這兩大前提下,真正能長期避免敗輸的國家,必須要無時無刻都更新自身的偏好及立場,從而確立將自身利益最大化的同時,也能避免對世界構成毀滅性風險(existential risk)。

時代愈動盪，政治家便愈需要懂得變通。領導小型國家的，要懂得在強大勢力之間左右逢源，又或是將自身所構成的威脅清零，從而免於被捲入戰火之中。領導中等國家的，要不是積極「不結盟」，便是要以各種形式的相互依賴，避免墮入連橫合縱的圈套及計謀之中，同時也要確保自身不向任何一方過度傾斜，從而失去免疫權——免受其他勢力攻擊的保護傘。最後，大國領導及政客必須在穩守安全根基的同時，將所謂的「底線」及「立場」按時勢有所調整，並不能為了一時意氣，一時固執，而斷送長遠穩定發展的能力及空間。在大國博弈之中，需要靈活度與風險適應力，讓國家能避免孤注一擲——比方說，被捲入自身難以負擔成本的戰亂衝突之中。太平盛世容許政客推動失去理智的「潔癖政治」（purity politics），以極端而鮮明的固定意識形態進行管治。亂世之中，真正的管治者必須懂得取捨平衡，以務實態度保障絕大多數人民的利益。

「靈活」不代表放棄核心原則。最近筆者在拜讀 Sook Jong Lee 所編輯的 *Transforming Global Governance with Middle Power Diplomacy: South Korea's Role in the 21st Century* 一書，其中對南韓十分有趣的地緣政治取態及策略有着十分詳細的分析及描繪。套用馬克思主義術語，「靈活」指的，乃是在主要及次要矛盾之間，能有效地無間「轉換」，以爭取將國家利益最大化。無論是本地政治還是對外政策，政治家都必須以「靈活」取代「固化」，防止被對方按着他們過去的行為模式，對其進行算計。正如俾斯麥以上言論中所蘊含的原則一般，政客要適度地把握時「勢」，順流而行，如非必要，無謂逆流而行。能防止戰爭的，乃是靈活的妥協與克制，而不是罔顧現實的偏執。

四、　後語：未來崛起的新興行業
——從事地緣政治者

隨着機械化的崛起，有不少產業正被人工智能所取代。人工智能化所能取代的，將來相信不限於所謂的「勞動力吃重」工業（包括生產、榨取、資源整合等），也有可能會包括法律、金融、教育等較為「知識型」的服務性行業。這些職業本質上具備非常高度的常規性，尤其以法律為甚。在此我必須澄清——我絕無意去冒犯或小覷這些行業的難度及複雜性，以及技術含金量。但須知道，技術性及難度與「能否以自動科技／人工智能所取代」並無必然負面掛鈎（negative correlation）。反之，這些行業裏面的知識——即便多麼的複雜及多元——也能大致以程式形式輸入人工智能之中，又或能以人工智能進行大致的「估量」，去將其演算出來。

反之，主體涉及地緣政治的行業（包括：風險分析師、政治家、外交官、學者），有兩點特徵，是不能輕易地以機械或人工智能所取代的。正如哲學或社會學等較為看重思想構建的學科一般，地緣政治的分析框架乃是抽象而開放性（open-ended）的，並不能輕易地以一系列方程式所取代。單靠機械、摒棄一切不可量化或「方程化」的直覺（intuition），我們並不能有效地觸碰到或演算出人與人之間互動之間的決策及偏好。即便我們能以人工智能（比如，ChatGPT）模擬出不同情況（scenario）的利弊因果，單靠機械，也不能告訴我們如何方能進行最為有效的應對——因為涉及應然的道德問題，並沒有可供輕易地複製及反覆沿用的規律。今天此時此地打仗，可能是滔天大罪。明日此時此地不打，則是更為嚴重的過失。人工智能能取代循規蹈矩的行業，卻未必能取代需要分寸及人性衡量的「地緣政治」行業。

　　第二，也是最為核心的一點。外交又好、地緣政治又好，本質上皆離不開人性 ——至起碼是看上來像是人型的「人性」。正是政治表面上的人性、政治家表面上具備的情緒及同理心，讓政治在我們社會管治及人與人互動之中佔有如此關鍵的位置。地緣政治的「大原則」，需要「小人物」來執行，也需要「觀察者」來做出精準而縝密的資料收集。單靠機械人，根本跟不上，也難以直接介入國際政治。隨着地緣政治日益漸趨重要、政治博弈漸趨頻繁，地緣政治分析只會愈來愈關鍵。要自保，我們必須具備適當的基礎認知，方能在亂世中保命。

1.5

再談阿富汗——論帝國的「墳墓」

（此篇文章原刊登於2021年8月，當時阿富汗政權剛剛更替）

塔利班（又名神學士）率領下的阿富汗伊斯蘭酋長國，本乃是在1996
年至2001年之間掌握阿富汗的實際政權。此政權在美軍入侵阿富汗
後被迅速推翻，由北方聯盟（當地政治軍閥組成）及西方勢力所構成
的入侵者，把塔利班領導趕至國土西南部及巴基斯坦一帶。塔利班
政權，於2001年11月13日正式倒台。

20年後的阿富汗，風雲變色。在當地管治十多年的民選政府，數
個月之間從名義上掌政變成被迫狼狽逃難。民主選舉出身總統加
尼（Ashraf Ghani）流亡海外，並表示若自己不走的話，「我很可
能會被捕並被殺害」。多名高層隨着美軍連夜撤出阿富汗首都喀布
爾（Kabul）。數天前，塔利班領袖巴拉達爾（Mullah Abdul Ghani
Baradar）從卡塔爾回到阿富汗。與此同時，神學士從由西方及北約
等勢力斷斷續續支持多年的民選共和國政權，正式接管阿富汗的實
際管治權。

雖然零星抗爭仍在繼續，但國內大局已定，神學士回歸乃是不爭的
事實。即將到來的，卻是令人憂慮的政治動盪和不穩定——中東局
勢何去何從、阿富汗今後如何走下去，仍看神學士會否遵守承諾「放

下屠刀」，還是決議「秋後算賬」，以極其苛刻的原教條宗教主義管治阿富汗。須知道，戰爭、國與國之間的鬥爭、恐怖主義之下，受害的永遠都不是坐觀一方的政要權貴，而是平民百姓。

以下章節，筆者嘗試透過兩大問題，探討阿富汗這「帝國的墳場」過去多年的風風雨雨，以及塔利班和西方之間的恩怨情仇。

一、 「縱橫」中東20年，屢戰屢敗的美國，究竟敗在哪裏？

有個別聲音表示，拜登總統領導的白宮應當為是次阿富汗局勢演變負上全責。

這種說法，雖有其情感渲染力（也正中所謂「特粉」下懷），卻忽略了兩點事實：第一，美國多年來在阿富汗投放的資源甚多，問題並非出於美國所投放的支持力度不足，而是這些資源根本無法有效地打造一套能應對武裝分子力量的軍事策略，讓西方所支持的政權能順利迎敵。拜登乃是繼承此一「爛攤子」的繼任人，卻並非問題的始作俑者，正如當年詹森（Lyndon B Johnson）總統就着越戰的所作所為，皆是受他前一任甘迺迪（John F Kennedy）所影響，使他某程度上不得不繼續泥足深陷。反之，如今拜登繼承的，乃是特朗普當年宣布美軍將會撤離阿富汗，及後所觸發的一系列政治及民情反應。在去年多哈「和談」結束以後，NORC曾進行一場民意調查，發現34% 美國受訪者支持從阿富汗撤兵，而只有25% 反對此措施。

第二，美國絕非唯一要為阿富汗現況負上責任的國家。無論是北約還是歐盟，甚至中東的一眾其他國家，都要為他們過去20年不作為、藉着阿富汗進行的明爭暗鬥，以及歷史上曾經對塔利班武裝分子的資助，負上很大的責任。美國固然乃是一股帝國主義力量，但

我們也不能忽略了對中東其他地區虎視眈眈的該區政權——包括不少的獨裁政權、威權政權，以及受伊斯蘭原教條及帝國主義所牢牢驅使的鄰國。阿富汗是一場共業，也是一場完全可以避免的悲劇。

所以退一步來說，仍要問一條較為根本的問題——「縱橫」中東20年，美國在伊拉克及阿富汗皆是傷痕纍纍，當中尤以後者為甚。在阿富汗層面來說，美國勞民傷財（虛耗超過2.26萬億美元，詳見布朗大學〔Brown University〕的戰爭代價計劃〔Costs of War Project〕）、為了當年就着911事件一時衝動的報復性思維，以及對中東地區政治控制權的垂涎三尺，而付出了昂貴的代價。當然，歷史沒有如果，但我們也得了解歷史，才能避免其重演——或在其重演之時，充當事後孔明。正因如此，我們才要反思，究竟美國在哪裏失敗，為何會在資源如斯懸殊的情況下，被塔利班逼得無路可走？

首個因素，與美國對阿富汗方針有關。美國長期以來，皆是將其在阿富汗的軍事行動，視為其全球反恐行動（以及防衛自身國土行動）的一部分，理想目標乃是將他們定性為恐怖分子的「塔利班」連根拔起。當然，這目標在詭計多端的塔利班熟悉及掌握當地地理，以及變幻莫測的當地地理及人文因素的情況下，根本無法拓展。塔利班多次躲進難以向他們加以狙擊或圍堵的巴基斯坦及阿富汗山區（山區佔阿富汗超過三分之二國土），令西方的軍事策略不得不作出相應調整，變成只「守」不「攻」，或只選擇攻打一些較為明顯和容易爭取的地理目標及對象。塔利班在山區內招兵買馬、鞏固自身在當地的支持及資源，最終在西方駐兵疲弱和開始逐漸減少之時，進行徹底反擊，最終成功奪權。因此，塔利班相對於美國的地理及駐地優勢，乃是美國失足失敗之處。若最當初美國進攻阿富汗後，並非在伊拉克以「AK47開拓其帝國夢想」，而是集中火力對付塔利班、適度切割巴基斯坦部分勢力與塔利班的聯繫，相信塔利班也不能如斯「遊走」苟存，讓其及後得以春風吹又生。這是美國的失策，也是新

保守主義（Neoconservatives）必須承擔的道德代價。美國第一錯是低估了塔利班的頑強，高估自己戰鬥力。

再說，此時可能有人會質問，為何阿富汗當地政府及人民如此「無能」？對於指摘民眾避事怕事（包括某些西方政客）的指控，恕筆者難以苟同。試問當三餐也難以溫飽、政府貪腐無能、所謂的民主選舉卻出現層層舞弊、管治該國的精英離地而與民脫節，這樣的政府，又怎能苛求自身國民為其生、為其死？任何成功管治某處的政權，皆要獲當地人所接納及擁戴。在普遍阿富汗人眼中，固然塔利班乃是 Devil they know，但山高皇帝遠的政府也不比塔利班好，同樣是 Devil——只不過是更為堂而皇之的惡魔。

在這心態及狀態下，所謂的民選政府，又怎能帶領軍隊應對塔利班雷霆萬鈞的進攻？從對救助資源的「監守自盜」，到源源不絕的外援被投放在對本地利益集團有利、對市民毫無好處的「大白象工程」（為了取悅當地及外來的富商土豪），阿富汗政府必須要為自己的無能負上責任。美國第二錯，則是錯信當地政府，並明顯地忽略了提升當地政府整體管治素質及軟實力之重要性；甚至再進一步推論，乃是對自身經濟援助及政策「指導」的能力過度自信，結果悲劇收場。

最後，也許是現實主流媒體最為忽略的一點，則是當地軍閥及地方勢力，在美國最初的在地政策中，得到很多及極大的賦權，讓他們毋須聽令於中央。和平盛世之時，各地諸侯及勢力以自身山頭為基礎，進行管治，固然並非理想，卻也非大問題。但當戰亂頻頻，子彈亂飛，各自為政的軍閥根本無法團結一致，才會出現很明顯的兩邊擺現象。樹倒猢猻散——塔利班在短短 9 天內攻破 19 座城市，並非無因。這因由便是，地方政權對民選政府根本毫無歸屬感，也看不到維繫民主體制對其本身的貼切好處。所以美國第三錯，是以為

單純引入民主制度（而不同時關注管治素質、班子組成以及政府與
公民社會之間應有的制度連結），便能將零散的利益及持份者團結起
來。這很明顯忽略了，沒頭沒腦、硬邦邦的民主推廣，只會乏善足
陳，難以成功。

美國所犯的錯，並非美國獨有。綜觀世界歷史，有不少嘗試影響全
球政治的勢力及國家，也是敗於在地勢力的鞏固、反擊，以及頑
固之處。美國也似乎並沒有從越戰、柬埔寨戰爭、對所謂的共產
國家封鎖及排斥等先例中汲取教訓，也沒有就着「帝國過度延伸」
（imperialist overreach）所引致的反效果，做出應有的反省。美國
的帝國主義，絕非美國僅有──冷戰時期的蘇聯、唐朝及明朝（曾派
龐大艦隊下西洋）時期的中國、二戰期間及之前的日本帝國、十八
世紀至二十世紀的大英帝國、古歷史的羅馬帝國，這些縱橫古今中
西的帝國，都有其過度延伸的危機。從錯誤中學習，才能避免重蹈
覆轍。

二、　令人聞風喪膽的塔利班，將為阿富汗帶來的改變，又會是如何？

筆者最近在坊間讀到不少有關塔利班的評論，皆令人啼笑皆非。有
聲音表示，塔利班乃是「當地人」，所以比起「美國人」，便一定對
「當地人」好（卻不知美國扶植的政府，其實都是由當地人及商界富
人所組成，也似乎忽略了阿富汗種族及族群之間的分歧內鬥）。也有
聲音表示，「塔利班」象徵着當地文化，比美國的「西方文化」來得
貼實──但管治不是一門「寫生學」，不是說你有多麼地「在地」，便
管治得那麼好。有讀者可能會認為我現在乃是在駁斥一些不存在的
「稻草人」──可惜的是，這些謬誤往往在戰亂頻頻之時滿地紛飛，
忽然一夜間人人成為阿富汗問題專家，將問題上綱上線，為的便是
將其扣回現有意識形態的框架之內。

筆者當然也有自身的意識形態，也有自己的假設，但以下部分，我將會嘗試較為「客觀」地審視塔利班的利弊。在探討此問題之時，我們也應從情感層面上入手——究竟是一個什麼樣的政治組織，才會讓即將接管的地方之普通百姓平民，寧願以自己生命作賭注去冒險，也要拚盡辦法逃離阿富汗？究竟是什麼樣的管治者，才會讓17歲的運動員嘗試爬上美方飛機，然後在高空從機上墮落致死？究竟是多麼強的恐懼、多麼令人震驚的決心，才會驅使年輕西化的阿富汗女性，為了逃離被軟禁或懲罰的命運，而嘗試逃向大門早已悄悄關上的「自由世界」懷抱？這些問題，只有真正受苦受難者，才會知道。

我們確實知道的，卻是幾點有關塔利班往績和現況的事實，可供讀者窺探一二。

首先，塔利班武裝分子的意識形態，乃是結合了伊斯蘭教法（Sharia law）及普什圖人（Pashtun）原始部落思想，乃是通過一種「反現代化、反地方勢力」的集權體制重新塑造阿富汗的政治想像及空間。塔利班以城市及密集人口的部落為基地，督促當地居民對非常「嚴謹」伊斯蘭教條的服從——當中包括，要求平民（包括非伊斯蘭教徒）遵守針對豬肉、酒類、現代科技及娛樂文化、西方價值觀及行為，以及對享樂生活所蘊含的「敗壞價值觀」的禁令，違例者遭到死刑、酷刑、禁足等嚴厲懲處。這些禁令在塔利班第一任政府（1996到2001年）時，曾導致不少傾向自由價值觀的公民被標榜為所謂的「西方奸細」，更有個別人士被批鬥成「離經叛道」的「叛國者」，結果自然是民不聊生。

當然，也有個別聲音表示，塔利班對聚賭、偷竊、販毒等惡性行為也是「趕盡殺絕」，嚴懲一切違法違規的罪犯，也通過重典而讓罪案率大幅降低。這些「功績」不能忽略，也側面反映了塔利班管治的

高效性。但此高效性所帶來的代價，對絕大多數當地居民來說，是否值得呢？答案似乎呼之欲出——就連伊斯蘭教中的其他分支支持者，也在塔利班管治下受迫害、監禁及排除在政治體制以外。

在塔利班管治下，女性也同樣是極端保守主義的受害人。塔利班控制範圍內的女性，被禁止上學（包括所有非塔利班所認許的伊斯蘭教部所控制的中小學，以及大學），也不能從事除了醫療（當中非常有限的職業）以外的行業。在塔利班第一次執政之時，女性若要出門，必須由男性親人陪伴及認可，並必定要穿着伊斯蘭教中的罩袍。在不少西方國家中，穆斯林女性必須爭取穿着罩袍的權利——這在封建塔利班管治下，卻是一種必然的「責任」。違規違例的女性，有可能在公眾場所中被鞭打，甚至處死。女性記者、社工、教師等，若被發現從事這些違反當權者心目中所構建出來的「天理」之時，則要面臨全家受罰、自身被軟禁及批鬥的政治現實。阿富汗女性，在封建父權霸權主義下，從來都沒有真正的選擇權。如今塔利班接管之下，可能連在過去20年爭取回來的僅有人身及政治權益，也即將被剝奪。站在一旁吃瓜的觀眾可能會想，這是阿富汗「眾望所歸」，也是他們的「民意所指」。但這所謂的「民意」，乃是忽略了整個國家一半人口——只能代表支持迫害女性的傳統男性既得利益者。這一點，公義嗎？公平嗎？

最後，須知道，塔利班本身就算不能被視為恐怖組織，也跟極端伊斯蘭教恐怖分子有甚多來往及聯繫，且是中東地區長年不穩的關鍵導引之一。作為虔誠伊斯蘭武裝力量，他們在鄰國（包括巴基斯坦）中盤踞多年，並長期針對不同地區的其他宗教信徒發動襲擊，引入白色及紅色恐怖。從針對外來的慈善及非牟利機構，到限制醫療及物資的發放，個別塔利班分支的行為，不但有違他們自身領導層的指令，更是以「游擊戰」形式消磨在地維持秩序的維和人員勢力和資源。近年塔利班雖曾經多番向包括中國在內的勢力表示，不會讓恐

怖主義死灰復燃，但這一點究竟是確實的承諾，還是敷衍和蒙騙，
仍是未知之數。若錯信不應信的人，後果不堪設想。

三、 阿富汗的未來——諸神黃昏，還是光明重臨？

當然，歷史沒有保證，我們也無法斷定塔利班不會「改過自新」。20
年前他們推舉非常嚴厲而殘酷的管治，然而也有人認為，也許他們
在20年後重掌阿富汗之時，將會為此國帶來改變。但須知道，就算
某國帝國主義在阿富汗沒落，都不代表光明重臨此國。推翻一個帝
國主義的，不一定支持或認同解放民眾，更未必是存有良治決心。
塔利班可口若懸河地答應過國際不同勢力及國家，將會在國內外推
動「改革」——但改革的決心、目標、形式，又會如何？

筆者對阿富汗的前景，說句老實話，是悲觀的。當地經濟在過去20
年西方經濟貿易的支持下，曾在2000年代大幅增長。但自塔利班
捲土重來以後，西方影響力及支援效率大幅下降，阿富汗經濟重新
陷入停滯不前，甚至不進則退的困境之中。在塔利班接管之後，阿
富汗能否排除萬難，重新出發，還是會墮入無窮無盡的無間地獄之
中？毫無根據的樂觀，是一種奢談，也是一種蒙騙民眾的謊言。筆
者不敢說，也不會說。

1.6

沉默的羔羊——
從五百年歷史看俄烏戰爭

（此篇文章原刊登於2022年2月，當時俄羅斯剛對烏克蘭發動大規模軍事攻擊，大舉入侵烏克蘭領土。這裏有個別細節時間性較強，特此提醒讀者）

衡量戰爭的後果及程度，是一堆數字。

操控戰爭的論證者及把玩者，是一群權貴。

任何一場戰爭所構成的代價、傷亡、破壞，最大的受害人，是普羅百姓。

他們才是真正沉默的羔羊，任由他者蹂躪。

上周，俄羅斯向烏克蘭正式開戰，兵分三路進攻。

不出一周，主權國烏克蘭變成外來軍事干預下的一個撕裂之國，陷入前所未見的內戰危機。

我沒有水晶球，難以推測接下來俄烏戰爭的演變。但要了解烏克蘭到底發生了什麼事，要認知俄羅斯為何決定向烏克蘭發兵、要認清楚烏克蘭如今面臨的困難，需要我們做兩件事：

第一，必須拋開一切現有針對或偏袒俄羅斯及／或西方北約成員國的碎片化判斷及現有主見；

第二，認真看待及追溯歷史，嘗試剖析清楚俄羅斯總統普京的思想脈絡。

一、 歷史波折中的烏克蘭民族

現代「烏克蘭」這個國家，在很多歷史教科書中皆被認為只能追溯至二十世紀初的一連串短暫獨立的蘇維埃社會主義共和國政權。事實上，烏克蘭當今的領土，大抵可追溯至十七至十八世紀時的兩個相鄰地區——當時烏克蘭，以第聶伯河（Dnieper）為界，分為左岸（河以東地帶）及右岸（河以西）的烏克蘭。

前者對應着如今烏克蘭的中部及東北部絕大多數領土，其獨立性能追溯至十七世紀中期的哥薩克酋長國（Cossack Hetmanate），本身由哥薩克人（Cossacks）所構成及領導。該國在擺脫波蘭立陶宛的管治後，於1648年成立。經歷了短暫獨立時期後，在1654年與當時的俄羅斯沙皇國（Tsardom of Russia）簽署了《佩列亞斯拉夫爾條約》（Pereyaslav Agreement），與俄羅斯結盟，從此成為當時俄羅斯沙皇國的附屬國。

及後的一百年間，酋長國演變出其獨特的文化、宗教、價值觀傳統的同時，其作為一個非獨立國家的自主權及經濟貿易權利也同時遭受沙皇統治下的逐漸蠶食——對於酋長國國民來說，沙皇高壓式的步步進逼，反而間接助長了當地反俄親本土的新興思想崛起，順其自然繁衍出「烏克蘭主義」（Ukrainianism）的雛形。

後者一直處於波蘭立陶宛聯邦的牢牢掌控下，並受外來的波蘭貴族所殖民及壟斷一切資源及農地。信奉東正教的當地哥薩克人、信奉猶太教的猶太人，以及其他農民，在高壓地主封建制度下，同樣敢怒不敢言。

直至十八世紀末期，聯邦解體，在葉卡捷琳娜領導下的俄羅斯在瓦解波蘭之後，把烏克蘭「統一」，卻是將俄國的帝國願景及主觀思維，投射在一個對俄羅斯身份毫無認同感的民族之上。儘管俄國多

番嘗試把當地民族及文化抹滅，讓烏克蘭人民接納其統一領導——但當地人民卻憑着自身豐厚的在地文化及語言，在十八及十九世紀期間構建出一套有異於俄羅斯主權領土的身份及論述，是為烏克蘭民族主義（Ukrainian nationalism）的主要綱領及模型。

在1917年俄國2月革命後，烏克蘭從崩塌的俄羅斯皇族腐敗掌控中掙脫出來，有不少虎視眈眈的勢力及分子自立為王，建構出現代烏克蘭的雛形。當然，要構建一個民族及身份認同很容易，要搭建及維繫一個獨立國家很困難——尤其是當烏克蘭地區內部戰亂頻頻。

1922年，蘇聯成立，烏克蘭諸地區政權勢力也順應地被納入蘇聯版圖之中，成為了烏克蘭蘇維埃主義共和國。但蘇聯轄下的烏克蘭，並沒有因而風生水起，甚至被捲入1932至1933年間的大饑荒，以及1939至1945年的二次世界大戰之中。

今時今日，有部分俄羅斯極端國粹聲音指控現代烏克蘭乃是「納粹主義者」，所引述的證據，正是當年二次世界大戰期間，一小撮烏克蘭人與德軍合作的「叛國行為」——但這些言論忽略了烏克蘭人中，也有不少勇士在二戰期間跟德軍作戰到底，傷亡枕藉。

1945年10月，二戰結束，在蘇聯支持下，烏克蘭以主權國身份加入當時剛成立的聯合國。1948至1949年間，烏克蘭首次被選定為聯合國安理會成員，擔當關鍵的政治角色。1954年，俄羅斯把克里米亞州（Crimean Oblast）割讓予烏克蘭，是為向烏克蘭伸出橄欖枝的表示，也同時望能藉機降低烏克蘭對俄羅斯的敵視仇恨。

以上種種反映出三點關鍵事實。第一，烏克蘭獨立主權，在歷史中有根有據。第二，烏克蘭身份認同與其民族主義有密不可分的關係，其民族並不能與俄羅斯國族混為一談，兩者乃是有歷史及文化上的由根分別。什麼「都是俄羅斯一家親」，是一個錯誤的主觀投

射。第三，無論是俄羅斯沙皇國還是蘇聯下的烏克蘭，皆並沒有從俄羅斯統治獲得莫大而不可取代的益處。但以上複雜歷史也間接突顯出，為何部分對復辟俄羅斯帝國有情意結的人士，會如斯執着地嘗試把烏克蘭納入國家版圖之內。

二、　俄羅斯政治權貴的後冷戰情意結

蘇聯於1991年解體。對於不少當時居住在蘇維埃主義下的居民而言，此乃是高壓威權的結束、自由時代的來臨。但20年、30年過後，有不少前蘇聯加盟共和國的經濟狀況持續低迷下滑，政治局勢繼續動盪，移除了舊有的獨裁強人，卻迎來了舞弊民主及半威權政權的選舉強人。蘇聯解體，對於這些民眾來說，未必是絕對好事（當然，對於局外人而言，卻可能是世界時代前進的一個必經過程）。

誠然，蘇聯的崩塌與當時先後掌控俄羅斯名義上最高權力的「改革派」領袖戈爾巴喬夫及「自由派」領袖葉利欽有着莫大的關係。前者改革路線，將政治開放置於經濟改革之前，導致蘇聯諸國內部民怨沸騰，本身腐敗及管治問題百出的蘇聯政權，最終在西方壓力及本地自由民主運動的交織下瓦解。

隨着戈爾巴喬夫在九十年代初失去俄羅斯政壇絕大多數「玩家」的支持，本為他麾下大將的葉利欽以總統身份接管權力，宣告蘇聯共和國幾近七十年的鐵腕管治正式結束。

然而，對於俄羅斯九十年代中至後期所冒起的一眾政治權貴（新貴）而言，蘇聯解體是一個根深柢固的個人屈辱，也是俄羅斯建制歷史上不能抹去的污點。他們認為蘇聯解體，讓俄羅斯在國際舞台上失去話語權、腐敗資本家在地區及聯邦政府的縱容下，成為權傾朝

野、隻手遮天的新時代軍閥，而以北約為首的西方歐美諸國，讓後蘇聯的俄羅斯經濟及政治上寸步難行。

固然當地民眾在九十年代曾獲得短暫的政治自由及公民權利，但這些自由賦予，從權貴角度出發，卻是難看的眼中釘。對於這群圍繞着克里姆林宮（Kremlin）生活、同時經歷過蘇聯最輝煌及潦倒時期的前軍人、前情報人員，以及現任政治體制的中高層人士而言，復辟冷戰期間的蘇聯，「統一」他們眼中視為攸關重要的「國土」，然後再配以古俄羅斯帝國的「道德論述」，才是他們最終的政治任務。

對於這些以意識形態及價值觀為主導、卻實際上非常理性的權謀家而言，為俄羅斯復辟蘇聯領土，不只是一個符合他們自身所承傳及為自我訂立的「道義」，更是讓他們在國際社會中重奪經濟、貿易、軍事話語權的第一步。

當然，這些權貴本身也有其一定分歧。有些人認為，俄羅斯要復辟的，乃是冷戰時期的經濟及資源實力，讓其在中亞及東歐中重新贏回控制權，從而繼續讓俄羅斯貧者愈貧、富者愈富。也有些較為側重邊疆及領土者，則認為復辟的實際意義並不那麼大，卻具備關鍵的象徵意義，符合當年俄羅斯帝國的「歐亞唯我獨尊」思潮，何樂而不為。當然，也有些人如普京日前發表的演說中所流露出來一般，認為從來烏克蘭便是俄羅斯文化及民族上的一部分（儘管以上分析已表明，事實不是那麼簡單），並無自主權。種種原因的交織下，俄羅斯權貴一直視早於1990年從蘇聯獨立的烏克蘭為「囊中物」，扶植親俄政客參加「選舉」，並間接向烏克蘭行使影響力。

另一邊廂，在美國支持下的親歐美政客，透過所謂的「橙色革命」等手段，也在烏克蘭建立起一定的政治資本及實力。九十年代末及千禧年代的烏克蘭，隨即成為俄羅斯及歐美國家，利用及推動本地政客利益集團鬥爭的戰場。也正是這一系列的利益集團內鬥，導致烏

克蘭官僚系統及政府成為世上的已發展國家政府當中較為腐敗的一群之一，也間接導致普京認定，只要揮軍一入烏克蘭，便能成功促使政權倒台。這些派系及權鬥戰爭也許沒有硝煙，卻也奠定了雙方外來勢力干預烏克蘭內政的現實基礎。當然，如何判斷干預程度，乃是一個觀點與角度的問題。

三、 北約與歐洲盟友政策之失諸交臂

談到今時今日俄羅斯針對烏克蘭的軍事行動，我們有必要再細膩地分析兩個關鍵持份者——北約，以及普京。前者是一個人云亦云地認為十分重要的政治群體，後者則是一個突出的政治強人。

有趣的地方是，就着是次烏克蘭戰爭而言，無論是親俄還是反俄的評論，似乎都把北約及歐洲一眾盟友的影響置於首位。反美及親俄的，認為是北約把俄羅斯「逼到牆角」，所以不能不反映——俄羅斯的行為，依這些言論判斷所言，乃是合理自衞。反之，較為親美及反俄的，要不是認為北約在過去十多年並沒有務實理性地約束自身拓展，便是過度含蓄，並沒有妥善地把烏克蘭納入北約保護傘內。

首先，我們有必要澄清一點——在與蘇聯商討兩德合併的過程當中，美國國務卿及北約秘書長確實就着北約將不會在前東德地區派駐軍事力量作出類似口頭承諾的表示，但此一表示並沒有涵蓋整個後蘇聯的東歐地區。當時蘇聯仍未解體。九十年代，在當時東歐諸國的要求下，北約正式討論應否接收前蘇聯附屬國，並在1999年把波蘭、捷克、匈牙利，2004年把保加利亞及愛沙尼亞等國家，納入北約覆蓋範圍之中。

有見及此，嚴格來說俄羅斯指控北約勢力「違約」，並非失實；現時德國整體確實是北約最為積極的參與成員國之一，而前東西德地區

在箇中的分野不再清晰——但同時須知道，當時的口頭承諾乃是在柏林圍牆倒下但蘇聯仍然存在的時空中所許下的承諾，與我們今時今日的世界有着莫大的分別。

承諾是承諾，但真正的問題癥結，到頭來還是北約東擴對俄羅斯所構成的威脅及壓力，讓俄羅斯認為自身領土主權受到直接而確實的威脅。從俄羅斯國粹主義者眼中而言，向克里米亞半島用兵、支持在烏的分離分子，乃是向北約所釋放的（最後）警告，希望他們不再得寸進尺地威脅到俄國領土完整。當然，北約成員國有沒有足夠能力及資源、決心或願景去「破壞」俄羅斯領土，則是另一回事。但對於不少忌憚冷戰結束後俄羅斯的疲弱國勢的國人而言，北約的威脅乃是無處不在，也是令他們對西方厭惡日益加深的緣故。

筆者認為從北約角度出發，這箇中牽涉到一個根本的失諸交臂，一個典型的「半桶水」外交失誤。要不北約把俄羅斯邊境的武裝及軍事實力提升至一個具備絕對優勢的層次，並將所有俄羅斯西部鄰國納入保護範圍之內，從而令俄羅斯毫無對外動武的能力；要不北約便應當自我節制，限制東擴的範圍及速度，並與俄羅斯尋覓一個共存辦法，同時提供機遇及空間讓接壤俄羅斯的國家（包括烏克蘭）能發展自身主權，卻不成為西方勢力幌子。

前者前提是，北約與俄羅斯之間必須具有顯著的實力懸殊差距，方能成功——這明顯並非事實。正因此路不通，正如專欄作家佛里曼（Thomas Friedman）所言，北約策略致命的問題在於，在俄羅斯歷史上最為開放而自由的後冷戰時期，持續地「毀約」東擴，讓俄羅斯認定以英美為首的軍事聯盟，並沒有任何接受歐俄之間存有永恒「中立地」的意欲。也正是這種觀感威脅，讓強人政治得以在俄羅斯國內九十年代末及千禧年代初大受歡迎。

四、 普京的新舊政治盤算及野心

於 2000 年接替葉利欽成為俄羅斯總統的資深情報人員普京，本身的政治資本源自於他的「強人」形象，以及他肅清政敵及反對聲音的雷厲風行。對於在權力及死亡遊戲中打滾的前特工政客普京來說，他的政治作風向來是實事求是、同時詭異難測——樹立讓人難以猜測、同時要是不出手，若一出手便必定要達至目的，以及以各種各樣心理戰術排除對手，乃是他本質上最為擅長的政治權謀手段。

要維持這一形象，同時讓他在一眾對其權位虎視眈眈的競爭者當中保持絕對優勢，普京無時無刻皆在進行形象及思想構建——在一個看似真實的敵人（西方諸國背後確實對俄羅斯有所防備及圍堵之勢的北約）基礎上，構建出一個「假想敵」（烏克蘭）；在一個正面臨內憂外患的時代（俄羅斯經濟過去十年停滯不前）中，構建出一個「想當年」的「光輝歲月」（冷戰時期的蘇聯）；在一個四面受敵（北約步步進逼）的前提下，為自己提供一個下台階（「一定要守護俄國領土」），這些政治層面上的論述操作，普京可謂做得出神入化。

同時，我們也當然不能忽略烏克蘭本身對國境內（尤其是在克里米亞地區〔Crimea〕，以及屬於頓巴斯地區〔Donbas〕的頓涅茨克〔Donetsk〕和盧甘斯克〔Luhansk〕地區）親俄分離分子的批鬥、封鎖、權益剝削及軍事打擊行動。對於俄羅斯不少國民及普京支持者而言，這些分離分子代表着在地俄國人的利益，也是其國家在外影響力的關鍵指標。他們所面臨的各種經濟困境，皆被俄羅斯人民視為烏克蘭當局對他們所進行的政治迫害所導致的結果。

儘管這些分離分子本身未必與俄國有着很深厚的族裔淵源，卻因着歷史上經濟及貿易上與俄羅斯本體的緊密來往，而對烏克蘭管治產生由根排斥。2014 年，正當「歐洲廣場」反政府示威（Euromaidan）在烏克蘭首都進行得如火如荼之時，克里米亞半島卻捲起了一股

反歐盟及親俄示威——有的說，克里米亞的民粹運動，乃是反映當地民眾對被指受俄羅斯壓力的亞努科維奇總統的變相支持；也有的說，這是俄羅斯挑撥離間，推動烏克蘭內部鬥爭的前奏。

無論如何，站在其軍事野心及「國土歸一」的立場而言，普京把親俄分子在烏克蘭境內所面對的種種真假排斥，視為一種「體制性壓迫」，為其2014年出兵克里米亞半島，以及在2014年起為相繼宣布獨立的頓巴斯地區勢力提供軍事及經濟支援，提供了「道德論證」。

為何普京會在2022年向烏克蘭大規模用兵？依筆者判斷，原因有三。第一，俄羅斯內政：新冠疫情及經濟蕭條的雙重打擊下，普京個人的民望屢創低點，低處未算低——對於他而言，他正需要一個能「團結一致」國內勢力的藉口，讓俄羅斯人民重新看到他的「強人風範」。第二，美國對俄政策的改變：特朗普總統對俄友善、讓美俄關係「破冰」，拜登上任後執意要把中國這個假想敵設為美國「主要對手」，並把俄羅斯的威脅系統性地忽視低估，從而為俄羅斯「暗渡陳倉」提供了一個黃金窗戶，讓其可以順利囤積軍隊，蓄勢待發。

最後，也是最關鍵的一點，在中國經濟急速崛起下，俄羅斯需要開拓另類的話語權來源，讓其與西方的博弈及談判中能有屬於自己的籌碼，讓其自身也有跟西方討價還價的資本及能力。

這三點考慮下，再加上普京本身並不過於在乎制裁所帶來的所謂經濟成本，自然令其「出師有名」，以雷霆萬鈞之勢攻入烏克蘭。

五、 悲劇！災難！萬籟俱靜

「摒棄新冷戰思維」、「放下零和博弈的舊理念」，需要我們放下冷戰時候的心魔、放下熱戰的屠刀、尊重不同國家領土主權及享有安全的權利。姑勿論你立場如何、觀點如何，過去一周和如今發生在烏克蘭的一幕幕，皆應該令你感到痛心、感到悲哀。

戰爭本質上也許無道義可言，但作為人類，我們有權利、有義務做出決策，擁抱真正的和平與正義。

1.7

普京要害怕了嗎？

（此篇文章原刊登於 2022 年 10 月初，當時俄羅斯剛在 9 月 27 日
宣布，將會在烏克蘭其實際控制範圍內，舉行「入俄」公投。
因此，這篇文章有一定時間性。）

普京要害怕了嗎？

對於這個問題的答案，非常視乎你所觀看及閱讀的新聞來源是什
麼。若你讀的只是以紐約或倫敦為基地的時事評論與新聞報道，不
難相信俄羅斯正在兵敗如山倒，難以延續現時其對烏克蘭的軍事行
動。這些報道中，往往會夾雜着對烏克蘭政權的深化，以及歐洲盟
友對烏克蘭支持的根深柢固，卻忽略了在能源危機當前，各地內裏
存在着暫時被情感與巧妙的資源調動所壓下去的民心躁動。這些論
述將俄烏之戰上升至一個世紀道德之戰，把西方列強描繪成上下一
心「守護民主」的秩序捍衛者，並嘗試利用俄羅斯在已發達國家中的
負面名聲，試圖將凡不是認同西方陣營主張者妖魔化和排斥。

當然，若你收看的，乃是一貫反美反西方媒體的報道，則會認為俄
羅斯在過去這接近 8 個月，一切都是按照着「強人普京」計劃進行、
乃是其「捍衛俄羅斯」的最漂亮一戰。俄軍在哈爾科夫（Kharkiv）失
利，從而撤退？「沒關係，這是普京的戰略部署！」俄軍調動全國
武力上場作戰，甚至設置關卡避免成年男性離國？「這是上下一心、
其利斷金、打破西方陣營的背水一戰！」無緣無故在別國領土上發

動獨立公投，破壞國際秩序中所崇尚的國家主權與領土完整原則？「這是俄羅斯解放烏克蘭的第一步，也是為了拓展國土，將俄羅斯主義發揚光大迫不得已做的一步！」在錯綜複雜、既有真也有假的自媒體傳播下，這些種種堂而皇之的藉口及開脫，成為了不少人深信不疑的「另類事實」。在他們眼中，俄羅斯正在走着一盤非常高超、只有極少數人能懂的「戰略大棋」，象徵着他們痛恨非常的西方霸權（卻似乎忘記了霸權主義並非西方獨有）的告吹與衰落。

坊間就着俄烏戰爭的二元對立及言論偏激化，印證了在今時今日進行理性地緣政治分析的難度與問題癥結在哪裏。事實上，在一個情感壓倒一切、自媒體新媒體蓋過傳統學術性分析及理性探索的年代之中，愈來愈多人以一個「吃瓜觀眾」的心理與取態去對待國際矛盾，主觀地認定，「我想看見發生的」，便「必然會發生」。比方說，覺得西方國家虛偽非常的，可能會更傾向於相信俄羅斯將會在接下來一到兩年壓倒性擊敗北約，從而重新恢復其在東歐與西亞地區內的政治影響力。反之，認定俄羅斯是再世納粹德國的，則會認為「烏克蘭必勝」。但須知道，戰爭不是打遊戲，未必有一個鮮明非常的勝方或負方（甚至是「大家都輸！」）；人生不是一場球證與球員都是你的「順境波」，你不會永遠都贏。要分清楚事實與願景的區別，把握其中的矛盾統一，方能梳理出真正就着事實的判斷。

一、　俄羅斯為何要發動入俄公投？論俄戰場上形勢

須知道，9月27日，俄羅斯宣布在四個屬於烏克蘭境內的俄軍實際操控區，舉行所謂的「公投」，其中包括盧甘斯克、頓涅茨克、扎波羅熱和赫爾松。「公投」結果非常顯然可測——盧甘斯克裏面有高達98% 人同意加入俄羅斯、頓涅茨克支持率更逼近99%，反映出的當然是受俄軍控制及操控下的「願意投票」民眾之授權。至於有多少在當地的公民願意去投、實際投了、沒有被阻擾地投下反對票，這些

問題答案，則不為人知。公投數天以後，普京聯同一眾高級幕僚，在莫斯科向公眾現身，表示俄羅斯必須要「守護被佔領及殖民」的領土，扳倒包括美國、日本、德國在內的「殖民體制」，並因而必須在戰爭層面上寸土不讓。接下來，筆者相信明天（4日）俄羅斯時間，當地議會將會立法通過將這些佔領區併入俄國領土，並為接下來的戰略行動作出部署。

為何俄羅斯要在四大佔領區中舉行公投？絕大多數評論提出的想法，乃是普京是在為他接下來的武裝升級提供論述與「道德」基礎。原本俄羅斯將自身在烏克蘭的入侵行為定性為「特別軍事行動」，就當時而言本質上（即便實際上沒有）為普京的軍事調動留有了餘地：既然俄羅斯現時純粹「行動」，則毫無全體總動員的必要，也向包括北約在內的「間接敵營」說明了俄羅斯並沒有就着烏克蘭局勢往核能或其他大殺傷力武器靠攏。按照普京於2月份收到的情報，是次就着烏克蘭的進攻，必定能在短時間內逼退澤連斯基，俄軍也能在3月中旬前完結戰事，順利打道回府。豈料在北約大規模的經濟與武裝動員、烏克蘭頑固而民情高漲的堅毅下，再加上俄羅斯軍隊民心潰散而裝備過期，導致俄軍久攻不下烏克蘭最為扼要的中部地區（更遑論基輔）——這令普京認定自己必須將是次進攻的性質，從「特別軍事行動」轉化成「（保衛）戰爭」，透過這四大佔領區被烏軍「攻擊」這個藉口，從而啟動傾全國之力去打好這場戰役。

但其實我們此時需要問的反而是，為何普京要在此時此刻尋找新的藉口，去驅動局勢繼續升溫？答案有兩大部分。第一部分，即便俄羅斯在烏克蘭領土上確實有所進賬，其武裝及軍事實力並未足以讓他們壓倒性擊破烏軍在關鍵地區（包括東北部哈爾科夫與東南部赫爾松）的堅強守衛，也未能在東部地區突破烏軍在北約源源不絕資源供應底下的重武器部署；再加上俄軍本來打算以兵分三路形式牽制烏克蘭軍隊，卻發現本身武器及軍火裏有不少是參差不齊的劣等

貨；在這種種因素下，俄羅斯根本未能在烏克蘭東部取得太多領土，更遑論迫使澤連斯基來到談判桌上，商討普京的「國家安全考量」；再加上烏軍數周前在哈爾科夫取得重大突破，令不少俄軍狼狽地撤回俄羅斯西部與烏克蘭接壤邊境，乃是對俄軍領導指揮（包括普京在內）的重大震撼，令他們覺得現時戰局再拖下去，根本不是方法。對於個別仍相信普京是在「負責任地將戰爭規模管控管防，以避免生靈塗炭」的聲音而言，為何普京是在戰場上領教了烏軍一次大勝後，卻突然將這些「負責任」顧慮拋諸腦後？答案不言而喻，固然戰爭也許沒有道德可言，但我們也不應將任何一方的行為賦予過多的道德意味與含義。

第二部分，也是較為少人提及的一點：即便戰場失利、俄羅斯必須大打特打，為何普京要以「被佔領區全民公投」的形式去實踐自身的地緣政治計算？為何不能拿着令箭，驅動俄羅斯人民衝入戰場，上陣殺敵？原因有三：第一，過去一個星期的「局部動員」，並沒有為俄羅斯帶來太多的短中期成效；第二，由於部分執行普京命令的中低層官員為了表示忠誠、矯枉過正、不顧實質考量而將一些老弱殘兵也「徵上沙場」，導致本來國內形勢尚算良好的普京，面臨前所未見的群眾壓力，要求其解釋及論證為何要耗用這麼多的人力物力去打這場戰爭，固然對俄羅斯政治權貴與精英而言，這是一場對俄羅斯政權存亡的結構性危機，這場戰役不能敗也不可敗，但對於在戰爭爆發以來首次有自己親人子女被「徵兵」的俄羅斯平民而言，徵兵無疑響起了就着政權體制管治能力與社會穩定的警號，也同時令他們對偶像崇拜已久的普京產生較為鮮明的懷疑。第三，普京是一個相對上喜歡「講」民意的強權領導，俄羅斯在過去20年裏面所舉行的選舉，雖然其中必定有所不透明及扭曲的部位（包括對反對聲音的整治及追擊），卻整體而言仍具備一定程度的民眾參與性，而正是這種參與，使普京在海內外及國際社會中也具備着一定程度的「認受性」；是次公投，乃是延續普京一貫作風，以他最喜歡的

「民意」論證「民決」，從而為進一步軍事行動提供看似合乎政治倫理的基礎。

二、　入俄公投以後，戰事將會如何繼續下去？　　論俄是否技窮

入俄公投以後，是次戰爭將會如何走下去？有的聲音認為俄羅斯已經「技窮」，接下來將會被動地被逐漸侵蝕及逼退，甚至有個別強悍的北約主義者，認定普京將會在12月前投降，或是撤出烏克蘭所佔領地區。也有個別較為現實的專家，包括一些在英美等地智庫工作的資深評論人員，認為普京即便不會倒台，礙於國內民眾的反對聲音，有可能會放棄烏克蘭東北部的一系列地區，集中火力守衛現時佔有的烏克蘭東南部領土，打通克里米亞與頓巴斯之間的陸路橋樑。這些分析普遍認定俄羅斯軍事實力，或是急速，或是逐漸地被烏克蘭在資源數量、人員損耗、裝備素質、對地理熟悉與優勢等層面上蓋過，最終不得不集中精力，「挑選其不得不打的戰役」（pick its battles）。

當然，另一邊廂也有聲音認為，俄羅斯其實一直以來都在抑制自身的軍事實力；在是次公投以後，將不會再有所猶豫或保留，而是會將冷戰以後的一切新穎武裝、全國精銳而強悍的壯兵，甚至是包括核武器及生化武器在內的「大殺傷力武器」，皆搬上戰場來，打一場漂亮的「政權守護戰」，將烏軍逼到中部基洛夫格勒州一帶駐守，並成功接管烏東的實際管轄權。當然，其中也有一些較為悲觀的觀點認為，俄羅斯可能會選擇動用核武器，並以其向西方陣營釋放最後警告：不能將烏克蘭納入北約，並必須「尊重」俄羅斯是次戰役中所爭取回來的「佔地」，然後便鳴金收兵。

這兩種觀點之間，皆有其可取性或合理的地方。筆者則認為真實情況更有可能在這兩大論述之間——俄烏戰爭在可見的將來將會僵持下去，最快也要待明年初隆冬之際，方有真正的和解或調停空間。為何這樣說？首先，我們不能小覷普京及克里姆林宮對在烏克蘭中「爭取階段性勝利」及「守衛勝利後成果」的偏執及決心。對於普京而言，是次戰役除了是為了他達成復辟沙皇帝國主義的個人願景的最終一步，更是一次前所未見的管治權保衛戰。普京只許勝，不許敗——當然，其可以在「什麼為勝、什麼為敗」的地方上稍作辯護及調整，但整體而言其起碼要保留對2014年克里米亞宣布獨立，以及頓巴斯裏面絕大多數俄國領土，方能有空間供其自我宣布「勝利」。

同樣而言，對於對俄羅斯仇恨已達至一個臨界點，暫不會那麼容易罷休的澤連斯基及其幕僚而言，即便他們未能「反攻俄羅斯領土」，他們也堅持要收復自行宣布獨立的兩個頓巴斯共和國，以及2014年後烏克蘭當局失去實質操控權的克里米亞半島的絕大部分，而並不會安於一個尷尬的現狀；再加上北約的軍事工業共同體對烏售武，根本乃是次戰爭中的最大贏家，既能通過俄羅斯的戰爭行為對中國發動「輿論攻擊」，也能迫使包括印度在內的「盟友」與俄羅斯最終不得不有所剝離（印度外長近日就着俄羅斯軍事行為的「半割席」言論，顯示印度即便多年以來與俄羅斯有所友好，卻並不會放棄與西方持續深化經濟與戰略關係去站在西方的對立面上）。北約形勢一片大好，又有何需要將戰事草草了事？苦了的，只是普通烏克蘭老百姓，以及受制裁及排斥影響的非好戰俄羅斯平民。多方皆有誘因，讓戰事繼續延續下去。

再說，是次普京的軍事動員，乃是牽涉到其對軍方的實質統治權及威嚴問題。在芬蘭與挪威紛紛申請加入北約，成為北約接壤俄羅斯邊境的「最前線」二員的情況下，普京的如意算盤明顯打不響，甚至弄巧反拙地強化及鞏固了北約本身的組織能力，令北約重新燃點內

部的火種，找到新時代的「生存意義」。然而從宣布局部總動員，到徵兵上場，到是次公投，以及接下來一連串對西方陣營的威嚇及猛烈批判，從他的角度出發，他並沒有他選退路。所以無論如何，普京皆不能妥協，更不能在「局部動員」及多番提出可能繼續將局勢升溫以後，忽然自我噤聲、選擇放棄一戰。

俄羅斯會否動用核武？現階段而言，筆者認為機會不大。須知道，即便普京選擇動用有限的核武器，一來，他必須要說服自己及軍方高層（並非鐵板一塊），核武器所帶來的直接受益非常的高；二來，俄羅斯能承受北約各大勢力同時動用核武器反噬的可能性；三來，核武器所帶來的戰地優勢，能讓他們迫使烏克蘭來到談判桌上。普京知道第一點實在難以實踐；第二點，也是難以承受的代價；而第三考慮的假設，乃是烏克蘭將會重歸談判桌上──若這是俄羅斯的唯一戰略目標，相信普京相對會較為傾向以傳統虛耗戰手法爭取自身理想的政治目標。較為有可能出現的，是包括生化武器在內的「大殺傷力武器」。

普京可以在動用這些武器之後，將其描繪成「美軍在烏克蘭進行的實驗所導致成果」，從而讓其有合理推搪理由（plausible deniability），試圖混淆視聽，同時引起烏克蘭內部民心潰散。這種做法，絕對符合普京一貫的強悍作風，也有可能為俄羅斯爭取到關鍵的6到8個月，待冬天來臨，為歐洲施加龐大的能源及熱力供應的負擔及限制，從而換取歐盟成員國對烏克蘭施以壓力。對於普京而言，現在唯一可以做的，便是以進為退，不斷地將局勢有限度升溫，以求迎來可貴的時間。

三、　普京要害怕了嗎？

有很多陰謀論家在盛傳，普京（大帝）已經「駕崩」，又說他其實失去了軍隊實質控制權，所以軍事決定才會是如斯的一塌糊塗。前者我暫且放下不說，但後者的分析其實過於片面——無論是多麼出色的軍事謀略家，若其最終的目標及願景乃是不切實際的一廂情願，根本難以在現實中落實。俄羅斯過去數個月的戰術算不上出色，卻也絕非糊塗；有時候，若裝備與實力不足，則難以在「非全面動員」的情況下取得壓倒性勝利。同樣道理，即便烏克蘭軍隊有所頑固抵抗，但能否持續下去，仍看其資源技術。

普京要害怕了嗎？誠然，我看不見俄羅斯國內存有任何能成功反對或取締普京的政治及武裝勢力。固然軍方並非鐵板一塊，但通過普京身邊的國家安全組織、特務及殺手、普京對軍隊的牢牢掌控，讓俄羅斯社會難以產出一名能挑戰其權威的反對派人士。除非俄羅斯打敗、或撤出一切在烏克蘭的領土，否則普京相信短中期內政治地位毫無懸念或隱憂；正如俗語說，政治這回事，一日都嫌長。普京暫時應該毋須害怕。支持普京的「圈粉」，可以繼續。反對普京的，都可以繼續。反正你們的支持與反對，對他政治生涯而言，是毫無影響的。

1.8
俄烏戰爭中的美國官方輿論戰略

（此一文章原刊登於2022年7月初；乃是基於我在2022年清華大學
第十五屆政治學與國際關係學術共同體年會的一篇論文所著）

俄烏戰爭爆發至今，所觸發的矛盾可被視為在起碼三大不同層面上
展開。第一，是在烏克蘭中東部地區等所爆發的實體戰，也即是俄
烏及背後支持勢力雙方的正面軍事交鋒。第二，是在金融、資源、
能源、貿易層面上所展開的金融戰，也即是烏克蘭和相關支持者、
俄羅斯與其盟友，以及在這兩股勢力之間不結盟者（non-aligned），
於戰事爆發後在這些一系列領域中所展開的制裁、反制裁及相關操
作。第三，則是牽涉到全球人口，又或是對俄烏局勢具直接或間接
興趣及利益的人口——觀感、立場、價值觀的認知戰。在認知戰之
內，又可分為資訊與輿論兩大分類，前者指的乃是誰操控資訊的流
通與報道，以及誰受這些資訊所影響，去進行相關的實體回應。後
者指的則是在資訊基礎上所進行的戰略性渲染，通過傳統及社交媒
體等渠道，影響和控制民意。（《中國人民解放軍政治工作條例》中
也提及心理戰、法律戰、輿論戰〔discursive war〕「三戰」。）

輿論戰大可被綜合為以操控媒體、資訊渠道、社會組織等具體手
法，干預受眾對某些事物的看法、判斷、情緒、觀感、立場、價值
觀，從而間接或直接服務某些政治企圖及利益。學者王林及王貴濱
認為，狹義輿論戰必須是在實體戰爭爆發期間，以新聞作基礎所展

開的對抗。廣義輿論戰則是以「綜合國力為基礎……利用各種傳媒，進行有針對性地資訊滲透」。箇中所運用的策略，則可稱為輿論戰略（discursive strategy）。這些戰略的發展及應用，並非中國或美國獨有的特徵。在分析俄烏戰爭層面上，現今學術界中存有不少針對俄方及第三方（包括中國與印度等在是次危機中定位中立的國家）官方論述的分析，甚至延伸至非西方社交媒體對俄烏戰爭的輿情分析，卻缺乏對包括美國政府在內的西方國家官方回應的系統性分析。

我們今天不探討俄烏戰爭的對與錯（筆者已經在其他地方清晰地表明自身立場，批評及支持聲音也聽夠，這就不說了），反而我認為我們得要進行一個圍繞話語權與輿論戰的具體分析。本文將會深入探討美國官方就着是次俄烏戰爭至今所沿用的輿論戰略，並採納時間順序手法（chronology），以三大不同聚焦點的階段，剖析包括現任拜登政府（行政）、國會內的民主黨政客（立法），以及隸屬不同省份或地方政府的民主黨政客（地方政府）針對是次戰爭輿論戰略的演變。從一個方法論角度而言，即將展開的分析，將會較為着重於文本分析。

一、　第一階段：戰爭爆發前夕的雙軌論述

在具體戰爭於2月末爆發以前的兩至三個月，白宮明顯就着俄烏局勢採納兩套相輔相成的主要論述。第一套論述，乃是強調美國對支援烏克蘭、抗衡俄羅斯軍事侵略的決心與能力，主要目的相信是向莫斯科發揮震懾作用，同時安撫就着局勢騷動不安的歐洲與北約盟友。白宮於1月初所刊登的公開發言稿，以及幕僚向西方主流媒體所釋放的訊息中，皆多番清晰強調美國寄望俄羅斯能單方面及主動地「將局勢降溫」（to de-escalate tensions with Ukraine），並以北約轄下的美俄戰略穩定對話機制（Strategic Stability Dialogue），作為美方以外交手段捍衛烏克蘭的首要渠道。此一論述巧妙地把俄羅

斯設置為於烏克蘭衝突之中的「進攻者」(aggressor)，並通過各種現存的國際機構及體制，將美方的滲入與參與合理化，同時向俄方施以明顯的警告。官方論述獲不少傳媒機構轉載及報道，從而將官方頻率論述昇華至覆蓋眾多頻率的全面輿論包圍。從一個防禦性現實主義(defensive realism)的分析觀點出發，不難想像美國乃是假設充分而具威懾性的警告應當足以給予普京政府清晰無疑的訊號，望能讓其打消進攻烏克蘭的念頭。

為什麼美國的戰略界(strategic industries)要如此鮮明地表明自身立場？須知道，在拜登前任的特朗普任內，他所推崇的「美國至上主義」(America First)，讓美國的傳統盟友無所適從，難以適應一個以孤立主義及違反國際秩序常規為己任的美國領袖。在經歷了美國於阿富汗草率撤軍及面臨中國這相對勢力拾級而上的種種前因後果壓力下，拜登及其團隊主觀地認定其必須在俄烏議題上站穩立場，方能維持美國的軟硬實力。同時，站在一個進攻策略角度而言，若美國能成功挑動俄羅斯入侵烏克蘭，則大有可能為內在存有一定矛盾的北約帶來必需的強心針，從而強化並鞏固美國在後新冠時代的國際軍事話語權。也正因如此，美國絕不懼怕俄羅斯不願意應戰，甚至嘗試通過各種形式的直接或間接誘因，將「俄羅斯入侵烏克蘭」這論述不斷地反覆呈現在公共實現及輿論之中。

從一個策略性角度出發，這是相當成功的。美國政府也在1月初至2月中旬，在不同場合指出俄羅斯進攻烏克蘭的確實可能性。無論是通過當局就着所收集的情報匯報，還是拜登本人在1月中發表就着普京的研判：「他必定要做點事，所以肯定會進去(烏克蘭)的。」(My guess is he will move in. He has to do something.)白宮整體對外所釋放的研判，乃是將俄羅斯的軍事行動描繪成一個高概率，甚至接近必然會發生的既定事實。此一戰略有助於一旦戰事爆發以後，向外展示美國在戰略及安全問題上的前瞻性，從而間接維

持美國在盟友眼中的可信度（credibility）。同時，美方與英方早於1月中便從烏克蘭撤出大使館職員，這也間接呼應着白宮所提出戰事將至的警告。

此一輿論策略，將國際輿論聚焦從「俄羅斯會否與烏克蘭交火」轉移至「俄羅斯何時正式開戰」，也為美國在東歐進一步軍事武裝部署提供了合理論證，讓美國爭取到發動更進一步軍事行動的道德話語權。美國向烏克蘭所供應的首批具殺傷力武器——包括90噸高火力武器——於2022年1月末送抵烏克蘭，正是以支援烏克蘭國民及軍方抗衡俄羅斯為由。此一說法，也為及後美國在是次戰役的軍事參與提供了適度的距離感——美方參與被設定為「支持烏克蘭當地民眾」，而不是「美國正面參戰」，從而讓美方能有合理推諉（plausible deniability）的餘地。這一做法也能夠巧妙地迴避部分反戰聲音指控美國「主動開戰」的批評。

二、 第二階段：戰爭爆發初期的多管齊下回應

俄烏戰爭爆發以後，美方的官方輿論仍然保留着以上兩套說法之中的第一說法，並在輿論層面上加強對北約、英歐、「五眼聯盟」之間合作的落墨及呼應。當中，尤以「美國與盟友對抗俄羅斯」的圍堵性地緣性政治論述，隨着戰事及制裁展開，獲得美方更多加註。美國一邊廂嘗試將俄羅斯在國際系統及論述中孤立起來，並在戰爭爆發初期多番嘗試向包括中國、以色列及印度在內的中立國家施壓（當中又以中國為甚，因為美方與以色列及印度一直以來保持深度戰略性及政治合作，故在相應的發言方面也有明顯差距），要求他們與俄羅斯保持距離。此一做法，一來能挑撥俄羅斯與這些重要往來對象之間的關係；二來，白宮國務院官員認為，這種輿論層面上的施壓也許能迫使中國——他們眼中的「系統性挑戰」（systemic challenge）——就着俄羅斯問題表態，從而削弱其自身的策略性靈

活度（strategic flexibility）。圍繞着中國與俄羅斯之間互動關係的輿論，在2022年3月王毅與布林肯、習近平與拜登的兩場對談，以及6月的香格里拉對話中——如布魯金斯學會分析員哈斯（Ryan Hass）所提出的「論述衝突」（duelling narratives）一說——不難看到持續的加深及鞏固。長遠而言，美方在這方面的戰略目標乃是要通過俄烏戰爭，把俄羅斯如今面對的龐大輿論及道德壓力和代價，部分轉移至中方身上，讓其遭國際社會主流反俄聲音（包括一眾已發展經濟體系）所排斥。正如閻學通教授在《外交事務》雜誌5月初一篇文章指出，「俄烏戰爭導致東亞局勢升溫，令中國國內親俄與反俄陣營撕裂對壘」（heightened tensions in East Asia, and deepened political polarization within China by dividing people into pro- and anti-Russia camps.），也令中國面臨被國際已發展國家的金融經貿聯盟排除在外。這也正是美方輿論攻勢下，所加劇的地緣政治演變。

此外，美國官方與主流媒體也為俄烏戰爭中的持份者及參與者，賦予滲透着鮮明道德色彩的「角色塑造」。正如不少英國學派（English School）名家所主張，國際社會中的協調及組織機制，具備關鍵的典範設置及典範維繫（norm-setting and -preserving）作用，違反這些典範的角色，往往會因自身行為而被視為有違國際社會道德秩序。可究竟誰是誰非？誰是違反了典範？誰是單純地在迫不得已情況下觸犯典範？這些問題，本質上其實是政治問題，反映着在論述及話語權層面上的權力分布。如太和智庫程宏剛所言，正因美國在社交及傳統媒體層面上的優勢，讓其能「將自己打扮成『正義的代表』及『秩序的維護者』」。同時，白宮將俄羅斯設置為「殘暴的侵略者」、受制裁及軍事行動所影響的俄羅斯國民為「間接幫兇」（accomplices）；反之，遭受戰火影響的烏克蘭人則被一面倒地描繪成受害者。

撇開這些道德審判是否公正或合乎現實（筆者當然認為烏克蘭國民確實為是次戰爭中最大受害者），毋庸置疑的是，美國上至白宮領袖，下至國會參眾兩院的絕大多數議員，皆是按照以上論述展開自身的政治評論及呼籲，從而締造出一個「新共識」，影響着收看及接收美國資訊的全球各地民眾。正如部分較為客觀（不歸邊）評論所言，以美國為首的西方輿論生態圈出現一個非常鮮明的偏重現象——俄烏戰役中的戰亂受害人，相對於其他戰亂受害人而言，其受關注程度及被描繪的語言與細節層面上，往往獲得遠遠更多的支持及矚目。這一點，除了反映西方民眾本身的內在偏好及喜好，也有可能是基於西方政客不成正比地聚焦在俄烏衝突上的評論及宣言。同時，在西方社交媒體篩選及排斥其主觀認定為「親俄文宣」言論的前提下，美國的輿論攻勢在傳播層面上廣泛獲得拔高與放大，將不少反對和反擊聲音壓下去，從而讓其戰略獲得普遍西方民眾的認同，並且成功把其角色設置演變成道德定位及審判設置，為西方諸國進一步對俄羅斯的封鎖及施壓，提供了能充分干預民意的論述基礎。

第三套核心論述，則是將烏克蘭總統澤連斯基（Volodymyr Zelenskyy）神化及英雄化。拜登定期與澤連斯基通話，並將對話內容充分地公布於公眾視線之中。美國官方社交媒體賬戶多次轉發烏克蘭政府的正式宣言，並轉載澤連斯基的演講與「英雄事蹟」——以轉載作為主要的表揚及宣傳手法，這一來能淡化美國本身被視為宣傳機器或直接介入戰爭的觀感問題，二來也能將焦點重新放在澤連斯基身上。拜登在5月末時曾表示澤連斯基是一名「值得烏克蘭當地人民英勇及堅毅抗爭」（worthy of Ukraine's bravery and resilience）的領袖，將烏克蘭人民所經歷的犧牲及付出的代價，以澤連斯基的個人「英雄特色」（heroism）作為一種回顧性合理化（retrospective rationalisation），將烏克蘭人民在俄羅斯戰火下所承受的昂貴代價及殘暴武力浪漫化：澤連斯基的「民族英雄性」被用

作證明烏克蘭堅持到底、持續戰役的道德必須性。當然，俄羅斯也有其相應的文宣──包括將烏克蘭描述成自身「帝國」的一部分，並把烏克蘭境內所有敵對勢力皆扣上「納粹」標籤。但我們這裏集中探討的是美國而非俄羅斯，後者的戰略部署及自身定位，我已經在別處做出一系列點評。

這一點，也呼應了拜登在戰爭較早期多番強調澤連斯基的民主性及個人背景的策略。於一場在波蘭發表的演講上，拜登說：「澤連斯基乃是民主選舉選出來的，也是一名猶太人，父親在納粹德國大屠殺中隕落。」由此可見，美國對於烏克蘭領袖的「造神運動」，是適度地按照其自身特徵及個人背景歷史所展開，從而確保論述能有效而全面地說服與影響非烏克蘭民眾的受眾。同時，通過強調澤連斯基的「民主性」及普京的「獨裁性」，如「普京說他在將烏克蘭『去納粹化』。這是一個謊言。這是一個奸詐的操作。他也知道這一點。這是荒謬的。」（Putin has the gall to say he's "de-Nazifying" Ukraine. It's a lie. It's just cynical. He knows that. And it's also obscene.）白宮成功地將個人化的描述與「民主vs威權」的整體話語框架畫上等號，乃是一種「相輔相成」的輿論攻勢。

三、　第三階段：戰爭持續下的心理調整方針

在大規模的政治動員，以及歐洲對俄羅斯的反噬底下，美方成功推動了在過去數十年來世界罕見的軍事資源動員行動。在俄羅斯鹵莽的軍事行動下，北約大有可能更進一步拓展，並將納入芬蘭與瑞典為新成員。而俄烏戰爭在短中期內未必會取得快速進展及調和。即便如此，針對俄羅斯的能源與金融制裁，確實為西方諸國帶來了巨大的通貨膨脹壓力，導致物價上揚、局部地區出現關鍵資源短缺等難題。

面對這種種因素，俄烏戰爭無論是實體戰還是金融戰，都正邁向一定程度的膠着狀態。這一現象，在輿論戰層面也無例外——正如智庫 Lowy Institute 與美國媒體 Axios 的報道，西方民眾對俄烏戰爭的關注度正持續下降。社交媒體上有關是次戰爭的互動水平，由2022年2、3月交界點的1800萬左右，下降至6月初的35萬左右。這一點未必足以印證包括北約諸國在內的第三方會因而放棄對俄展開不同層面或範疇上的攻勢，卻反映了一點基本事實：世界各地民眾正在調整心態，而在持續支持戰爭撐下去的前提下，官方輿論戰略也有必要因而調整。

在這一階段（也就是最新階段）中的美國官方輿論，出現兩大主要調整。第一，乃是針對民眾所出現的反噬與騷動不安，進行適度的期望管理（expectation management）。無論是透過政府中人對外經媒體渠道發布的消息，還是以跟政府關係密切的智庫評論作為間接溝通模式，美方皆向外表示要為俄烏戰爭演變成持久戰做好心理準備——當中包括就着所帶來的經濟及產業鏈破壞與消極影響未雨綢繆。在實體經濟振興政策與輿論戰術同步的情況下，拜登政府嘗試一邊廂抵抗共和黨對其經濟表現所發起的猛烈抨擊，另一邊廂經營與維持美方對烏克蘭在軍事與物資層面上的最低限度援助。這平衡方針需要關鍵的民意拿捏——也正因如此，官方必須持續地平息民眾對支援烏克蘭所帶來的代價之不滿。

與此同時，在西方媒體及輿論空間中佔據了道德高地、美方針對俄羅斯行為的輿論圍堵，未有因戰況膠着而有所停滯。在剛結束的北約峰會上，美國所率領的一眾國家將俄羅斯定性為「威脅與侵略者」，並把其視為北約必須抗衡的首要對象。此一言論反映了論述構建中的道德兩極化（moral polarisation）——美國嘗試藉着如斯鮮明的語言與批判，將俄羅斯徹底從北約成員國可合作的範圍中趕出去，以提防某些北約成員國在經濟與現實壓力下，向俄羅斯讓步或

釋出有限度善意。北約的集體聲明,無疑是在論述及輿論層面上為自身設下了鮮明的紅線——不能向俄羅斯「屈服」。但這種論述戰略能否成功說服各國各地的居民,仍是未知之數。

四、 結語

近日美國在輿論層面上的調整,反映出其在輿論戰層面上的靈活適應度。輿論戰術的有效性與公認性息息相關,而公認性必然某程度上要對事實有所反映。事實上,無論是物價騰貴、戰亂持續所帶來的地緣局勢不穩,還是就着其他在美國國內出現的本土政治危機,這些因素皆驅使白宮必須在一個資源漸趨緊繃的前提下,持續實踐其地緣政治目標。

這篇文章雖然未能詳細探索美國整體的策略布局,卻希望能通過較為具體的文本及媒體分析,點出美國在輿論戰上所採用的技巧及方法,從而更為充實地拓展現有的論述與分析。

1.9
形式主義是當代政治最大禍害

猶記得巴黎恐襲那一晚上，面書上所有人忽然將自己頭像改成了以法國國旗為背景的「默哀」照片。

數個月後，美國發生又一宗槍擊案，人們以迅雷不及掩耳之勢改頭像、發長文、更新社交平台上的動態。

數年之後，世界爆發大疫症，在醫療系統瀕臨崩塌之際，某國領導人牽着整個內閣，站在自己辦公室與官邸外，拍手……說是為醫護人員打氣……

這就是形式主義的魔性。這也是當代政治無聲無息的禮崩樂壞之處。

一、 什麼是形式主義？

形式主義到底為何物？作為一套整體哲學性主張，其研判下形式乃是事實的基礎，而形式以外並不存有一個獨立現實。形式主義嘗試將所有的知識與認知皆歸納成部分教條性定律所能推論出來的成果，從而將現實的繁瑣與複雜性通通排除在系統以外。

套用在現實政治上，形式主義則指只集中在表面的表述與形式、忽略內容與實際內涵的行為與思考模式。在共產主義悠長的理論長河裏面，恩格斯曾引述德國文學家名言所說，「我播下的是龍種，而收穫的卻是跳蚤」（I have sown Dragon's teeth and reaped only fleas），用來諷刺門庭若市的「跟風者」——十九世紀末的德國，充斥各種各樣自稱為「搞馬克思主義」的精英與上流階級，嘗試將馬克思主義規條變改成為自身爭取政治資本與籌碼的政治持份者。但這些人裏面，有多少是熟讀而對馬克思理論有實際認知？又有多少人能精準地就着其箇中思想作出批判改進？答案呼之欲出：虛有其表。

中華人民共和國開國領導人毛澤東認為，形式主義將「自己的號召停止在嘴上、紙上或會議上，而變為官僚主義」（學習時報），從而衍生出令人民難堪的官僚障礙、阻力與排斥。1960 年毛主席所提出的「五多五少」批判，更是對當時中國政局的當頭棒喝，告誡官員們必須多聯繫群眾、多經驗總結、多認真調查與研究（與近日中央中辦所提出的《關於在全黨大型調查研究的工作方案》有異曲同工之妙）、多學習、多細緻地組織工作。改革開放領導人鄧小平在南巡路上則指出，「形式主義也是官僚主義」，指出實事求是乃是「馬克思主義最起碼的原則」。在他的果斷領導下，中國掙脫了曾經一度陷入的意識形態霧障，撥開雲霧去迎接全面現代化。

轉眼來到二十一世紀，西方學者馬祖卡托（Mariana Mazzucato）則在 The Big Con: How the Consulting Industry Weakens Our Businesses, Infantilizes Our Governments, and Warps Our Economies 一書中指出，形式主義的精髓，乃是通過約定俗成而為坊間所認定為所謂的權威來源，從而讓政府官僚與管治者得以向民眾與普遍政界持份者論證自身管治水平，從而將管治裏面的漏洞與歪風「合理化」與「正規化」。通過形式層面上的認可，官僚們毋須達成有效的結果，只需

走流程、聘用「有用」的外在顧問，便能滿足到所謂既定程序的要求。由此可見，形式主義，也是程序主義的一種。

以我所看，形式主義本質上具備三大要素。第一，其非常重視表面觀感（尤其是關鍵持份者的觀感與評價），忽略實際結果成效。形式上做足功夫者——比方說，以上所說在社交媒體上改頭像，又或是在特定時候在群眾活動中拿着旗杆出來搖來搖去的鬧事或煽動者，又或是在天災人禍時發表作為自娛與他娛的「偉大言論」的吃瓜觀眾，他們關注的往往並非為他們口中所說要協助的人民，真確地謀幸福，而是純粹為了讓經由媒體或平台傳播的接收者對其產生一種正面觀感與評價。

第二，其講究形式的莊重性與公正性，「抓小事、耽大事」，集中在非常細膩入微的細節位上，以至吹毛求疵，甚至矯枉過正的情況常有發生。而因為形式與解決問題的方法不同，後者不能倒模、前者卻能照辦煮碗地在不同情況下「通用」，衡量形式的標準因而淪為膚淺而表面的符號與儀式審查。比方說，本應是要去抗衡外敵入侵國家的某國總統，跑了去拍時裝雜誌封面，便是表表例子。不是說拍封面沒有振奮士氣之作用，但整個特定舉動的安排與時機，卻實在與其表面初衷有違背。

第三，形式主義者往往透過形式的表述，從而為自己爭取各種各樣的政治資本與酬勞。本身以自我利益為主宰的行為並非原罪——人總要考量到自己的利益，這是人之常情。但形式主義的主體骨幹，乃是爭取私利、推動自身在權力架構或政治、社會、經濟秩序中往上爬。就好比某些名人響應「Black Lives Matter」（我譯成「黑人的命也是命」，而不是所謂的「黑人命貴」，因為後者是一個帶有歧異的偏頗翻譯），在推特上發表 #BlackLivesMatter 或「種族公義」的所謂千篇一律議論文，結果與人工智能 ChatGPT 的產品差異不大，

甚至更為粗疏而簡陋。這些言論雖然沒有任何實際含金量，卻為他們贏來一時無兩的風頭與關注。以上這三點，都是形式主義的核心要素。

二、　當代政治正在邁向形式主義泛濫

無論東西南北，綜觀全球，當代政治正在趨向形式主義氾濫的局面，原因與途徑有幾點：

第一，24/7新聞與社交媒體的崛起，讓政治的「公眾性」日益上漲。當然，自古以來，絕大多數以民眾為主導及篩選決定人的政治體系，或多或少皆講究政客在大眾眼光中的形象及人物設定，也看重領導能否說服民眾去接受自身的治理哲學與模式。任何成熟的政治體制，民眾皆必定能對政客施加適度壓力，以確保後者能向普羅大眾問責。但在新聞、資訊、媒體氾濫的年代，政客不但要與民眾維持正常而健康的恆常溝通與傳播，更要投放更多資源將自身變得更「立體」、更「貼地」（反映對民間實況的掌握）、更「動態」，從而吸納選票、政治支持，又或是上司的嘉許及認可。在不同場合拍照、「打卡」成為西方民粹國度政客的新常態，在政客日程表規劃中所佔的百分比也正在急速上升。原因很簡單──若他們不在某些特定場合、環境中表示自身「也在場」，則有可能被民眾或當權者唾罵、針對，甚至扣上各種帽子與標籤。在這表態為新常態的政圈生態中，「不表態」也是一種表態，因而會引致負面的政治代價。在中美博弈上升至一個「近身」的道德輿論戰之時，有不少名牌與科技巨頭公司，往往因領頭人物一時在社交媒體與公開場合的發言而被捲入代價昂貴的輿論漩渦之中。他們的生意與為顧客提供的服務，根本與這些立場言論絲毫沾不上邊，卻因為社交媒體上廣泛而毫無邊際的傳播介面，因而成為「火紅」的罪證，令他們很容易被民眾與民粹主導的載體以言入罪。

第二，隨着政治與經濟之間的交織日益緊密（西方有「金錢政治」、
日本韓國則有財閥左右政治大局、東南亞諸國也出現各種各樣的多
代政治裙帶關係家族、拉丁美洲則更不用說——左翼政府與工會領
袖勾結、右派政府與宗教與權貴勾結等），政治早已不是一個純粹以
服務人民及「公眾利益」為主導的活動圈與範圍，而變成了一個提拔
自身事業、賺取紅利與尋租（rent-seeking）的遊戲。在這前提下，
世界各地不少政客的主要目的與參政誘因，由當初的「權力」或「服
務社會」（前者為主），演變成「金錢」、「社會地位」、「權力」、「人力
資源支配」等的多元可能目標。「服務社會」未必不重要，卻再也不
是政界的主導性誘因。而要降低對自身仕途的風險與成本、提高自
身每一舉動所帶來的「經濟盈餘」，最直接的方法，便是投向形式主
義。為何這樣說？要知道，無論是威權還是民主，若要在當代體制
中獲得升遷，主要有兩派做法：第一，乃是腳踏實地「以結果為目
標」的務實主義，嘗試如部分國家或地區真正憂國憂民的領導人，
急市民所急，嘗試解決房屋與土地問題、提高整體社會競爭力、讓
自身地區或國家重新出發；第二，則採取一個相當低成本、高短期
效益、能滿足部分關鍵受眾偏好的形式主義，以形式作為內容、以
表態取代行動、以口號與片言隻語遮蓋空泛內容，從而實踐自身的
政治「抱負」。

比起第一途徑，第二途徑當然更為「具效率」，也更加可控可制。政
客無法確保政策能得到全面落實，從而保障他們需要保障的人民福
祉。但他們卻能左右自身說的話及表的態。比方說，法國總統馬克
龍當年因應當地示威而舉辦的大辯論，到底有多少收集回來的民意
能確實化為政策落實，也成問題。即便當時馬克龍起碼也意識到，
必須讓國民感受到自身能在施政與管治過程當中有所參與、他們的
聲音也能似是而非地受到官員關注——這絕對是聊勝於無的政治操
作，但這卻未能確保他能有效將民間意見納入施政，從而真正地解
決問題。

第三，地緣政治矛盾日益高漲下，參政者所表述的立場是否政治正確已成為國與國管治階層確保自身國家完整、團結、能維持底線與主體利益的關鍵判斷基礎。西方歐美部分國家以「國家安全」為說詞，推動新麥卡錫主義去針對無辜華裔科學家與學者。也有其他國家以安全為覆蓋性的理論框架，將一切社會領域皆歸納在「安全」這構建下，務求減免對政治秩序的衝擊與不穩。在這生態中，就着安全的「正面肯定」（positive affirmation）與「公開論述」成為了衡量忠誠安全度的「假託性」（proxy）指標，更被當成衡量政治能力與技能的最主要標準。在這情況下，政客當然必須投向形式主義，以論證自身對國家忠誠。但我們必須意識到一點關鍵：對自己的國家與社會忠誠是對從政者的合理要求——但這絕非「足夠」。這就好比我們不能單純以雞蛋作為蛋糕的原材料，也必須加入麵粉、糖等其他的原材料。

這三大趨勢交織下，當代政治正演變成愈來愈以形式主義為主導的鬧劇。上至民選國家領導人、下至在街頭示威的社會運動分子，他們關注的往往並非解決問題，而是如何在不解決問題的前提下，向世界表示自己正解決問題或擁有解決問題的勇氣。

三、 形式主義乃是當代政治的一大毒瘤

形式主義到底有何問題？

第一，過度的形式主義非常消耗時間與資源。用經濟學術語來說，若形式主義從政者是供應方，他們的特定受眾（可以是民眾，也可以是其他群體團體）是需求方，那形式主義則構成嚴重的負面外部性（negative externality），直接令社會出現無謂損失（deadweight loss）。

形式主義的繁衍，讓政界變成一個另類的檸檬市場（lemons market）：「假貨、真貨」，在具備操控權者眼中傻傻分不清；甚至原本應當重視的美德，在這氛圍下卻變成消極的負面因素。這也是為何美國政治部分圈子與政客間出現如斯鮮明的兩極化——既然對方並沒有與自己合作去解決問題的誘因，那倒不如以說詞代行動，將現有的資源全面傾斜於尋求連任的過程中？而試問若連任是首要任務的話，政客又為何要與對方合作，「送一張牌」予對方？

久而久之，形式主義讓政客將資源投放在錯誤的聚焦點上，本末倒置地浪費大眾耐心以及（在民主國度中）選票。

第二，形式主義也可能會令我們產生結構性怠慢（structural complacency），自以為「問題早已解決」，豈料問題依然沒解決。喧嘩非常而粉飾太平的論述、簡單易明卻也因而容易傳播的訊息，以及以偏概全的報喜不報憂，輕則令普羅大眾誤以為問題並沒有如此緊急或關鍵；重則讓我們自視過高，從而罔顧自身能力的局限。

在後工業化的先進經濟體中，人民需要深諳機械化、人工智能化、過度依賴服務性行業所帶來風險的管治者，先準確地指出及承認當下嚴峻的危機，方能對症下藥，以知識與勇氣克服障礙。筆者深信我們身邊絕對存有這些政界賢能與前輩，但我們需要政界精英將這些思想帶給民眾、帶入社會、帶到國際舞台上。這樣，方能論證給我們看，這些問題需要處理，而處理也是有可能的。國際企業的「漂綠」（greenwashing）、社運圈子的「道貌昂然」（virtue signalling），以及部分激進人士所奉行的所謂「鬥X」或只光顧支持某些政見立場的商家，這些例子都是「結構性怠慢」的表表例子，讓我們在罔顧問題根源、治標不治本的同時，「自我感覺良好」，為自身行為開脫與合理化。這種感覺良好背後所隱藏的，乃是一種拒絕解決問題、逃避現實的空虛骨感。

在複雜多變的時局之下，我們更需要講真話、報喜也報憂、將真相全面呈現出來，而不是讓形式主義左右我們的一舉一動。全球化正面臨身份政治、地緣政治利益等所帶來的多重挑戰。我們不能誤信所謂的「分析」，將美好願景當成當今事實，從而墮入「掩耳盜鈴」的思考陷阱之中。

第三，形式主義主導的政治本質上並不重視對社會大眾的功過良弊，而只着重民眾對從政者的主觀評價。而民眾的精神與注意力是有限的。誰能爭取最大量民眾至死不渝的支持、吸引到最多的眼球，似乎便最能理直氣壯地在這個政治遊戲中勝出。形式主義並不會犒賞默默耕耘者、腳踏實地者，只會讓在形式層面上做得最為浮誇、最為鮮明、最為譁眾取寵的「做全套」者脫穎而出。

惡性循環由此而生。將議政化成口號、將管治如特朗普一般變成推特上的280字元，這種畸形的表態文化讓政客將絕大多數精力與媒體資源皆投放在形象塑造——而且還是最本末倒置的片面化、膚淺化論述。這種做法，一來未能取得民眾認同與對管治者的支持、二來是在赤裸裸地浪費大氣電波時間與空間、三來也讓真正對從政抱有良好意願及初心者對參政感到卻步。

適當的形式主義乃是與政治密不可分的，但這並非接受及採納形式主義氾濫現況的藉口。我們不需要將所有的形式主義皆去除，但我們有必要認清楚，到底什麼才是有效有用的形式，甚麼卻是將人民生活變得更差、讓管治者與人民更脫節的形式。形式必須由結果做規範。結果必須受程序所制衡。但程序本身必須與時並進，方能締造出一套合理而有效的管治範式。

1.10
地球很危險嗎？

地球現在很危險嗎？

「末日鐘」2023年年初調快至只剩下90秒。俄烏戰爭大有可能持續白熱化，令戰火蔓延至歐洲其餘地方，更有核化（雖然概率不高）的可能性。過去數年，前所未見的大疫情席捲全球，世上超過7.5億人口感染新冠病毒，其中有680萬人因而喪生。全球暖化令不少沿岸城市岌岌可危，大有在10到20年以內被淹沒的可能性，這也令不少弱小社群與民族，在地球環境震怒下面臨滅頂之災。人工智能的發展迅速，卻也同時為人類帶來難以理解或掌握的種種隱憂。

筆者今天立論很簡單：接下來這20年代，將會是人類歷史上一個關鍵「危險十年」。各種存在風險將會在這段時期中浮現，足以左右我們的長遠軌跡。從一個歷史角度而言，這無疑是一個「關鍵分岔」（critical juncture），具備一定程度的路徑依賴定奪性。往右走，還是往左走，足以影響我們未來一百年的人類生態。我們有必要將這些風險控制減少，但誠然筆者看不到十年以內我們能取得進展。

一、 什麼是存在風險？論存在風險的定義與類別

存在風險（existential risk），乃是應用道德哲學上一個較為創新前衛的專有名詞，言簡意賅。本質上，其意乃是具備毀滅全球人類存在的潛在現象（風險），能根本性而全面顛覆人類的一切社會結構及生存能力，甚至能扼殺我們在長遠而言的「復甦能力」（recovery capacity），令人類從此從地球表面上消失。絕大多數的存在風險皆源於自然現象（natural existential risk），包括大型火山爆發、彗星或行星撞擊地球，又或是超大型的耀斑。這些風險事件往往被採納為流行電影的主題，故導致不少大眾認為此乃是「妙想天開」，是離地非常而杞人憂天的假設。但須知道，即便這些風險客觀概率不高（詳可參考 Toby Ord 及 Will MacAskill 等哲學家，又或是牛津馬丁學院（Oxford Martin School）及劍橋大學存在風險研究中心長年累積的研究），單憑他們發生之時所可帶來的極端災害破壞，便已值得我們正視它們。更甚的是，這些存在風險本身並非人類所構建或促成，而是獨立於人類社會及眾多人為因素，故也不能歸納為「可控」，頂多是「可防」。

然而，隨着人類社會發展、經濟往前推進、整體社會矛盾加劇、新穎科技崛起，地球開始出現各種各樣的「人為存在風險」，當中包括核戰、生化武器的廣泛應用、全球暖化（具爭議性——有不少哲學家並不認為全球暖化是存在風險），以及具備自身意識的人工智能，也即是所謂的通用人工智能（Artificial General Intelligence，AGI）。筆者並不認為提出這些風險因子可能帶來的影響是危言聳聽。我們現時根本並沒有花足夠時間或資源去防止這些問題的蔓延及推展。為何不是妄言？須知道，毋須所有存在風險同時出現，而只需其一在未來出現，便足以導致全人類覆沒。舉例說，超大型核戰（在核武器的反覆使用下）能在剎那間摧毀特大型城市、令百萬人在高溫輻射灰塵中死亡。強悍的生化武器能感染成萬上億的人類，導致他們

瀕臨滅亡。人工智能也可能因所謂對齊問題（alignment problem）而「暴走」，進而破壞人類社會基本存活權。

二、　毀滅又如何？論存在風險的道德厭惡性

我們具備強烈的誘因及道德責任去防止或減少存在風險。原因有二：第一，我們若想好好地活下去的話，不能單純地以為這些風險看似很遙遠，便因而視其比「政治紛擾」或「意識形態鬥爭」來得為輕，輕視或漠視這些風險對我們可構成龐大打擊。掩耳盜鈴很容易，但水退之時，便能看見誰沒穿褲子。無論是蔓延全球的瘟疫、能消滅沿岸地區的巨型海嘯，還是國際大國博弈中所繁衍出的大型熱戰，這些風險說遠不遠，說近不近。第二，若我們具備能力，然而選擇見死不救地拒絕協助現在或未來的人類同胞去避免存在風險、從而間接導致未來生命遭受嚴重損失，此乃一種極為自私而將自身利益置於他者利益之上的非可論證行為（unjustified behaviours）；就好比你知道你的鄰居若此時出行，將會被一塊從懸崖峭壁墜下的大石壓死，即使你非大石的「推手」，若一早洞悉到大石落下的可能而見死不救、不願意伸出援手，則絕對枉為人！

當然，也有個別朋友可能會問，即便世上所有人類皆死掉了，那又如何？難道人類生存是一件好事？有較為消極或反人類的朋友可能會推論，對於大自然或動物界而言，所有人類覆沒，大有可能會讓自然勢力及生物界整體重新恢復平衡，未嘗不是一件好事。可能對於我們來說是存在風險，甚至是存在威脅的負面事件，對於廣泛受人類存活糟蹋及迫害的萬物而言，是一件好事。道德哲學沒有規範我們必須從人類視角去看東西，甚至現代倫理學有不少名家主動敦促我們以「求大同存小異」及「眾生平等」的角度出發，尊重各種非人生命的平等存活權。在這眾多考慮之下，我們為何要執着於人類

是否活着、是否生存？也許死亡，也是一種對世界好、對我們自身也好的解脫？

對此，我有四點反駁。第一，人類存在固然為大自然萬物帶來不少負面影響及干預，但單以絕大多數人類對生命的偏好（preference），以及在生存之時所能創造及享受的「效益」（utility），即便我們是從一個效益主義（utilitarian）框架出發，我們也應當支持人類持續活下去，為世界帶來整體的正面效益。同時，我並不認為從一個道德審判角度而言，我們應該「厚彼薄己」，忽略了人生本質的正面價值。第二，即便有個別人士的一時間生命效益淨值乃是負值（名副其實的生不如死），這一點也並非不可避免的，也不是常態。我們可以選擇適應或改變我們的偏好與生活方式，以確保我們自身取態及審判能更為正面地趨向於迎接生命起伏。第三，人類對環境的破壞，並不足以蓋過或扼殺我們在科技及知識層面上的創造，讓我們能以各種各樣新穎方法協助經營及維繫地球長遠發展——比方說，保育工程及現代醫療發明，便是對生物多樣性（biodiversity）的最大保證工具。最後，從哲學家鄂蘭（Hannah Arendt）所提倡理論角度出發，人類生活的價值遠不止於單純的「存活」，更是源自於我們獨一無二的政治公眾參與的特質。一個沒有政治參與權的自然群體，沒有靈魂，也並不足以讓地球具備真正的深層次價值（deep meaning）；我們的價值，正出於我們在群體生活當中所實踐的政治多姿多采、敢言可言，這也是我們通過政治體制為地球創造價值的必經道路。

三、　風起了：論動態衝突政治的崛起

那為何未來這十年地球很危險？以上數章，我們探索過有關「地緣政治的回歸」，指出以全速經貿為主軸的全球化時期已經結束，而所謂的「第一世界」與「第二世界」的大國強國，已不能如從前一般再置身在地緣紛爭的「衝突世界」以外。這是動態衝突政治崛起的年代，也即是說，國與國之間雖然仍有所連繫與合作（包括在經貿或資源層面上），但無論是在戰略扼要的產業，還是最為核心的軍事與地緣層面上，不同意識形態及理論體制的國家之間的短暫「友誼」將會急速消退。取而代之的則是逐漸深入而僵化的相互不信任，以及在不同主軸上的競爭、對抗、直接或間接博弈，再配以非常有限度的交流與合作。

動態衝突政治的特徵有三個。第一，半熱不冷的戰爭模式。國與國之間的和平共處將會成為過去歷史（及可能的遙遠未來）。不同利益集團之間將會訴諸武力與暴力作為解決核心利益問題的首選方案，或是以武裝衝突為威脅及恫嚇對方的工具。即便知道劍拔弩張對化干戈為和平的可能有其極大破壞，但這並未能阻止或減退國家使用武力的偏好，除了因為國內眾多軍事工業複合體的既得利益者以外，更是因為若在衝突邊緣前懸崖勒馬，只會「虧」了國內民眾支持度（失去民意）、同時失去在國際層面上的主導權。當然，此一模式並不能被歸納如世界第一、二次大戰那般的「全面熱戰」，出於經濟及貿易等層面的顧慮，大國與大國之間對武力的運用大抵仍會有所克制，除非是在主觀認定的「毫無他選」情況下，又或是針對非大國的中小國家，否則並不會貿然動用過強的武力。當然，以下將分析衝突升溫的可能性與邏輯——全面熱戰的爆發，絕不是遙不可及的「不可能」，而是「可能但肯定不應為」。

第二，國與國之間將會就着這些衝突提供所謂的道德論證——也即是意識形態的操控及賣弄。極端民粹及排外主義是一種關鍵的思維思潮，因為其能夠論證及支撐未必符合經濟實際利益的決策方針（可參考脫歐公投前後充斥英國的反歐盟主義），並能就着任何逆反聲音扣上「叛國」及「媚外」等莫須有指控。同時，昔日的帝國主義，今時今日則可能以所謂的「人權」及「民主」實踐作為包裝，從而推動一種夾雜着道德價值觀與地緣政治利益的偽道德論述。這些種種說法，說得動聽點是一種自我催眠，說得難聽點，則是一種論述加在思想與行為上的綁架，將公民及個人轉化成實踐政治目標與理念的搖錢樹及前哨兵。衝突政治的時代，也是一個後全球化的身份政治年代。

第三，這也是與以下部分有直接關連的——衝突政治讓我們對風險的價值衡量及取態，有根本改變。人類本質上應當是偏向於減少風險，而不是迎接更高風險。但在意識形態、身份政治、媒體渲染等現象下，人民短中期對風險的趨避，大有可能被包括情感及直覺在內的主觀因素騎劫，讓其自以為風險承受能力比實際來得高很多。結果？人民被所謂的「正確價值觀」驅動，忽視自身行為及取向所帶來的集體風險，過度側重在感受感情上虛無縹緲卻看似真實的進賬。一時三刻這種做法未必會帶來直接後遺症，但長遠後果則絕對堪虞。

四、　雨來了：我們如何離人類滅絕愈走愈近？

隨着過去十多年來的政治局勢演變，環球存在的風險正在急速上漲。我們離人類滅絕愈走愈近。動態衝突政治與存在風險的掛鈎，主要體現在三大範疇上：

第一，核戰與大型軍事衝突的可能性。自1945年以來，便再沒有任何世界大國將核武器直接應用在與他國的軍事衝突身上（無數次在冷戰期間的核戰威脅且當另計）。核震懾（nuclear deterrence）的邏輯建基於各國對核武器所造成的龐大破壞與衝擊之忌憚，令他們如非必要，也不會考慮到動用核武器作終極防衛。但隨着大國聯盟朝向「動態衝突」進發，這變相象徵着兩件事：第一，各地民眾對自身主觀認定的風險承受能力有所提高，讓政客也更斗膽地去提出各種有違正常軍事邏輯及克制理論的提議，包括加劇武裝化，將戰事無了期延長（可參見俄烏戰爭，又或是美國入侵伊拉克與阿富汗的近年例子）。第二，在極端的「政權合法性守護戰」中，有個別領導人可能會認為自己並無選擇。比方說，深陷在烏克蘭戰爭的俄羅斯，已消耗了大量兵力；若其確實想在如今對克里姆林宮而言這麼不利的前線情況下，仍要在國內維持一定程度的影響及公信力，普京絕對有可能考慮出動更危險而破壞力與殺傷力更大的核武器。即使筆者並不認為普京動用核武器的概率會大於10%至15%，但此一概率遠比冷戰後的30年，甚至冷戰期間的整體概率來得高。

退一步而言，即便不是俄烏戰爭，在未來國際形勢嚴峻的十年，大有可能在不同的核勢力之間出現擦槍走火。核武器的動用並不一定是一個經過深思熟慮的決定，而可能是任何一國軍方或政府領導層，認為自身必須施「下馬威」，為了將戰事及衝突一了百了，而動用的「最後一擊」。但這種思維十分不可取──針對核武器的禁忌一旦被破壞，只會讓各方勢力以「溫水煮蛙」的形式，對動用核武器的門檻逐漸降低。這正會增加全球在核戰下遭受存在打擊的風險。

第二，就着包括全球暖化及生化風險（biohazard）在內的環球性問題的合作，有可能因這種動態衝突中的零和思維，因而告吹。理性務實的外交思維，驅使我們必須能夠將不同領域及範疇「細分」（compartmentalise）起來——也即是說，我們不應，也不能讓個別領域上的分歧及差異，導致我們在其他領域上也不相往來。這種絕對主義上腦的作風，只會讓一切可能的合作也被迫中斷。可惜的是，隨着本土國粹情懷高漲、政客自以為憑着自己國家的優勢便能獨善其身地避免受全球暖化或大規模傳染病影響、人類對科技所帶來的正面效益信心日益增長，這些因素皆令我們過度自負，忽視了我們絕對需要與他人（尤其是發展中國家）合作共享資源，共同抗衡全球暖化與生化風險等危機。

筆者懼怕的，正是現時上演的一幕幕：政府與政府之間就着氣候變化的溝通與合作，在政治及意識形態的爭執下，被擱在一邊。本來應當是以科學思維聯手處理及調研的新冠疫情，卻變成了某些別有用心之人用來渲染去攻擊別國的工具手腕。公民社會之間的對口及對接，在政治氛圍如斯惡劣的情況下，難以為繼。反對國際多邊主義及合作的聲音不斷抬頭，讓苦苦支撐着非牟利機構及國際峰會論壇的「國際化」聲音不得不步步為營。個別國家麥卡錫式的「反間諜」、「反滲透」行動，讓地球村中出現歇斯底里的相互猜疑及仇恨。這些種種變化，皆令我們難以就着以上這些存在風險落實妥善而全盤的解決方案。

第三，我們至今一直忽略的「黑天鵝」，其實是近20年來發展迅速的人工智能。人工智能研究學當中，有「強人工智能」（Strong AI）與「弱人工智能」（Weak AI）之分。前者指的，乃是具備或甚至超乎人類思想、認知、溝通、組織能力的人工智能；後者則是，如現時所有的人工智能一般，仍未能全方位模擬及取代人類。有不少論述皆表示，我們離「強人工智能」依然很遠。前Google中國第一人李

開復曾公開表示，其認為所謂的「強人工智能」，本質上根本難以在短中期內實踐，我們毋須多慮。也有其他名家認定，人工智能若要如人類一般具備自身獨立思想的能力，仍需要在科技層面上多次突破，以確保其能夠在有限的實體空間中擁有足夠的龐大運作效能，從而發展出如人一般的技能與反應。

但筆者並不這樣想。早前跟一眾從事人工智能哲學研究的尖端研究員交流時，他們跟我說，最直接而能有效地達至「強人工智能」，也即是我以上所說的AGI，只需要我們具備成熟的三維複製與打印技術，準確地將我們腦袋掃描，然後按照這腦袋結構建構出一個虛擬體。形而上學哲學中所謂的虛擬腦袋（simulated brain），與此正有異曲同工之妙。實際上，假若我們確實繁衍出能夠自給自足而自行行動的人工智能，我們並無任何方法去確保其會乖乖地依從我們的指令行事。也難保這些「強人工智能」不會對人類感到厭倦，甚至將我們認定為它們的存在風險與威脅。在這前提下，我們又怎能擔保人類與人工智能之間能和睦相處？

讀者可能會認為寫到這裏，我是想太多了──這些新科技的演變，歷史上屢見不鮮，我們毋須多想多慮……但這種說法，完全低估了：第一，「強人工智能」可能帶來的並非「量」或簡單的「質」層面的突破，而是一種顛覆性的範式推翻（paradigm revolution）；我們根本並沒有足夠的認知或能力去處理其所帶來的潛在危機。第二，也是回歸以上我們的討論。如今地球諸侯諸君似乎認定對方便是自己的最大挑戰，在人工智能及嶄新科技上不斷地進行各種各樣缺乏監管的「破格」測試，為求在所謂的「全球科技戰」層面上取得壓倒性優勢及勝利。在這種氛圍下，又有何人會認真地思索人工智能的潛在禍害與約束？

五、　結語

我們生於斯、長於斯，甚至死於斯。這是我們的地球，也是我們的家園。在星際旅行徹底流行前，我們除了堅持下去，並沒有任何實際的選擇。我們沒有執着於意識形態與形式主義的權利，更沒有搞單邊主義、排外主義、霸權主義的空間。一名負責任的政客可能永遠都會視自身民眾為唯一唯二值得保衛的人民。但我們需要的並非充斥歐美等國的「出色」民粹政客，而是具備舉世情懷的領袖，能看見自身行為對他國他者所構成的嚴重打擊。為何不應搞科技新冷戰？為何不應以零和思維及行為處理國際關係？為何我們此時此刻更需要國際合作，而不是盲目脫鈎或排斥他者？正因為上至國家管治者、下至每一位老百姓及平民，我們都具備守護全球人類命運共同體的基本責任。我們沒有他選，也不應存有任何遐想。

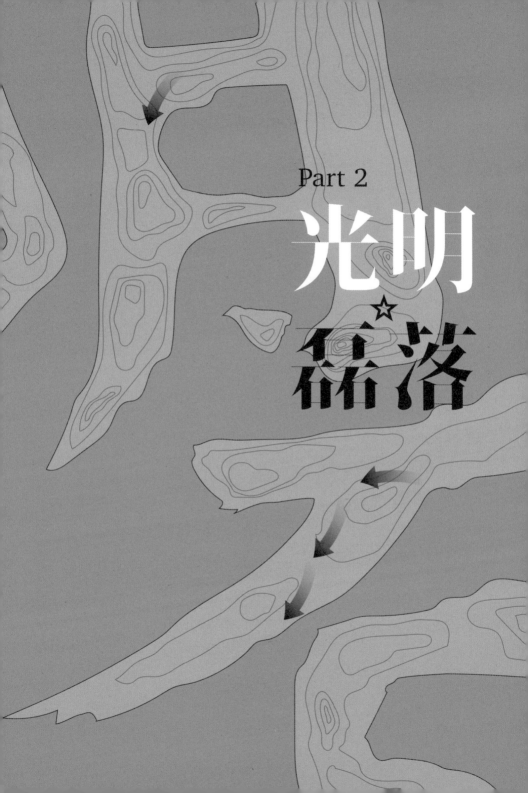

Part 2

光明☆隕落

2.1

外交何物？
論國際外交核心思想原則

一、外交為何物？

從一個最廣義的定義出發，外交指的，乃是國與國在不同群體及載體（包括政府、民間、公民社會、機構及意識形態或思想共同體等）之間，就着不同領域（例如軍事、政治、經濟、全球管治、金融、文化等等）所展開的有意識互動及交往。對外交採納一個廣義定義，有助我們破除傳統政府與建制為外交所設下的局限與定義。在一個全球化已成為世界主流趨勢的年代中，人民與政府的關係，一來不再是一種單純的服從，二來也不應受所謂的傳統「政治分工」約束，為自己設下不必要的限制。對外交的需求，乃源自於人與人之間的利益綑綁與實際交往日漸頻密。在這前提下，上至國家元首或領袖，下至普遍與自身國家以外的人打交道的公民，不只身受外交牽連，更往往成為不同模式外交（尤其是公共外交〔public diplomacy〕的兵家必爭之地。若認為外交只是一個「上流社會」或政治權貴擁有操作壟斷權的遊戲，則未免引喻失義。

在這前提下，理想的外交風範，又是什麼？這道問題，單憑走學術、讀書為本的模式，乃是難以觸摸到實質的底蘊。唯有經過反覆

與歷史及同僚之間的對話、探索、體驗及思考，方能悟出一二來。我對外交思想研究的興趣，源自於拜讀兩位名家的故事及作品。一位是亨利・基辛格（Henry Kissinger），也即是美國近代政治及學界上呼風喚雨的外交家、官至國務卿，見證並策劃美國過去50年來最龐大而歷史性的國際戰略行動。他也是為數不多在海外社會中，真正讀通讀透中國近代歷史與發展的「中國通」，即便在他那本《說中國》（On China）中，對中國也許抱有一個過於文化純粹主導的審判眼光，但起碼他願意拋開既定的意識形態，以較為務實持平的眼界看待中國崛起。這一點，本身便足以讓我們對他刮目相看。

另一位，則是我們的前總理周恩來先生——一名胸懷祖國、同時熱愛世界的英明領袖，讓中國在冷戰期間能抵受美俄之間的鬥爭矛盾，闖出一條支持和平、促進第三世界站起來的團結道路來。周總理談笑風生之間，化干戈為玉帛——這不叫幸運，而是他累積數十年走來的知識、內涵以及仁義品德。在內，他對中國知識分子及思想界的支持及擁護，讓獨立思想者在最艱難時期中能保存希望，同時也堅守國家主體利益及民眾福祉。在外，無論對方多富有或貧困，他皆會一視同仁，不會以「老大」自居——從而方能貫徹始終反帝國主義、反殖民主義、反霸權主義的三大核心原則。

正是這兩位前輩之間所推動（主要是周恩來與美方運動員的非正式來往，以及美方運動員的好客）的乒乓外交，帶來了中美建交，驅動了中國近代最偉大的現代化旅程——正是改革開放，讓國家邁向經濟與金融國際化及體制蛻變的光明方向。也是在周恩來總理與基辛格先生互動軌跡的基礎上，謹此提出數點有關外交的拙見。望拋磚引玉，以供大家參考：

二、　如何梳理立場與利益問題：核次輔原理框架

任何外交家，都應當牢牢地記住兩大問題——第一，誰是核心的盟友、誰是次核心的朋友，然後誰是輔助性的合作對象？第二，什麼是核心利益、什麼是次核心利益，然後什麼才是輔助性的利益？在此讓我們剖析一下這兩道問題的實際操作形式。

第一，我在此謹提出一個核心盟友——次核心朋友——輔助性合作對象的三環框架。要理解這框架的構造，我們大可以冷戰時期的美國做一個獨特例子。在美國外交界眼中，當年的英國，乃是在抑制蘇聯及華沙公約群體的最關鍵夥伴；這兩國之間的「跨大西洋聯盟」（Transatlantic Alliance），乃是覆蓋着意識形態、經貿金融、戰略軍事物資等層面上的全面性建交，基本上（除了英國本地曾泛起一定程度的「反（越）戰」左翼思潮以外）乃是堅不可摧的。反之，在戴高樂主義（Gaullism）所主宰的後二戰法國，以及正從二戰中緩慢恢復的意大利等國，對於美國而言，則是次核心「朋友」，他們未必是最可靠的夥伴，卻分別在歐洲（法國在1966年撤出北約）及北約之中，為美國提供有限但廣泛性的支援，以克制蘇聯共產主義當年在西歐的蔓延。最後，對於美國整體戰略判斷而言，其在無論是拉丁美洲或中東所扶助起來的政權（當中有不少都是罔顧人權及公民權利的獨裁政權——也有一些在正式式微後，轉化成知名的國際武裝組織），乃歸屬於所謂的輔助性合作對象。此一主軸，對應着「敵友我」中的「友」裏面更細膩的分類。

中國對國際諸國的分類，也間接反映類似的分類。中國對外，也有分戰略合作夥伴關係（當中再細分「全天候」（巴基斯坦）、「全面」（柬埔寨、泰國、肯亞等））、普通的戰略合作夥伴（韓國、印度等）、戰略夥伴關係（德國、馬來西亞、阿聯酋等），以及合作夥伴關係（新加坡、羅馬尼亞等）等等不同的定性與分類。固然這些分類類別未

必完全反映出實際上中國在戰略策略層面上對這些國家的判斷及具體政策，但正所謂「親疏有別」——在可能及實際盟友之間，我們必須有所區別，否則面對進退兩難的情況，則難以得心應手地作出回應。

第二，三環框架不只能套用在盟友形容與分析之上，也能套用在分析利益輕重分布。就着核心－次核心－輔助性利益而言，且讓我們用另一例子來說明。不難想像對於當今俄羅斯政權而言，其利益分布為何。從克里姆林宮眼中去看，其核心利益必然是要將北約及美國勢力從俄羅斯以西的地帶（包括北歐瑞典及芬蘭，以及烏克蘭）排除，防止北約持續東擴——當然，事與願違，如今俄羅斯的軍事行動加劇加速了北歐與北約的融合，令俄羅斯核心利益得不償失；次要利益，則是要在經濟及金融層面上，盡量維持市民日常生活，以免導致政權不穩，失去控制及管治權。所謂的輔助性利益，則是要持續地在中亞維持俄羅斯的地緣政治影響力，防止以哈薩克斯坦為主導的中亞五國，轉向中國，又或形成獨立於中俄的地方勢力。整體而言，俄羅斯如今的利益其實顯而易見。

我所提出的這個分析框架，裏面有兩點是需要我們關注的。這兩大主軸之間，必然有所激烈而深度的互動——在某些議題上，國 A 的核心利益可能是要維護某群體的關鍵利益，故導致 A 必須視 B 為這議題上的核心盟友。但在某些其他更為關鍵議題上，B 的野心及不自量力，卻可能導致 A 核心利益受損，只能保存一定的次核心利益。在不同的利益緯度（經濟貿易、軍事政治）之上，存着不同程度的張力及互動——有些國家可能本身在一個「主要矛盾」議題下，是最關鍵的合作夥伴。但若有足夠的圍繞着次主要利益的「次主要矛盾」（介乎在「主要矛盾」與「次要矛盾」——後者對應着輔助性利益）重疊之下，則可能迫使該國重新反思應否繼續視該「合作夥伴」為整體的、甚至該議題上的主要盟友。

第二，世上沒有永恒的敵人或盟友。若將核心盟友等同於「永遠不變」的盟友，這種頑固作風對不起自身國民，也對不起平衡及爭取世界共同利益的宏大理想。盟友的重要性除了會因可靠性及所帶來益處而改變，也是「與時並進」——也即是說，今天的盟友，可能他朝便會成為敵人或陌路人。管治者方針會變、民眾利益及需求會變。當日英國加入歐盟，乃是出於微弱多數民眾對歐盟經濟與價值觀層面上的認同（短期內壓倒了反歐的聲音）。二十多年以後，英國絕大多數民眾認為歐盟對自身的管轄權與自主權有所蠶食，在公投中執意脫離聯盟，反映出世上沒有永恆的民意，也沒有不變的盟友取態之說。事過境遷，英國脫離歐盟，不再以所謂的「美歐」之間橋樑自居，但在外交與戰略層面上，卻進一步地與美國靠攏。從大西洋「特殊關係」（The Special Relationship）到「歐洲的英國」（A European Britain），再從其擺回至與美國共同「推進民主」的後脫歐外交，英國外交層面上的靈活度，撇除實際效果不說，確實讓其能夠有效地平衡各方勢力對她的期望及需求。

以上的「核次輔原理」的兩大主軸下，國家必須願意將自身不同的利益領域進行分割，然後按着這些利益所需所求而進行相應的調整及操作。反對者可能會認為，這種做法過於「交易化」（transactional），令外交淪為等價交易。但從來國與國之間並不存在什麼感情或「友情」，而是一種未必時常精準，但整體仍能掌握的現實利益主義。核心（例如：軍事實力拓展）與次核心利益（穩定整體經濟發展速度及底蘊）乃是存有一定程度的相互更替性，但輔助性利益永遠都是比次要矛盾更次要，除非國際形勢有龐大的結構性變換，否則不應被視為主導政策方向的關鍵。此一原理也能充分解釋到，中小國家在大國博弈下應當如何自處——希望拓展區域利益的，要懂得將自身變成所有大國都需要的「次核心」對象，從而拓展自身的核心利益。反之，希望置身於大國政治以外的，則應當以「輔

助性」邊緣角色的模式，既獲得大國一定程度的庇蔭，也能防止被捲進核心利益鬥爭的權力悲劇中。

三、 如何處理國與國之間的分歧：動態同理心

國與國之間出現分歧之時，又應當如何處理？須知道，分歧的程度及嚴重性，也必須以一道持續的主軸（continuous spectrum）作衡量分析——在一端，乃是完全無關痛癢的皮毛膚淺芥蒂，完全是可以修改的，甚至並無涉及任何立場上的實質分歧（比方說，就着某些細微議題上的表態差距）；在另外一端，則是牽涉到雙方或多方之間的核心利益衝突。咱們中國人有一句，「大事化小，小事化無」，正是嘗試將偏向前一端（也即是重要性較低的）分歧轉化歸零的做法。反之，若國與國之間確實存有一些無法調和的議題，則較為棘手——在此前提下，所牽涉的國家必須進行最理性而細膩的「分件」談判，也即是將自身認為是核心利益的議題盡量「拆綁」及分割（compartmentalisation），嘗試通過謹慎的以物換物及等價交易，在不可讓步的議題上，盡量地將差距收窄，然後再將分歧對整體關係的重要性，相應降低。

有部分讀者可能會認為以上的「理論」過於虛無縹緲，難以落地。我倒認為要妥善落地的話，其實很簡單。外交需要的，是一種動態同理心（dynamic empathy）：外交官必須願意踏出一步，嘗試易地而處地以對方視角及利益立場來看待自身所提出的倡議——這並不是說，外交官要「認同」對方想法，絕對不！而是正因為「知己知彼」，方能「百戰百勝」。外交並非一個單向宣洩自身立場的過程，而是通過以他人想法作基礎，再就着自身立場做出適度的包裝性或實質性調整，從而最終達成雙方皆認同及基本滿意的結果。周總理當年在處理中日與中美關係層面上，曾多次向外交部幕僚強調，必須敢於及勇於以「他人」角度來看待中方所提出的種種要求及條件——這當

然並非因為周總理不愛國，反而正是因為他希望能以實事求是的態度來落實對中方及對方有利的建設性互惠互利合作，方無時無刻要求其幕僚懂得說「對方」的話、聆聽「對方」的想法，才能看穿對方的游說及言詞虛實，不被一時的假象蒙蔽。

周總理早在五十年代就着中日關係曾滿懷希望地表示，「照國民外交的方式搞下去，日本團體來的更多，我們的團體也多去，把兩國要做的事情都做了，最後就只剩下兩國總理外長簽字，喝香檳酒了。」不要低估其發表此一說法的艱難——當年冷戰甫開始之時，以美國禁運政策為主導的圍堵「共產圈」（Containment of Comintern）戰略，讓中國在國際經濟社會寸步難行。中日於1952年前訂立的雙方民間貿易協定，無疑為中國打開了關鍵的缺口。若不是周總理當年願意踏出「信任第一步」，非但沒有堵塞，而是鼓勵良性而合法合理的商貿、文化、人與人之間的聯繫交流，相信中日關係並不會在經歷了包括五十年代末的「長崎國旗事件」及1964年佐藤榮作上任後的「半冷戰」的種種挑戰後，仍能在1972年迎來劃時代的《中日聯合聲明》。中日新時代的建交，也正正印證了包含「一軌外交」及「二軌外交」在內的「多軌外交」重要。

若國與國政府之間確實存有不可調和，存在於精英及官方層面上的分歧，正確的應對方法除了以上所提及的種種以外，應當涵蓋積極而正面的民間主導外交，通過貿易金融、非政府組織、教育獎學金、文化交流等「非官方」（但當然具備官方認可）渠道，促進雙方民眾相互之間的認知、了解、同理心，從而構建出可行的前路。當然，悲觀者會認為，政府官方的介入，終會導致這些公民外交變成政府「滲透」的前驅，又或頂多只能充當關係惡化中的短中期緩衝。但這種悲觀思維，為免過度輕視民眾及社會的有機動力，以及在全球共同挑戰下，我們正在見證的「去國化」現象——也即是說，人與人之間將來並不會再單純以自身的國籍作身份認同的主要基礎，而

是會根據跨國度的共同利益(比如,防止全球暖化所導致的水位上升、監管與控制科技巨頭所帶來的挑戰與危機)進行協調與統籌。公民社會之間的動態、多方位、開放來往,有助於重新建立民眾之間的基本信任,同時驅使精英必須正視民間聲音,而不被軍事工業國會複合體(military-industrial-congress complex),又或是內向性的意識形態之上主義所綁架。中國過去十年在東南亞進行的二軌外交,確實有不少良好的苗頭,卻缺乏整體宏觀性的統合——比方說,與東南亞諸國的公務員及學界建立良好的互動與溝通,乃是增強當地對中國模式的充分掌握之關鍵條件。若要真正地改善東盟與中國之間的關係,不能只針對「精英」或「政府」,而必須構建出一個能容納與涵蓋民間不同聲音——包括對中國持懷疑或中立態度者——的氛圍與文化,從而才能事半功倍地深化包括貿易與金融在內的共襄盛舉。

最後,動態同理心讓從事外交者,必須嘗試認真思考受眾對自身言論的觀感。假設一名認為「美國過去幾十年,一直致力在世界各地推動民主化,是為好事」的美國外交官,跑到伊朗首都的廣場發表此類言論,以「打救世人」的語調向當地民眾說教——相信不出3分鐘,這位外交官便會被批評得體無完膚。他這種言論也許在對西方「文明化」任務(civilising mission)堅信不移的美國右翼支持者眼中,乃是至高無上的定律——但放在本身對美國抱有嚴重反感的伊朗民眾而言,這種言論非但打動不了他們,還將令他們現存對美國的猜忌及憎恨更為濃烈。之所以政府「內宣」與對外的「外宣」必須有所區隔,也正是各國政府對外所發布或公布的資料,與內部所參考的資料報告有所出入的原因——受眾與目標存有根本的差異。要締造有效的對外宣傳或溝通,必先了解受眾的話語體系及語境,而不是將自身的言論,以自身最熟悉的方法說出來,結果導致對方民眾與自身愈走愈遠。唯有易地而處,方能讓外交官更準確無誤地將自身國家立場及捍衛立場的理據,以「文明」來說服對方。觀感從來是溝通的核心所在。

四、　如何確保多邊主義得以實行：
　　　以和為貴是時代真理

最後，外交終極目標是什麼？是單純為了推動自身國家的利益，而罔顧世界整體穩定及大局所需嗎？還是為了所謂的世界群體利益，而漠視自身民眾的主觀訴求及客觀需要？依筆者所看，這兩種極端行事方式，皆有其弊處。我們需要的，是一個能容納不同國家人民按照自身實際情況及思想，在具自主性的前提下，達至幸福。這也是多邊主義的道德論證源來──即便我們生活在一個不太平、不和平的世界，我們也要努力爭取和平，從而將全球、國家群體、人民個人三者的利益，皆能放諸同一線上，同一時間滿足這三點。以和為貴，乃是外交的最終目標。和平，也不止是「戰亂停止」──這是基本要求，卻不是和平的全部。真正和平，是當大、中、小國的國民皆可以和睦而坦誠相處、放下國與國之間身份認同的執着。

當然，這是理想的世界。現實一點兒也不理想。在此前提下，假若外交家確實想守護和平、維持世界各國共同相處，應當以什麼樣的方式推動此一成果呢？在這裏，筆者想提出三點關鍵原則──也是反映中國部分學者及聲音所提倡的多邊多極和平主義：

第一，對和平作為至高無上目的的堅持必須是貫徹（consistent）的，並不能自相矛盾、更不能以雙重標準作基礎。和平主義不是一個能輕輕放下的符號或替代品，更不應是一個純粹的口號，而是一個透徹的態度。針對和平適用之處的雙重標準，必然是不可取的。若為了政治渲染及利益，而損害整體對世界和平的追求，這種做法固然能贏取一時之利，卻只會導致國家喪失長遠的道德話語權。和平是經濟發展的基礎、更是確保社會長遠穩定的唯一辦法。若為了意識形態或表面價值觀上的口舌之爭，又或在部分勢力的煽風點火、教唆挑釁下墮入戰爭陷阱，這對任何主戰或受戰國家的人民來說，絕對不是一件好事。

第二，爭取和平，需要的是約束務實主義（constrained pragmatism）。固然，我們要以最終達成和平的目標為我們的「導航指標」，但在爭取和平的同時，必不能不擇手段，如某些歷史上的帝國或大國一般，支援各種各樣有違道德規範及倫理的政權，以換取他們在某些議題上的支持。美國記者法羅爾（Ronan Farrow）就着美國外交政策演變及「衰落」撰寫的著作當中，他對美國在阿富汗及哥倫比亞所進行的各種各樣「政治現實」操作批判得體無完膚。當然，讀者此時也必須反問——這些惡行並非美國獨有的，而是世上不少霸權強國皆有的外交方針及工具。務實主義並不代表和稀泥，卻需要領導的智慧督促及自我警惕。也正因如此，是時候改變了。我們不能容許任何形式或地方的霸權主義——無論是東南西北也好，真正的反帝國主義者，不會只針對一兩個特定個體進行批判。

第三，要實踐真正的和平，需要因應不同國家國情及實際需要的外交手段。外交必不能假設其他國家的文化與價值觀、利益與願景皆與自身有百分百的契合。外交官必須聆聽、尊重並嘗試在各方觀點及論點中找尋到合作推動去核化、去武裝化、去軍事化的空間。若以一種說教式、訓導式的語調去教訓對方，然後便以為這就可以帶來太平——這未免過於一廂情願了。以和為貴，需要的是一種對不同文化、新思想的開放、接納。唯有海納百川，有容乃大，才是外交真諦所在。

周恩來總理曾寫下著名的《大江歌罷掉頭東》。這是一首七言絕句，也是對於其內外交思想的道德底氣的一種撰述：

「大江歌罷掉頭東，邃密群科濟世窮。面壁十年圖破壁，難酬蹈海亦英雄。」

2.2
當今中歐關係的去向走勢

中歐於1975年正式建交。時任中國外交部長喬冠華與到訪的歐盟前身的歐洲經濟共同體委員會副主席、英國政客索姆斯爵士達成協議,讓中歐之間建立外交關係。1983年,中國與歐洲共同體正式宣佈全面建交,並於2001年達成全面夥伴關係。在及後十多年間,中歐在經濟、貿易、戰略安全(尤其是針對恐怖主義)、環境與教育等領域上持續地深化合作與交往,締造出具備一定公信力的雙邊多國外交模式。無論是歐盟整體與中國的「超雙邊」關係(super-bilateral)(歐盟本身擁有多達27個成員國),還是成員國個別與中國的雙邊交往,皆在二十一世紀首十多載穩步上升。

中歐關係漸趨頻密。但隨着這關係為雙方帶來的經濟紅利出現一定程度的飽和、歐盟內部撕裂與不平等等內在問題逐漸浮面,歐盟對中國也隨之產生微妙而複雜的轉向。與此同時,即便中國多番強調歐盟乃是人類命運共同體當中的一大關鍵棟樑,以及是「多極世界」其中的一極,但在實際操作層面上,中國在歐洲過去數年的外交「工程」皆面臨不同程度的嚴重障礙與排斥。當中表表者便包括在新冠疫情初期中國十分善用的「醫療物資外交」,即便確實有為部分歐盟國家化解燃眉之急,卻被有心分子渲染與描繪成一種政治利益輸送與「地緣政治賄賂」。

在新冠疫情、俄烏戰爭、中美冷戰等外在性挑戰下，中歐之間開始出現縫隙芥蒂，以至衍生出矛盾。即便中歐同意需要共同推動全面戰略夥伴關係的有機發展，但近年來卻只看見中歐關係呈現出劍拔弩張的趨向，甚至有拾級而下的惡化跡象，尤其是以2019年末至2022年中期的倒退為甚。中歐關係能否緩和及扭轉劣勢，仍待進一步考察，並且取決於中歐能否找到梳理在俄烏戰爭層面上的分歧、將共同利益最大化、降低因意識形態與情感所導致的具體衝突與信任危機。以下文章將會探討中歐關係過去數年的走勢，並嘗試就其當今與未來去向作出準確分析。

一、如何分析中歐關係？關鍵主要框架

在探討俄烏戰爭與中美關係對中歐關係的干預前，我們首先要為中歐之間的「雙人博弈」（two-player game）釐清一些基本分析框架。沿用上文《外交何物？》提出的核次輔原理理論，我們且可將中國與歐盟雙邊的利益歸納成「核心」、「次核心」、「輔助性」；在此我們再將其簡化成「核心」與「非核心」，較為粗略的二元分法。得出來的結果如下。

假設 I 代表某種利益範疇或領域（例如，國防、氣候變化、貿易、金融投資），在中歐之間，有四種 I 的可能性：

第一，　I 對中國及歐盟來說同樣是「核心」。且稱之為 A 類利益。

第二，　I 對中歐雙方來說都同樣是「非核心」。且稱之為 B 類利益。

第三，　I 對中國來說是「核心」，對歐盟來說是「非核心」。且稱之為 C 類利益。

第四，　I 對中國來說是「非核心」，對歐盟來說是「核心」。且稱之為 D 類利益。

利益是否核心，並非一成不變，而是按照天時地利與人和而有所變異。利益的「核心程度」取決於一籃子因素，包括主宰政治體制決定權的政客偏好、當時的國際地緣政治形勢、民眾在構建出來的思想與文化體制下的主流意見，以及個別利益主軸隨着物換星移而減退或崛起。舉個具體的例子：30 年前中歐之間對「氣候變化」的關注可謂是零——尤其是當時中國仍處於一個急速發展時期，並沒有足夠儲備或資源去兼顧「可持續發展」等的顧慮。但在經過若干年的內部調整與整頓、民心所向的反映及訴求提倡，再加上有關氣候變化的科學證據在過去十年不斷增多而開始滲入決策層面上，令中歐雙方，尤其是中國政府，對抗衡及應對全球暖化視為重中之重的首要任務。也正因如此，對於雙方來說，30 年前氣候變化可能都是一個非核心，甚至是接近邊緣的次要利益議題，如今卻成為中歐合作空間中的中流砥柱。

2019 至 2023 年（今天）間，不難看見 A、B、C、D 類的不同利益範疇例子。A 的表表者，自然是中歐之間的貿易投資。中歐如今乃是對方的最大貿易夥伴（超越美國）。作為世界經濟體系中第二（中國）、三名（歐盟）經濟體系，中歐之間的貿易、投資、企業聯繫與往來在過去 20 年為雙方經濟帶來大量的紅利與增長。經歷了改革開放的洗禮與啟發後的中國領導層，深深相信及堅持對外開放貿易、引入外來資金與創意，讓國內企業走出去，乃是拓展中國經濟版圖與軟實力的不二之選。與此同時，經歷了全球金融海嘯與歐債危機後的歐盟諸國，在 2008 年往後的十年間，從中國獲得了廉價而高素質的進口產品、龐大的消費與投資市場，以及無數讓其能出類拔萃的新穎科技。

B 乃是相對於 A 遠遠沒有那麼重要或關鍵的所謂「利益」，其中一個代表例子，便是中歐之間應當如何處理逃犯這個問題。這固然在跨國犯罪層面上有關鍵重要性，但對於整體雙方關係的互信互動穩定

性而言，除非是個別犯下滔天罪行的嚴重惡犯，否則此範疇難以與龐大雄厚的經濟利益作直接比較。屬於 B 的利益範疇，往往不為大眾所關心、對整體人民的福祉干預也相對較小。B 類型的利益往往隨着時代、科技、政治環境與氛圍而有所改變，而並非一成不變的「膠著點」。

C 指的，乃是中國重視，而歐盟相對較為忽視的「重要性不對稱」議題。比方說，在 2020 年前，歐盟針對所謂的「台灣議題」並沒有作出過強過多、又或是僭越自身權位的表述。反之，中國政府視台灣議題為一個涉及到「主權底線」、「祖國統一」、「民心回歸」、「管治邏輯與倫理」等的複合型議題。落實（和平）國土統一，乃是中央一直以來眼中的當務之急（當然，手法上可以容許一定程度的時間性安排，但也不容無限拖延）。2020 年前的歐盟，固然沒有任何一個成員國會主動挑戰中方在這方面的立場，卻也不見得有太多具體對此事項有所關注的政治言論與事件。由此可見，曾幾何時，台灣問題乃屬於 C，其對中國的重要性大於對歐盟重要性。

最後，D 則為中國眼中相應地次要、但卻獲歐盟重視的「重要性不對稱」議題。比方說，中國企業在歐盟國家內的宣傳、形象塑造、與當地經濟夥伴的合作與交往，對於中國來說未必是最為攸關重要的議題；可對於歐洲而言，這些觀感往往影響當地人民是否視這些科技巨頭公司為「敏感」、「針對性」，甚至具備所謂的「威脅」。在過去數年，中國商界正嘗試通過重新對海外接軌與開拓關係，去解決當前所面對的種種難關。無論如何，D 正好帶出了，在中歐關係當中不同的持份者所具備的判斷中，公眾觀感的相對重要性，明顯有所出入，甚至可能衍生矛盾。

二、　近年中歐關係的內在利益與矛盾

A、B、C、D這四個可能利益模式，則可以具備兩個可能狀態。一，中歐在這利益領域上有所重疊，因而擁有正面的共同利益；又或是二，他們之間利益有所不符，因而構成負面的利益衝突。一般而言，更多更強的共同利益能促進整體合作；更多更強的利益衝突則可能導致整體矛盾升溫。當然，歐盟並非鐵板一塊——但在外交政策上，歐盟諸國擁有較鮮明的一致性，也正是這一點方能讓我們以上述框架作詳細分析。要理解過去數年以來的中歐矛盾升溫，則要先認清楚一點根本事實：即便中歐之間貿易持續增長，貿易作為基礎的共同利益，佔影響中歐關係的重要性正在持續下降；反之，以非貿易議題作基礎與主導的中歐矛盾衝突點重要性，則持續膨脹。

先說第一點：中歐之間量層面上的貿易增長，並沒有為歐洲在地的廉價勞工、移民與夾心階層，以及主觀性以為自己被體制所排斥的「所無」（Have-Not）人士帶來可持續而均衡分布的紅利。甚至有不少本身從事生產業的職工，主觀地將他們結構性失業（structural unemployment）現象怪罪在「中國生產／工廠」上；又或是研判是來自於中國的移民與投資者讓他們飯碗不保。這乃是一個綜觀全歐，尤其以平均工資相對為高的較發達地區所出現的民粹政治現象，間接彰顯了經貿關係所帶來的利潤並未能「入屋」或「貼地」地平均分配於所有在歐的持份者。在2020年以後，再加上新冠疫情、中美貿易戰所帶來的轉移成本，以及在2022年前早已存在的內部經濟生產力不足問題，這種種結構性因素讓歐盟經濟在過去五年，撤除地緣政治的影響（詳見以下）以外，也乏善足陳。因此從一個純粹比重而言，自2018年走來，中歐之間基於經濟成果所展開的「正面利益交合」重要性，過去數年有所萎縮。相對於五到六年前集中關注中國所能帶來的經濟機遇的他們，2023年的歐洲國民與政客更傾向於關注包括經濟，但並非單純是經濟的一連串因素。

再說第二點：中歐之間的矛盾衝突點也有所明顯增加——也即是在尤其是A類利益方面上，中歐的對立變得更為鮮明而嚴重（第一種轉化）；又或是本身屬於B、C或D的利益範疇，逐漸演變成A（第二種轉化）。單純從雙邊關係而說，第一種轉化的其中一個例子乃是有關中國內部管治問題的興論與道德審判鬥爭。歐盟諸國一直以來也表示十分重視中國內部的「人權紀錄」，並就着相關問題多番向中方施壓。近年，只見中歐在此一方面有關中國內部實況的研判評價分歧愈來愈重要，甚至在2021年初觸發歐盟一連串針對中方的制裁，以及同年年中《中歐全面投資協定》協商被擱置。箇中反映的，正是演變成中歐之間難以跨越的定性鴻溝。

至於第二種轉化，指的則是本來並非雙方皆重視的利益問題，轉為雙方皆同樣重視（而有所分歧）的利益議題。十年前，歐盟諸國對台灣問題的立場高度統一，皆接受北京當局對此議題的定型。但在過去兩到三年間，有個別歐洲國家的國會與議會議員認為，歐盟有必要在台海問題上提倡與北京體制主流意見有所牴觸衝突的意見，並將其描繪成歐盟與中國「價值觀層面上」的一次對決。姑勿論誰對誰錯，從一個政治科學角度出發，這讓中歐之間的次主流關係出現了一種質變，從歐盟不當台海議題是自身外交核心利益，變成歐盟有必要為台海議題進行內部辯論及決定，定奪出一套完整的利益框架。以上這兩種轉化，皆讓中歐之間出現嶄新燃點，令求同存異變得更困難但重要。正如分析員傅聰聰與王淇於《國際政治科學》7(1)中指出，所謂的「人權」和「意識形態」在2020年末至2021年中成為主宰中歐關係的主要干預因素：2021年9月始，隨着國際社會開始蔓延對台海局勢的恐懼與謠言，歐盟政治體制將其注意力開始轉移至「台灣問題」之上。

三、　中歐關係與俄烏戰爭

事實上，中歐關係遠不局限於兩者之間的直接關係，也牽涉到俄羅斯與美國這兩大「外在」勢力。筆者認為，正在上演的俄烏戰爭與中歐關係之間，存在一種對立統一關係。至於中美、歐美關係與中歐關係之間，則是一個動態三角。

中、歐之間這道主軸，有必要跟俄、美之間這道敵對主軸分隔開來。

這裏得出兩點結論：

一，　中國與俄羅斯之間適度連結，會令歐洲對中國產生一種根本性需求與依賴，從而為中歐深化合作提供一定的契機與空間。

二，　中俄走得愈近，歐美也相應地走得愈近。反之亦然，歐美若決意「聯手」排擠中國，則只會讓中俄趨向更為接近對方的立場。

就着第一定律，筆者相信歐洲具備及選擇行使獨立於美國的戰略自主權。歐盟本質上並非一個尋求「世界霸主」的經濟共同體──其成員國建立這個共同體的原意，乃是透過經濟與金融融合，從而促進各自的民生與民眾生活得到改善，而不是透過集結軍事實力，成為稱霸世界各國的政治聯盟。這一點，讓歐洲整體與美國有着本質上的區別。歐盟的價值觀相對美國而言，更為鮮明地看重不同國家之間的社群與互助主義，而不是各自為政的單邊主義與本土主義。在這種種因素交織下，歐洲傳統大國比起受自身價值觀所構建出來的意識形態所約束的美國來說，更為靈活，也更有彈性去進行務實外交與協商。法國總統馬克龍與西班牙首相桑切斯於2023年春天相繼訪華，正是帶着與中國緩和矛盾與深化經貿來往的意願到來，彰顯令華盛頓頭疼的獨立意志。

當然，也有說法認為，這次戰役讓歐洲再次看到中國在國際動盪中所能扮演的角色。在眾多世界大型而成熟的經濟體系中，中國是唯一一個依然在此時此刻具備與俄羅斯直接溝通與聯繫的主權國。隨着俄羅斯在國際舞台上被絕大多數已發展國家（以及一小撮發展中國家）所杯葛與排斥，俄羅斯對中國的依賴有增無減。中國在經濟與市場貿易層面上為俄羅斯提供的「救命稻草」，如同為面臨重重制裁（接下來只會更多更針對性）的俄羅斯雪中送炭。北京固然並不願意，也並沒有在俄烏戰爭中投放軍事資源「歸邊站隊」，但正如其在 2023 年 2 月中所表示，中方具備誠意及能力去調停俄烏之間的矛盾。在北約不斷地為戰場提供源源不絕的武器下（根據他們說法，是讓烏克蘭足以抵抗俄羅斯，但在無限軍事武裝化的情況下，戰事很容易擦槍走火），若俄烏戰爭要盡快解決，恐怕唯有中國方能扮演此一關鍵的中立周旋者角色。有見及此，中國也應當在俄烏戰爭展示出自身所擁有的分寸與靈活度，在軍事衝突上站在一個比大國利益博弈計算更高的宏觀高度，以客觀而抽離視角看待俄羅斯入侵烏克蘭這點不爭事實，從而再做出衡量及分析。

但同時，中國也不能假設這種「戰略自主權」思想乃是一個全歐共有的普世價值。北歐、波羅的海三國，以及局部曾飽受蘇聯所壓榨的中東歐國家，在過去數年對中國的不信任、反噬、批評有增無減。即便在中國採納了較為強硬而鮮明的反制措施後，這些針對中國國際形象上的攻擊只有增無減。中國近代史上的「農村包圍城市」，也能套用在歐盟諸國之上——不能以為這些批評者都是「小國」而毫無重要性；長遠而言，無論是基層民意還是這些中小國家在布魯塞爾所發揮的輿論作用，皆有可能對中歐關係構成嚴重壓力及障礙。

這也是第二定律所蘊含的判斷。隨着時間逐漸推移，若包括法國及德國在內的歐洲大國從中國身上看不到所謂「正面影響」俄羅斯戰程的機遇，則只會令歐洲主流政治體制（包括相對親華的法國與德國）

最終對中國產生不可逆轉的排斥與反感，身處布魯塞爾的北約軍事
與國防鷹派將會取得壓倒性上風，從而讓歐洲與美國「重修裂縫」，
愈走愈近。中國在俄烏戰事爆發以後一直主張「不結盟、不對抗、
不針對第三方」（秦剛外長於2023年1月初與俄外長通話言論）的中
立立場，並要求各方在聯合國現存機制下，盡量透過和平談判、多
邊會談，避免制裁或針對性山頭主義，從而能不偏不倚地滿足俄羅
斯與烏克蘭的共同要求，盡量兼顧各方利益。

這固然是中方所提出的官方論述，也是反映其一貫外交思維，但歐
盟成員國的國民與政客卻未必領情。在歐美等地，種種媒體攻勢、
輿論批判在過去一年接連湧現，指控中國雖然表面上是中立，實際
上卻是在「推波助瀾」地支援俄羅斯的軍事行動。即便筆者也多番
指出這些言論內在的虛張聲勢，並點出中方並沒有在武器或軍事方
面對俄羅斯提供任何支持，甚至在人道救援方面也對烏克蘭作出一
定貢獻（即便中方絕對可以在基建及援助方面上更積極進取，協助
受轟炸與圍剿的烏克蘭城鎮在劫後重建）——但「客觀」的「觀感事
實」乃是，正如德國馬歇爾基金會（German Marshall Fund）針對大
西洋兩岸十四國民眾如何看待中國所進行的調查所言，歐洲民眾對
中國的信任與好感在2022年間驟然下降。對於受強烈情感與道德論
述主宰的歐洲人民來說，他們認為中方在俄烏戰爭中並未發揮任何
調停作用，更是被視為俄羅斯背書。再加上針對台海議題別有用心
者的煽風點火，一時間西方輿論圈冒起不少將台海與俄烏之間作出
類比的粗疏論述，進一步加劇歐洲民間對中國的不信任。「人權觀薄
弱」、「價值觀與西方牴觸」不再單純是西方主流輿論針對中國內部
管治的批判攻擊，更是其對中國外交政策的一種定性。

是次戰爭一方面讓中歐社會與民眾之間出現嚴重的代溝、衝突，創
造更多的可能矛盾燃點。另一邊廂，卻也令歐洲政治體制重新審視
與中國維持良好關係的必要性與重要性。前者推引中歐關係趨向「對

立」;後者則讓兩者之間相對「統一」。究竟前者還是後者會在此消彼長的狀態下成為最終結果,仍須時間分解。但依筆者個人所見,固然歐盟隨着戰事升溫,對中國的依賴及需求可能在短中期急速上升,但一個單靠需求(尤其是戰時迫於無奈的請求)所維持的關係,到底能支撐雙方關係多久?而假若他日戰火澆熄以後,美國通過各種方法輕易搶佔歐盟主流民意眼中甚為重視的道德高地,中方又有何應對之策?

四、 中歐關係、中美博弈、歐美之間的分庭抗禮

中歐關係緩和,甚至邁向更為積極而相互配合的積極良性狀態,並非沒可能。但前提是,歐洲必須一、對美國抱有足夠的保留,讓歐洲認定不能不擺脫於美國主導的外交體系;二、願意在中美博弈之中扮演一個第三者與不歸邊一方的角色;三、成功取得歐盟內部對中國抱有很大懷疑與排斥的國家(比方說,波羅的海三國、捷克等)的認同,對中國重新調整外交路線與定位。

一的導火線已經呈現。在推動大規模的綠化及再工業化的政策主導下,美國總統拜登引入了《2022年降低通脹法》,斥資接近四千億美元推動能源轉型及資助本土綠色工業與生產。此一法案及所帶來的政策對歐洲而言構成非常嚴重的挑戰,讓不少本身在歐洲的資金與投資者皆回流或轉移至美國國內。經歷了新冠疫情與俄烏戰爭所帶來的雙重夾擊,歐盟經濟正面臨一次非常嚴峻的寒冬。此時美國的所作所為,雖然為其本國國民與勞工迎來不少就業機會,卻是直接將歐洲更進一步地推往深淵。在此情況下,包括德國與法國在內的歐洲主要國家,皆對美國的單邊保護主義感到極度不滿。歐洲固然在軍事與國家安全上的立場整體而言與美國相對接近,但這卻並不足以讓其主要成員國接受美國我行我素、先斬後奏的獨享主義。

二的契機也逐漸浮現。面對中美新冷戰及關係急速惡化的情況，歐盟諸國內部並沒有歸邊的選擇。他們最大的經濟貿易夥伴是中國；他們一直以來的軍事與國家安全利益體系與主張肯定較為親近美國。若要在中美之間作出抉擇，選擇任何一邊都會對歐盟裏面「另一邊」的相關利益構成毀滅性打擊。若歐盟要維持穩定性及高度團結，則必須避免世界陷入如當年美蘇之間的抗衡一般，並必須堅持符合歐盟利益的多邊主義與多極世界。這也是為何歐盟2022年中（佩洛西訪台所掀起的風波）開始不斷向白宮施壓，要求拜登在對華立場上盡量降溫、避免擦槍走火、管控分歧。甚至2022年11月國家主席習近平與美國總統拜登在峇里島的會面，或多或少也是與歐盟的「成功周旋」有所相關。若無德、法、歐洲理事會的直接或間接介入，恐怕中美之間連2022年11月至2023年2月份間的相對喘息「蜜月期」也沒有，博弈繼續白熱化下去。

當然，歐盟的「不歸邊」是相對而非絕對的。無論是軍事國防，以至於文化、人民往來、政客互動與個人私交等，美歐之間的「大西洋友誼」關係遠比中歐之間的「友誼」來的鞏固。但這一個三角關係也是動態的：隨着美國國內與本土政策朝着「美國優先」一端擺向，歐洲也會因而具備更大的動能與誘因，與中國重修或建立更深厚的合作關係，以作為應對美國的籌碼與措施。中方必須接受一點：除非美國再度迎來一個如特朗普一般，又或是特朗普自己的「國際秩序破壞者」，否則歐美關係在短中期內都會維持在比中歐關係相對來說較暖較高的擺位。這並非中歐任何一邊的錯，而是一個自然而生的現象。只要中國能接納這一點，相信對中歐關係長遠走向皆會有很大幫助。

最後，說到第三點。有不少人認為歐盟的外交政策乃是單純地由「大國」主導——只需要「成功爭取」德與法兩大國的支持，問題便能迎刃而解。但這一說法忽略了非常關鍵的數點事實：第一，歐盟中小

國代表在議會中具備與國家經濟大小不成正比的道德與論述權威，並往往能通過輿論壓力令「大國」不得不回應他們的訴求；第二，純粹在一個權力分布與壟斷理論框架分析上來說，德國與法國即便對所謂的小國具備一定影響力，也未能操控或干預包括意大利或西班牙在內的「類大國」。這些國家對歐盟外交政策也同樣具備舉足輕重的影響力。第三，要建立真正的道德威信與話語權，仍須中國對症下藥，以四兩撥千斤的手法應對及化解歐盟內部對其的指控與不信任。第四，中國有必要與不同的歐盟成員國——包括「德（國）、法（國）、意（大利）、西（班牙）」這重點四國，卻也包括其他的游離中小國——建立更深厚的國與國之間的聯繫，通過國與國之間外交，從而促進中國與歐盟這個整體共同體之間的相互友誼。須知道，以硬碰硬，並非處理矛盾的最佳方式。

五、 結語

中歐關係是一個複雜而多邊的動態議題。以上提出了一個約略框架，讓我們去剖析過去數年中歐關係演變。但這兩者之間的協作合作是否足以避免讓世界陷入新冷戰，還是會受中美競賽博弈所困所限，最終變成新冷戰思維的犧牲品？面對烏克蘭戰火紛飛的亂局，中歐又究竟能否放下相互之間的不信任或利益考量，推動俄烏和談？歐盟的戰略地位與重要性，很有可能是與中美矛盾熱度成正比——中美相互之間愈不信任，他們兩者便愈需要作為唯一具備成為緩衝區條件的歐盟，為他們之間設置一道防火牆。

姑勿論俄烏戰爭與中美博弈的持續演化對中歐短中期關係所構成的影響為何，長遠而言，這世界三大經濟體中兩者之間的雙邊關係，將會是一個漸趨多極的國際秩序中不可或缺，更不可忽視的一環。如何處理好中歐友誼，確保雙方能積極攜手應對地球如今存在的威脅與挑戰，還是取決於中國與布魯塞爾領導人的智慧。

2.3

中國 - 東盟 - 阿拉伯新三體論

中國、東盟、阿拉伯世界之間，正在形成一個新時代三體合作共同體。

一、　新三體概論

依我所見，中國有必要迎接這個劃時代而不可多得契機，積極推進「中 - 東 - 阿」三角關係，確立三方之間的合作關係，建立新時代的綜合全方位合作連結關係，將三個持份者之間的金融、經濟、科技、全球暖化與綠色產業、文化藝術、思想與社會（二軌）互動以量變實現質變，再以質變建立鞏固而能持續且能抵抗地緣政治博弈的合作關係。

須知道，三方加上來總人口足有21.8億，佔全球人口三成。東盟的人口增長相信將會是在未來十到十五年內貢獻於全球人口增長的主力之一（最大主力當然是非洲）。這三個地區的人均平均生產總值，在高科技驅動的生產力提升，以及可供投資的資金增長下，將會呈現正面上升趨勢——提升幅度尤以東盟與阿拉伯世界為甚。若中國能集中加深與這兩大地段的連結，相信有助改善中國與位於東盟／阿拉伯世界／甚至（與阿拉伯半島有着密切關係的）印度半島，這三大區域的重點持份者關係。

當然，這裏提出的三體論，並不是指中國將會與東盟及阿拉伯世界形成堅不可摧的「盟友關係」。

一來，中國外交模式，並非以「結盟」為主的──而是以「夥伴」模式為主導。前者要求對方國必然要幾近無條件地與中國立場一致，而不能行使自身應有的自治自主權；後者則寬容寬鬆得多，只要這些國家在關鍵議題及問題上與中國具備共鳴性，則能在國際層面上其他範圍內行使自己應有的選擇與決策權，而不會與中國硬性一致。無論是對東盟還是阿拉伯世界而言，中國當局對其的要求皆並非要成為「鐵一般」的盟友，而是寄望能與他們成為牢固的合作夥伴。

二來，東盟與阿拉伯國家不會想純粹地往中國靠攏，「被歸邊」。東盟中有不少國家，在經濟與貿易方面與中國正在加深互動互助，卻在軍事與安全上依然依靠着美國。即便阿拉伯諸國在過去數年正嘗試掙脫西方諸國的經濟控制，嘗試通過豐厚的能源資本賺取及行使戰略自主，但包括沙特阿拉伯在內的海灣國家，並不會放棄與美國在軍事層面上的合作。只要伊朗與他們之間的歷史宗教恩仇持續下去（2023年3月，北京促進沙特與伊朗和談，乃是漫長復和的第一步，也不應被視為什麼「實質和解」的證據），以沙特與阿聯酋為主的「反伊朗」國，並不會貿然地與美國反目成仇。以為阿拉伯國家與東盟在跟中國深化合作後，便必然會放棄西方國家者，明顯不理解國際關係中的「對沖」（hedging）概念（著名馬來西亞學者郭清水曾於2021著有 *Getting hedging right: a small-state perspective* 一文，值得參考）。

無論是東盟還是阿拉伯，在這地緣政治變化萬千的新時代中，皆有需要去將自身的外交聯繫與合作夥伴拓展與加深，從而逐漸掙脫對美國投射在外的帝國主義在傳統及實際意義上的依賴。阿拉伯世界

飽受傳統北約勢力多年以來在中東地區指手畫腳而參與在內的介入主義纏繞，在美國作為主要安全夥伴的情況下，無法脫離華盛頓夾雜了美國為中心價值觀與傲慢功利主義的干預模式。同時，東盟諸國即便與美國有深厚的經濟聯繫，但隨着中美關係進一步惡化，東盟也不得不嘗試在中美之間將自身中立持平的角色強化，從而避免淪為新冷戰中被犧牲的棋子。正如新加坡政府高層多番在公開演講場合中所指，東盟不會，也不應在中美之間被迫全面歸邊。

宏觀而言，中國將會在這三角之中，扮演一、（消費）市場；二、中高端生產供應地；三、高端科技（尤其是綠色轉型）的科創引擎。

阿拉伯國家則將會擔任關鍵的一、能源樞紐與供給地；二、高素質資金與投資來源，以及三、對沖部分西方國家在金融層面上對中國封鎖的中立金融出入口。

東盟則是最佳的一、全面性生產供應地；二、人力資源源頭，以及三、原材料與食物供給地。

只要這三大板塊之間能存有結構性互信與合作，則能解決相互之間絕大多數的需求問題，並同時驅動地球可持續發展，以應對包括全球暖化在內的存在風險（existential risk）。以下乃拋磚引玉，嘗試通過梳理中國與東盟及中國與阿拉伯國家之間的關係，探索這三角間未來出路，再以香港角色作結。

二、   中國與東盟

在經濟發展道路上，中國正面臨四大關鍵樽頸。第一，以國內（基建）投資主導的發展模式，面臨主要重點城市與鄉村基建建設飽和、在非主要地區構建基建與投資的初始成本過高、性價比不高，同時

在地國有企業效能的嚴重短板，驅使中國必須往外走、往外「投」（因而衍生出包括一帶一路在內的外向型項目）。第二，人口老化、人力技能轉型，過程當中導致勞動力主導的生產產業以及部分高勞動輸出的服務性行業，正面臨人手不足的問題；另一邊廂，在機械化及新冠疫情的夾攻下，失業率高企，國內有不少青年人找不到工作而被迫「躺平」、「擺爛」。第三，在地緣政治主導的攻擊與圍堵下，有不少供應鏈正面臨與傳統商貿夥伴脫鈎的可能性，令國內生產商受壓。第四，在科技武器化（technological weaponisation）的趨勢下，中國高端科技與科創發展遇到前所未見的外在性阻力，需要高素質人才去協助突破及掙脫西方制裁。而東盟在這四大範疇上皆有自身可發揮及供應的可取之處。

歷史上，東盟曾成為美國在亞太區壓制蘇聯共產主義的兵家必爭之地，在冷戰結束後則成為了美國在亞太區部署軍事與經濟實力的橋頭堡。但時移世易，中國崛起為東盟諸國帶來龐大的商機與演化空間，而透過中國的市場與資金，以及科技與人才，東盟國家對中國的定型與研判也因而有所改變。

今時今日東盟十國（在東帝汶加入後，將會成為十一國）對中國也有極大需求與期盼。第一，東盟內大國（例如，印尼與馬來西亞）有不少基建項目與發展，亟待投資、相應的科技知識，以及具備經驗的發展建設商來推動，也對電子化與基建配套具備龐大的需求。他們正渴望具備豐富基建落實經驗的夥伴，能在免除苛刻政治條件而同時具備透明問責性的前提下，為他們引入這些核心基建，提升整體競爭生產力。第二，東盟與中國現為對方的最大貿易夥伴（對於中國來說，歐盟與東盟之間乃是不定期交替的第一、二大夥伴），中國龐大的消費者及入口市場，為東盟創造龐大商機；中國高效能與素質的生產，讓中產階層正在急速發展的東盟市場從其獲得穩定而可靠的中高端消費貨品。第三，無論是應對全球暖化而所作出的綠色

轉型、宏觀性經濟還是糧食危機，還是區內矛盾（包括邊境衝突、南海矛盾、難民危機等），東盟皆需要一個政治中立而不被過度渲染及牽動的客觀持份者擔當調停角色。美國在這方面過往數十年的紀錄乏善可陳，並未能取得東盟諸國的真正信任。中國在這方面大有「後來居上」的可能，但也要提升自身相應的軟實力、完善對東盟諸國的全面認知。

以上這些考慮下，中國與東盟應當通過以下四大主要方向，深化相互間合作關係：

第一，以質變推動在商貿層面上的量變。中國與東盟諸國都是區域全面經濟夥伴關係協定（Regional Comprehensive Economic Partnership, 簡稱RCEP）的成員國，而2023年乃是協定全面生效後的第一年。即便RCEP所覆蓋的國家人口，讓其成為全球上最大的自由貿易區（箇中並不包括美國），但無論是關稅降低還是貿易法保障層面上，仍有不少可改進空間，以進一步改善貿易互通共融。同時，隨着中國生產工資上漲，供應鏈上游廠商開始將生產基地轉移至東盟，中國有必要通過完善生產力科技研發與落實，在中間產品（intermediate products）生產方面，確保能為生產鏈進行價值增值（value-add），以確保過去數年正在穩步增長的中間產品貿易額（2021至2022年間錄得16.2%的增長，佔中國與東盟之間貿易總額的67%）能進一步提升。最後，隨着東盟諸國與中國的中產消費階層急速崛起，雙方有必要探索如何在高端與品味消費層面上，加緊就着包括奢侈品（例如，名牌手袋）及中高端消費貨品（例如，電動車）的協調配合，以減少不必要的競爭，加強良性的市場互通。中國在再進出口方面上有必要提升自身的基建配套，也同時應爭取降低中國中小企進入東盟的門檻及困難。

第二，通過中國深厚的資本與完善的融資（香港）與創投（深圳與上海）配套，為東盟諸國提供關鍵的金融平台，以驅動基建建設、綠色轉型、新興科技等方面的共贏進化。而本應是亞太區金融龍頭，也同時為中國一部分的香港，一直在為東盟企業提供跳板方面相對保守，令不少東盟企業——尤其是中小企與缺乏長遠歷史的獨角獸——對中國卻步。一直以來，這些企業融資集資方面要不是依賴紐交所，便是依靠新加坡的新交所，明顯比具備深厚知識與金融軟實力的香港來的遜色。中國擁有非常出色的創投生態圈，將西方美國80年代到千禧年代輝煌的竅門與亞洲獨有的拼勁與營商文化結合起來，應當更進取地輻射開去，為亞太區的尖端科技或新穎商業思想帶來可持續而可靠的資金來源。而無論是基建建設，還是綠色轉型下的新能源開發，中國皆可通過協助東盟國家發債及統籌資金，從而達致雙贏：一來，能讓一帶一路拔高、增值；二來，也能解決這些眾多國家的燃眉之急。當然，中國也有必要落實有效而透明的問責體系，確保發展項目不受這些國家內部政治糾紛或官僚缺陷所干預。

第三，也是筆者認為非常攸關重要而往往被忽略的一環。中國與東盟有必要推進符合雙方民心所向及社會所需的文化連結與人民連結。這些聯繫未必適合以傳統的「聯／協」或具備鮮明政治色彩與方向的形式推進。政治意識濃厚的「公共外交」，難以贏得東盟諸國人民的信任。新加坡東南亞研究所去年的民意調查便發現，相對於數年前，中國在受訪東南亞人民眼中相對受歡迎程度呈現下滑趨勢。日本仍為區內最受歡迎的合作夥伴；而美國在區內的軟實力也有復甦之勢。若中國要真正落實「民心對接」，更應該拋開現存的官樣框架與局限，更開心見誠地就一些具爭議的議題展開辯論與討論，當中包括南海邊境糾紛、以及在新時代的地緣政治博弈中，東盟國家的自主權與動能為何，從而對症下藥地處理東盟與中國之間部分人士的誤解或敵視。這些問題與議題，皆需要開放而坦率的辯論、討

論，而不是單向性的宣傳灌輸。「二軌外交」乃是收窄民眾之間矛盾的不二之選，也是推進以上種種改革的前提要素。中國有必要秉持多邊、兼容、開放的思維，促進在知識生產及論述構建層面上的多邊合作，長遠而言才有望打破傳統全球北方對思想及意識形態的掌控。

第四，東南亞乃是世界上重點的糧食與稀土元素來源地。印尼乃是世上最大的鎳生產地，也是最大的棕櫚油輸出國。泰國則是全世界最大的大米供應商。在全球暖化對農作物及糧食安全所構成的衝擊下，中國有必要確立我們的糧食與能源安全，防止被別有用心的外在威脅，又或是天然衝擊及災害，導致中國出現饑荒危機。在這前提下，與東盟國家建立更深厚的糧食能源貿易與投資，同時向他們輸出在耕作、能源提煉方面的技術，乃是既助人也助己的貿易與外交方針。

三、　中國與阿拉伯世界

中國在阿拉伯世界，又具備什麼樣的關鍵目標與願景？第一，中國短中期的能源安全，並不能依賴新能源研發——現階段的新能源（包括電能、風能、核能）成本過高、規模不足、穩定性過低，因而即便中國確實在「金山銀山」政策下的綠色轉型取得一定成就，卻不能一蹴而就地擺脫舊能源。阿拉伯諸國擁有世界超過三分之一的原油儲備，並在近年顯出有意與中國進一步發展能源貿易關係。第二，中國需要一個「中立」的金融合作夥伴，能在西方全面封鎖的「最壞情況」下，保持一定的金融流通量，同時也為拉丁美洲與非洲等「一帶一路」沿線國家與中國的金融貿易結算提供平台。第三，阿拉伯諸國政府擁有豐厚的財政與金融實力，並有意在阿拉伯國家以及西方以外地區開拓新的投資機會。作為科技創新的世界領先勢力，中國絕對具備空間與條件成為阿拉伯國家的主力投資市場。最後，正

如伊朗與沙特之間重啟關係這一事所充分顯示出來，阿拉伯國家乃是中國證明及印證自身新時代外交模式的不二舞台，也是彰顯中國在全球治理當中所能發揮角色的最佳契機空間。

對於阿拉伯國家而言，中國的價值則更為明顯。一，中國乃是他們最大的原油與天然氣市場，在入口這些能源產品以外，也在積極開拓二次市場，通過能源「再加工」為阿拉伯國家與中國生產商創造額外盈餘。同時，與所謂「價值觀主導」的西方諸國不一樣的是，中國並沒有在購買阿拉伯世界原油與天然氣的同時，向其施加諸多苛刻的條件要求，干預這些國家內政。二，中國在電子化及高端科技研發方面，具備龐大的競爭性優勢；中國民企與國企的知識與創新盈餘，能為阿拉伯世界政府在落實全面社會現代化與基建配套建設方面，提供豐厚的指南與藍圖。三，中國資金在阿拉伯世界內的投放與參與，在過去十年拾級上升。就拿沙特阿拉伯而言，中方在當地投放大量資金去推動再生能源與核能、運輸物流、軍火生產，以及信息科技。最後，無論是一帶一路裏面以發展阿拉伯世界中高端醫療服務與生物科技為主導的「健康絲綢之路」，還是中國與沙特阿拉伯最近確立的全面戰略合作夥伴關係，這些種種圍繞着阿拉伯世界展開的針對性額外合作項目，皆為「中－阿」合作帶來新氣象與機遇。四，中國與伊朗、巴基斯坦、阿富汗等三國的牢固外交關係，讓其對中東地區發揮着舉足輕重的作用。正是這一點，讓阿拉伯世界更需要跟中國深化與全面化關係。舉例說，北京於 2023 年 3 月撮合了伊朗與沙特之間復建外交關係——這一點正彰顯了中國作為一個相對「中立」，對多方的共同經濟貿易夥伴所發揮的主體作用。

以上考慮下，中國與阿拉伯世界可透過以下四大發展方向，確立更為顯著的呼應共通：

第一，開創在能源層面上的多軌道合作。固然阿拉伯世界現是中國的關鍵能源來源地之一（俄羅斯在俄烏戰爭爆發以後，一度成為中國的最大舊有能源輸入國），但無論是全球暖化驅使的綠色轉型，還是阿拉伯國家出於經濟多樣化（economic diversification）緣由而嘗試開拓另類的市場輸出及產品，這些種種因素皆令以沙特為首的石油產出國，積極探索另類能源──當中包括風能、電能以及太陽能。中國在這些方面上，除了具備十分成熟的科技研發供應鏈，更擁有豐沛的特定資金（綠色基金與投資產品）去支援中東地區由舊能源往新能源邁進。除此以外，雙方也應積極探索建基在新舊能源基礎上的期貨、綠色債等金融產品，從而為能源開發提供更大的金融燃料與穩定性。包括香港在內的中國一線城市，擁有最為成熟的學術研究機關、大專院校與科研基地。雙方應當促進這些研發中心的跨大陸輻射，將先進技術與知識帶到阿拉伯世界，從而實現知識驅動的能源科技共贏。

第二，由中方牽頭，推動在阿拉伯世界中，不同層面上的科技躍進與普及化。中國在人工智能、電子建設（基建）與貿易、生物與醫療科技，以及區塊鏈層面上具備「先發優勢」及比較性優勢。但這些優勢不應被「私有化」或「國有化」，而應當能在中國與其合作夥伴間共享。除了官方政府投資以外，中國有必要鼓勵及促進更多民營企業與資金「走出去」，在中東地區參與在電子化、高端科技化的過程之中。比方說，阿里巴巴於2022年在沙特成立雲計算合資公司與數據中心，為當地市場提供公共雲服務，將點到點的資訊數據距離大幅縮短，同時提升當地經貿計算效率。此類（阿拉伯）公（中國）私合營的項目，應當成為中國在阿拉伯世界發展與投資的棟樑之一，從而將深厚的中國民營資本投射及引導至包括中東在內的高增長地區。

第三，全面啟動金融層面上的合作互通機制。透過中國最開放而國際化的城市──香港──中國與阿拉伯世界應當進行一連串的質變

合作改革，從而創造更多的金融可能性：比方說，研發符合伊斯蘭金融條文的金融產品、將香港打造成阿拉伯世界高淨值人士到外投資及建立家族辦公室的首選之地、鼓勵包括但遠不止於沙特阿美（Saudi Aramco）在內的中東企業來港上市，以及善用香港、上海、深圳等區內領先城市的金融人才，為中東提供發展意見及顧問服務，這些種種措施，正是將「中國－阿拉伯」之間距離，透過金融這個無國界語言，有效而高速地收窄。這些金融方面上的互通，也能讓東盟、歐盟等關鍵資金市場地區的投資者，能從中阿合作當中分一杯羹。中國更應透過與阿拉伯世界的金融無縫銜接，從而構建出一個非美元的國際金融貨幣流通圈，進一步推進人民幣國際化，促進「去美元化」的過程。

第四，也是一點相對新穎的論述。中國與不少阿拉伯國家都是擁有悠久的歷史文明。兩者在構建所謂的「西方主流」以外的思想、道德、政治理論以及治理構思與論述，皆有接近無限的可能性與合作空間。中國與阿拉伯地區能以自身經歷說明，即便在一個強權與霸權紛立的年代當中，國與國之間依然能以尊重內政、不干涉或侵犯主權的形式共處和合作。正是這一點，讓「中－阿」合作具備實際利益以外的額外道德重要性。一帶一路裏面經常強調的文化外交與交流，則能透過「價值觀建設」這一渠道，得到一種質變性的昇華，為新時代國際關係觀奠定基礎。

四、 結語

最後，這三體論之間的關鍵，其實乃是通過以上「中國－東盟」與「中國－阿拉伯世界」之間的雙邊關係，促進在部分層面上的中國－東盟－阿拉伯具體合作，又或是充分落實以上所提出的三體分工。「東盟－阿拉伯」關係如今仍處於雛形的狀態 ——即便他們兩者之間存有一定圍繞着伊斯蘭宗教與傳統的文化及社會聯繫，但無論是金融層面

上的合作，還是科技上的共通，現時依然出現一個相對碎片化的現象。但中長期而言，隨着這兩大全球南方板塊經濟實力持續增長，東盟與阿拉伯之間的相互依賴只會日益重要。比方說，2022年間，印尼與沙特的按年貿易增長了45%至70億美元，正反映了這個東盟最大國有意在中東地區確立自身影響力的決心。中國有必要為自身在這個合作關係中找到切入點，從而成為不可替代的三角之一——而不是如美國一直以來所採納的介入性外交一般。

中國與東盟的合作，以及中國與阿拉伯世界的合作，乃是有相輔相成的效果。中國乃是「主心骨」，為東盟與阿拉伯提供資金、科技、市場。阿拉伯則可擔當中國及東盟國家的主要能源供給地，以及高質量資金與金融樞紐。東盟則是中國與阿拉伯世界之間的新興科技（初創）、人口、糧食供應基地。這三者之間，既有自然合作的空間，也有創造更多合作的可能性。

俄烏戰爭膠着、中美關係持續緊繃、新興國家的國際話語權正在急速崛起。國際形勢漸趨向不明確中的明朗化發展。如今中美「友誼」明顯短中期內難以提振，即便筆者曾在不少地方就着修補中美撕裂提出一些紓緩建議，但我們必須面對現實：要讓北京與華盛頓之間重新開展開心見誠的合作與友誼，恐怕並不容易。中國有必要作出多手的充分準備，進取而開放地開拓新合作對象，當然同時也與包括美國在內的傳統合作夥伴維持必然的務實主義，實事求是。

作為中國「一國兩制」制度下的特區，香港乃是中國與東盟、中國與阿拉伯之間最為關鍵的連接點。香港有必要進行深度國際化，而以上這個新三體，乃是香港「走出去」對象的不二之選。香港必須將中國（北京、上海、深圳等重點城市）、東盟（新加坡與雅加達等的區內樞紐）、阿拉伯世界（利雅德、多哈、杜拜等關鍵城市）連結起來，成為這個新世界裏面的核心樞紐。

2.4
淺論中國與全球南方的合作框架

中國，作為當今世上人口最多，也是一個掙脫了半封建、半殖民時代，正從發展中邁向發達階段（並以其為戰略目標）的國家，二十一世紀上半葉這個時代，獲賦予了一個關鍵時代責任——除了要為自身人民尋找幸福，更要在百年未見的大變局中推動南南合作，從而方能落實世界邁向多元。

但在這過程當中，中國與「全球南方」（Global South）之間必然存有分歧與差距。如何收窄分歧，建立長遠互信，以及確保全球南方也能以獨立而脫離殖民主義的形式站起來，這乃是當代的時代責任。作為一名政治理論家，我在這裏集中探討的，乃是南南合作的道德原則基礎，而並非過於深入的公共政策討論。

一、　何謂全球南方？

全球南方乃是一個約略的專有名詞，本身源於冷戰地緣政治研究中的「南方」與「北方」之二分。工業化以及已發展國家（包括絕大多數冷戰時期西方陣營的「第一世界」，而在蘇聯解體後也包括部分前蘇聯的獨立歐洲國家）被歸納為「北方」，也即是在物質、資源、基

建發展、教育、生活水平等層面上相對較為先進而優渥的國家；至於包括俄羅斯在內的其他蘇聯國家，以及在冷戰期間不結盟的絕大多數發展中國家，則被籠統地歸納為「南方」。這裏的「北」與「南」方並非地理層面上的形容詞，而是混雜了殖民/反殖、西方/東方、經濟發展/經濟發展中等對立範疇的一種價值觀研判。傳統而言，「全球南方」主要包括中國以及77國集團，主要集中在亞洲（東南亞、東亞、中東）、非洲、拉丁美洲、大洋洲四大洲之內；「全球北方」則主要包括傳統的西方諸國（北約與歐盟交織起來的複合體），卻也包括日本、新加坡、韓國等個別發達亞洲國家。

左翼社會運動分子與學者奧格斯比（Carl Oglesby）最先在1969年提出，「過去數世紀走來，全球北方『壓迫』着全球南方」，從而構建出一個欠缺公平公正的環球秩序。萬隆會議（Bandung Conference）上的發展中國家代表聚首一堂，從而產出一個擺脫於北約與華沙公約二大體系的「第三世界」一說。在第三世界論與左翼的剝削分析（alienation）結合之下，西德元首布蘭特（Willy Brandt）於八十年代將世界粗略地以一道不規則線條，將世界劃成兩大板塊——線以北的乃是所謂「北方」國家，以南的則是「南方」國家。在馬克思主義者眼中，全球南方國家本質上往往是在資本主義驅動的全球化過程下被「剝削」的一群，但這種說法卻一來忽略了資本開放與流通對這些國家人民所帶來的實體生活改善，二來也是不正確地淡化了北方諸國對南方在歷史上曾進行的殖民與侵略。政治科學家薩巴斯提安・豪格（Sebastian Haug）與項昊宇曾分別指出，「全球南方」乃是一種「抵抗符號」，約略地代表反對與抗衡「北方」主導的現存權力架構與秩序。

以下這篇文章且主張，最能將現存不同構思概念整合起來的「南/北方定義」，乃是：全球南方乃是經濟上的發展中國家。當中絕大多數皆曾受全球北方殖民或侵略，以及在經濟上被系統性剝削。這些

國家普遍未必具備西方選舉民主國家的特徵，並因而被西方國家在意識形態與政治層面上排斥與異化。

二、　當代中國與全球南方的歷史與現況

當代中國與全球南方的合作關係，必須從毛澤東思想說起。成立新中國的中國最高領導人毛澤東認為爭取民族獨立，從殖民權貴架構中解放出來，乃是一場「偉大鬥爭」所帶來的「歷史時代」。「亞非拉朋友」意指的，乃是在殖民主義壓迫下，亞洲、非洲、拉丁美洲的諸多弱小國家，通過獨立與民主自強運動，從殖民者手中爭取而落實人民當家作主的政治自主權。毛澤東強調非洲事務要「依靠非洲人自己的力量」，以自我革新與政治覺醒為主要行動綱領、外來資助與支持為輔，從而實現自身的民族民主夢。上世紀五十年代末到七十年代左右，包括阿爾及利亞、莫桑比克、安哥拉等在內的非洲前殖民地諸國相繼獨立，擺脫殖民宗主國的操控。在過程當中，中方一直強調要以當地基層勞動人民為基礎，實踐解殖的充分願景，故雖有提供軍事與經濟訓練，卻絕沒有鳩佔鵲巢，以遵守獨立人民作主的大原則。

1955 萬隆會議，當時中方代表周恩來總理本着「求同存異」方針，應對部分國家針對中國嘗試以一個排他性的「小圈子」去抗衡美國與蘇聯，在別處進行顛覆行動的尖銳指控。伊拉克賈馬利認為共產主義是「新殖民」、部分發展中國家也認為必須與西方陣營團結起來，以來制衡第二世界（蘇聯）的拓展帝國主義。周恩來一方面要堅持中國在本地管治與政治經濟體制的原則性底線，另一邊廂也要化解諸多參與會議者對共產主義的反感與恐懼，箇中動用了極大的外交周旋智慧，從而也確立了中國對別國內政「積極不干預」的原則性綱領，並為中國鞏固了與包括印尼與柬埔寨在內的東南亞諸國的關係，以及與日本進行首次正式接觸——也是開啟了「拐彎外交」先例

（南南合作為一個「彎道」載體，促進非南方國家與南方國家之間的
聯誼合作）。

上世紀五十年代到七十年代間，中國與不少全球南方中舉足輕重的
其他大國，正式建立外交關係——1951年，與巴基斯坦建交；1971
年，與尼日利亞建交；1974年，與巴西建交等。1974年，鄧小平在
聯大特別會議上，強調國與國之間的政治經濟關係必須建立在相互
尊重而互不侵犯的原則之上，將毛澤東思想中的「第三世界」演化成
一種覆蓋面更大的外交與國際觀。八十年代初，中方首次提出在中
國與非洲諸國合作層面上，必須實現「平等互利、講求實效、形式
多樣、共同發展」的四點原則，從而彰顯中國在改革開放新時代中，
對促進南南合作的決心與動能並沒動搖（詳可參考黃梅波於2013年
在廈門大學所發表一文）。

1956至1976年間，中國為第三世界提供了合共36億美元的援助。
1970至1975年間，中國投放了五億美元興建坦贊鐵路，為贊比亞提
供與鄰國以外的經濟夥伴與突破口，讓其能建立自身的貿易與出入
口政策自主權。隨着改革開放進入正軌，在九十年代中末時期，中
國發展援助歷史上迎來兩大重大轉折點：第一，中國於1994年成立
中國進出口銀行與國家開發銀行。第二，中國於九十年代中旬建立
對外援助部際協調系統，當中包含商務部、外交部、教育部、農業
部等重點部門。2000年，中非合作論壇成立，啟動了關鍵的對話帶
頭與推進作用，拓寬了中國對外援助的根基基礎。在千禧年代中後
期，中國對外援助資金持續上漲，從2004年到2009年這5年期間，
增長率接近每年三成。除了非洲與拉丁美洲以外，中國也將援助關
係網拓展至涵蓋東盟絕大多數國家，以及太平洋上的大洋洲諸島。

來到二十一世紀初，為何國家主席習近平所領導的中國政府，要推
動一帶一路這個關鍵劃時代項目？箇中原因其一，如上海大學拉美

研究中心主任江時學所言，因為「一帶一路」乃是驅動新型南南合作的核心引擎。南南合作得要從政治與意識形態層面上進行範式轉移，昇華至一個全方位經濟、發展、管治的世界觀，通過全面性的連結構建，讓新興經濟體也能在國際舞台上獲得發聲與參與全球治理的基本權利。而「一帶一路」，無論是在促進投資貿易、民心對接與往來，還是更深層次的戰略與策略性相互協調，皆扮演關鍵的樞紐角色。這也是為何在過去十年間的機遇期當中，中國領導層多番強調，要通過促進中國與東盟、拉丁美洲、中東、非洲、大洋洲等地區，對全球南方給予一個歷史交代，讓世上超過八成人口，也能掙脫經濟壓迫與剝削，找到自己應有的地位與尊嚴。

三、　二十一世紀南南合作的全面原則框架

上世紀五十年代，在毛澤東與周恩來的主導下，中國政府就着發展與新興民族國家的多邊關係，提出了「和平共處」五項基本外交原則。這五大守則乃是，互相尊重主權與領土完整、互不侵犯、互不干涉內政、平等互利、和平共處，於1953年12月中印談判時首次提出。1954年，周恩來訪問印度與緬甸，與兩國領導人分別發表聯合聲明，確立了以上五點作為處理國際關係的原則。

在此基礎上，筆者想在以下提出一個嶄新的理論框架，為在二十一世紀推動南南合作的同路人，提供可被採納的原則。這些原則乃是將中國就着發展中國家的外交思想，與現代新科技、新挑戰等當代環境結合起來，從而構建出的新守則。這些守則寄望一來能將南南合作精髓呈現出來，二來也希望能將中國與發展中以及新興國家更進一步拉近距離，以前者作為南南合作自然的驅動者——中國不作龍頭，而作牽頭；不作霸權，而為先鋒。新時代南南合作的綱領，主要有五：

一，堅持內在團結與平等。南南合作的前提是，全球南方的國家相互之間必須堅決反對侵略主義或任何形式的侵犯，實行真正的互利互助。印度裔學者史碧瓦克（Gayatri Spivak）曾於《底層（庶民）階級能發聲嗎？》（Can the Subaltern Speak?）一文中，多番提出一道問題，在全球北方權貴資本主義所壟斷的輿論鬥爭與知識框架中，究竟弱勢社群——包括在西方諸國以內的少數族裔社群，以及遍布全球的發展中國家人民——有沒有發聲權？有沒有發言權？即便擁有這些權利，卻為何不見其聲音獲接納？

原因固然複雜——一來，正如以下第二點所說，全球南方受北方的歷史壓迫，讓他們失去動能而缺乏資源，去批判及挑戰所謂的道德權威，去推動另類的價值觀多樣化，從而構建出真正發聲的空間與機遇。但二來，最主要的原因還是被壓迫群體在先天性利益分歧與代溝，以及後天性的威逼利誘等所促成的內部不團結。沒有團結，又何來平權？沒有平權，又怎能實現平等？真正的南南合作，必須將全球南方從一個較為鬆散而難以結合起來的組織，轉化成一個以多重理念、價值觀、對國際秩序擁有破格想像的思想共同體，既團結，卻不以山頭主義為行事模式。同時，更需要有決定與協調權的組織，賦予不同國家同樣的決策權力與空間，對全球南方的未來路向擁有塑造權。

平等的定義，也是多重的。經濟平等（也即是說人均平均生產總值看齊）可能是其中一環，卻並非唯一一環。我們也同時要關注話語權與思想權的平等——南方諸國之間有沒有所謂的「道德秩序」，讓絕大多數道義責任與資源向某些國家傾斜？這些國家又有沒有確實的「平均話語分布」，讓他們可以在不同場合與體制中也能發聲、聲音又獲得尊重與包容？最後，便是政治平等這個問題。南方應否反西方還是親西方、抗拒全球北方還是與其合作，不應受個別勢力約束或定奪，而應透過內部民主來定奪。這樣才能體現真正平等奧義。

二，實現外在平等與獨立。中國在驅動南南合作，明顯並沒有忘記南南合作本身的根源，乃是反殖民、反帝國、反霸權。這良性的「三反體制」，促進了萬隆會議的召開，也讓亞洲與非洲等諸國在1957年的開羅會議以及1961年的貝爾格萊德會議上，確立了不結盟運動的雛形。不結盟運動，主張當時的第三世界（以及如今的全球南方），不往特定勢力靠攏、不成為帝國主義載體的附庸，從而實現真正的世界平等。國家的獨立主權，乃是促進中立定位的關鍵前提條件——若國家失去了獨立性，在領土、內政、管治層面上接受或引入他國的干預與操控，則只會將本身的管治合法性扼殺，從而衍生出一個傀儡政權。

反殖民，需要我們無時無刻關注別國在全球南方諸國當中的經濟與軍事行為，有沒有間接或直接導致當地人民自決權與政府管轄權的磨蝕，並不能在大國欺壓中小國之時袖手旁觀，而必須敢於挺身而出，為正義發聲。反帝國，需要所有參與在南南合作以及外來國家與南方合作的持份者，皆要告誡自己，不能將自身管治理念與價值觀強加在別人身上，又或是將他國納入自身的政治勢力板塊，逼使他們歸邊站邊。最後，霸權主義的推翻，需要我們為霸權欺壓者提供全方位的經濟與發展權利，保障他們在國際社會中的參與和決策權。

中國在這一方面，擁有客觀而具說服力的歷史紀錄。中國在改革開放的40年走來，並沒有主動發起過任何對外戰爭，也沒有成為侵略他國的幫兇。在帝國主義急速膨脹與拓展的年代中，中國外交思想堅持不結盟、不歸邊、不從隊的主體思想，只要能將其維持及全方位落實至對外經濟援助與協作的所有部分，則必能讓世界人民看到新時代國際社會人人平等的可能性與理想。

三，擁抱世界多元多極化。南南合作的道德研判前提是，萬千世界當中總會存有對管治、對世界、對道德、對人與人之間關係不同的意見。我們必須海納百川，堅拒偏聽排外的傲慢偏見；同時，世界也必須包容萬千，而不是趨向一元。不同國家、地區、人民有其自身管治模式與方法論，並不能單純因為其與自身體制有所不同，而將其摒棄或妖魔化。反之，即便自身管治模式有優越之處，也應當強調其未必能適用或套用在別國之上。管治模式之間的絕對比併，未必對全球治理的有機演變有所貢獻，更可能弄巧反拙，讓管治成為一個過於政治渲染的議題問題。

當今世界正邁向一個多極化年代。固然多極的速度與模式、最終達成的時機與契機，以及這些不同的「極」之構成與組成，必然存有一定的不確定性，以至不穩定性。但我們有必要順應時代潮流，而不再糾纏在單極或雙極的故步自封想像之中，方能找到一種再平衡的法規。歷史並沒有隨着全球化展開而終結，而是持續地蹣跚前進。擁抱單元、單頻道，拒絕異見與批判聲音者，最終只會在國際舞台上被時代淘汰。無論是華盛頓共識還是「西方傳統價值」，皆不能被視為政治體制的唯一法規。

當然，無論是中國還是南方其他國家，也要慎防墮入另一極端的陷阱之中，那便是絕對的相對主義。有不少基本道德責任與堅持，並不能以和稀泥的「相對主義」作否定或排斥，當中包括對領土主權的堅持、反對霸權壓迫的應有責任，以及實現國際平等與共融的良好願景。正如閻學通前輩的道德現實主義所指，多極化不代表去道德化，我們必須拿捏到兩者之間的平衡與關係。

四，尊重人民幸福主導權。什麼才是審視國際對外援助、貿易、經濟與金融友誼的最佳標準？客觀事實告訴我們，人民幸福有沒有得到改善，才是最終極的審判基礎。在驅動跨國合作項目之時，我們

不能只關心當地政治精英與權貴的利益與價值觀，而必須更深一層地去問，當地人民能否獲得幸福？援助是否能到地落地，協助貧富大眾取得往上流的空間？還是淪為貪官污吏中飽私囊的獎賞，讓他們能在毫無懲罰刑罰的前提下，繼續掠奪民眾資源，以供他們大花筒般的生活模式？

尊重人民，不只是自己的人民，也包括別國他國的人民。在推動南南合作時，中國應當發揮作為新時代大國的道德規範權力與能力，去驅動不同中小型國家的政府，更進一步地反映民意民利，當中包括當地的弱勢社群、傳統被當地政府打壓的群體，以及在帝國資本主義剝削下的受害人。無論是通過一帶一路，還是中非、中拉等合作機制，所有相關的持份者，皆應該發揮自己的影響力，以確保全球南方政府官員與管治者能向人民問責。而與西方歷來所謂的「國際標準添加論」不同的是，所謂的選舉民主，非但不是實現向人民幸福問責的唯一辦法，更未必是一個理想辦法。與其要求別國落實「西方民主」，其實更應該鼓勵他們以符合當地國情民情的方法，為自身人民謀幸福。

因此，如鄧小平前輩所說，發展才是硬道理。經濟與基建，以及知識與配套層面上的完善，有助於提升在地人民整體的知識水平、技術水平，更能充分地拔高自身領導與驅動國家的能力與條件，從而確立全面主導權。中國在這些方面，一來能為南南合作夥伴提供借鑑的先例，二來也是為他們提供良性前進軌跡的最佳夥伴。

五，堅持和平協調與對話。八十年代，鄧小平提出，「和平與發展是當今世界兩大主題」的關鍵研判，並強調了東西之間本質是「和平問題」，南北之間本質上則存有「發展問題」。時至今日，在二十一世紀20年代初，和平與發展問題不再能切割——東西之間的地緣政治（不是文明）衝突，導致南北之間的發展問題被政治渲染化，被捲入

國際軟實力比併的漩渦之中。俄烏戰爭爆發，將全球南方捲入物價高昂的通貨膨脹螺旋、能源與糧食危機，以及「被迫站隊」的時代趨勢之中。要堅守本心，防止被捲入戰亂與冷戰之中，確實不容易。

中國此時此刻，更應堅守和平協調與對話機制，堅拒單邊主義與制裁主導的懲罰性外交關係，必須採納及推舉多邊對話為化解干戈的行動基礎。對話參與者不能只停留在政府代表與官員，而必須深入各國的社會與平民之中，方能破除迷思、化解誤解，將矛盾與分歧收窄。當今中國在不少新興國家中即便投放了大量援助與投資資源，卻在種種外在性因素下，似乎未能獲得當地民眾在民心及意見層面上的認同。正因如此，中國更應當將平民代表、出身寒微的當地老百姓，又或是正在冒起的中產與小康階級，納入對話機制之中，透過一軌與二軌之間的相互協調，落實全方位對話與民心相通。

和平是發展的前提。戰亂頻頻下，全球人民難有安康日子。隨着中國綜合國力持續上揚，中方必須從「發展中國家」過渡成「發達國家」，從而行使負責任的發達大國應有的調停與協調權，在地緣政治衝突中以中立、不歸邊、不結盟的獨立態度，去平息風波與鬥爭。

四、　結語

深化南南合作乃時代責任與前路。在一個漫長的話語權構建與爭奪戰當中，我們必須將更多的全球南方聲音發揮起來，讓他們的新興知識論與價值觀，也得以在國際舞台上弘揚。這個時代，需要更多人去說好多極世界與多邊主義的故事。

2.5
習拜會後 中美關係的脆弱和平

（此一文章原刊登於 2022 年 11 月，國家主席習近平與美國拜登總統會面之後）

11 月 14 日，國家主席習近平與美國總統拜登於 G20 峰會舉辦雙邊對談——北京官方把是次會面定性為「會晤」，有別於習主席「會見」其他國家領導人（包括加拿大總理、澳洲總理、南韓總統等），正反映出中方對中美雙邊關係的關鍵重視。同時，拜登將是次面對面對話形容為一次關鍵溝通機會，正因為「面對面討論是難以其他形式取代的」（I believe there's little substitute, though, for—to face-to-face discussions.）

然而，即便是次會面看似能為中美關係進行基本的撥亂反正，防止其隨着過去 3 到 5 年的種種矛盾而持續下滑，筆者卻對中美關係中長期的穩定與共贏趨勢並不樂觀。是次對話確實就着長遠的溝通重啟、雙方對爭議性及各自「底線」議題的立場確立、中美在次要議題上合作可能性，以及整體世界觀的想像等領域，有所落墨。但這些正面改進，並不足以抵消整體的利淡因素——也即是讓中美之間劍拔弩張的深層次問題。

筆者固然一向主張中美之間要實現「競合」互動——若要兩者之間完全沒有競爭，甚至局部性的排斥張力，這從政治角度而言明顯不切實際；但兩者之間也必須鞏固及深化合作，以應對當今世界所面對

的種種挑戰及風險。而要達至這個「競合」模式,需要更多、更快、更深在政策及立場層面上的扭轉。

一、 是次習拜會的五個重點

習近平與拜登的會面,在所公布的資訊及實際的互動層面上,主要反映出五大重點:

第一,雙方皆認為中美關係如今已來到了一個關鍵的臨界點。

北京當局表示,「中美關係面臨的局面不符合兩國和兩國人民根本利益,也不符合國際社會期待」——確實,隨着美國在軍事及科技層面上對中國步步進逼、中國國內民粹及反美情緒相應地上漲,過去數年令中美之間的矛盾因子大幅上升。無論是佩洛西訪台、美國針對中國半導體極具殺傷力的封鎖,還是整體的金融經貿圍堵,這些事件無疑加劇了中美官方之間的不信任,也令溝通渠道不斷減少。同樣而言,拜登也表示中美必須「慎重管理分歧」(must manage the competition responsibly),以避免局勢持續升溫。

第二,「溝通」與「對話」乃是次會面所釋放出來的主要訊息。拜登重申中美必須「維持開放溝通」(maintain open lines of communication),並同時希望能在多個主要官方部門之間,包括軍方國防及金融貿易等的領導層,重設恒常溝通機制。同樣,北京當局也公開主張深化雙方「戰略溝通,開展經常性磋商」,從而能讓雙邊皆對對方底線、思路、利益達至更深入的掌握。

無論是言談之間,還是會晤舉辦的本身,皆反映出北京與白宮有意恢復因佩洛西訪台以後而中止的政策與執行討論。但這些會面能否面對面進行,還是只能通過視頻舉辦——一來,是一個關鍵問題;

二來，也是一個未知之數。若要修補二軌外交，必先要中國足夠地恢復與外國正常的出入來往安排——這牽涉到的是整體公共衛生政策的寬鬆。

第三，雙方——尤其是中國——皆重申了自身在「底線」問題上寸步不讓的核心立場。中方對底線撰述更為鮮明，將台灣問題定性為中美關係「核心利益中的核心」及「政治基礎中的基礎」，並強調是一道不可逾越的紅線。

這也是習近平整個對話中聚焦的一個關鍵題材，其所使用的語言及所強調對中方的重要性，向美國發出鮮明的訊號：台灣問題，不可碰。這間接反映出北京認定如今美國對台海問題的搖擺不定，乃是源自其小覷北京對國土完整決心的輕視，故必須以正視聽。面對如此鮮明的立場表述，拜登也採取了一個相對保守及堅持現況的陳述，重申其反對任何一方（北京、華盛頓、台北）單方面採取行動挑戰台海現狀——這種說法即便不能盡信（難保白宮未來不會在共和黨總統治下更改台灣政策），也起碼在未來半年內為台海問題設下關鍵的「防欄」（guardrail），避免幾何式惡化。

反過來說，即便美國提出了一籃子的因素及立場撰述，卻不見其將任何一道議題設定為「紅線」。相對於中方外交模式而言，美國外交手段更為游離而具彈性（也可說是一種功利務實主義的呈現），更傾向於將大量議題定性為「重要」但並非「不可僭越」的核心利益。在中美問題上，這些關鍵問題自然包括台海、中國被美國定性為「反競爭」的經濟政策，以及中國政府對個別美國公民及中國內政的處理手法。在這些問題上，除了台海問題的既往立場，中方並沒有做出太多的直接回應或批判——從此也能看出，北京對何謂「主要問題」、何謂「次要問題」，何謂兩者之間的「定型彈性問題」，具備頗為透徹認知，並沒有受到這些片言隻語刺激至模糊對談焦點。

第四，在與雙方利益相對沒有直接牴觸的「次要問題」上，中美明顯皆作出了努力，去尋找一定程度的「共同基礎」（common ground）。無論是氣候變化（雙方同意重啟深度多邊合作機制）、食物安全、人道與經濟援助及公共衛生，雙方皆主動表示，能在這些領域上強化合作，善用一二軌等多軌外交，促進認知及有機互動。

當然，口說很容易，實踐卻有一定的難度。且拿公共衛生而言，白宮必先要確保美國當地公共衛生行業的輿論氛圍不受盲目反中的高漲情緒所騎劫，而中方也要更進一步接受包括世界衛生組織在內的合作請求，與多方就着疫情爆發及將來疫情的防止進行更積極而透明的互動及資訊互換。這些改變的前提是，雙方必須具備足夠的良好意願及政治資本——在這個信任度極低的情況下，又能否落實呢？

在中美合作方面最為關鍵的突破，也許有兩個。第一，是以上已說過的美國就着台海問題表述，比不少認定拜登為「鷹派」的分析師來得保守避險得多——拜登似乎並不想單方面為台海升溫「背鍋」，從而影響其爭取連任大計。第二，則是北京就着俄烏戰爭鮮明的立場陳述——從美國官方宣告中可見，「中美領導人皆同意，核戰爭是一個不可發生的災難，永沒有贏家」，而中方領導人也同意「俄烏戰爭中必不能使用核武」（"reiterated their agreement that a nuclear war should never be fought and can never be won and underscored their opposition to the use or threat of use of nuclear weapons in Ukraine"）。

這一點，其實早在國家主席習近平早前會見德國總理肖爾茨（Olaf Scholz）之時便已提出。無論是站在西方立場而言，還是整體世界和平及提防存在性風險而言，在俄烏戰場上確保雙方不動用核武，乃是攸關重要的「防欄」，一來有助抑制戰爭暴力螺旋上升，二來也能間接驅使兩邊重回談判桌。

整體而言，這次中方代表團在 G20 的表現，反映出如今中國外交的策略雙重性（strategic dualism）——第一，嘗試通過包括在俄烏問題上的婉轉緩慢立場改變，以及在經貿層面上主張深化共贏方針，從而重修中國與西方陣營部分主要國家（美國與澳洲）的雙邊關係。另一邊廂，第二，透過金磚五國（BRICS）、上合組織、「一帶一路」等，持續維持及強化與所謂的「全球南方」（Global South）及絕大多數發展中國家的良性關係。這種雙重性，正能為中國帶來戰略喘息期，讓其在經歷了過去數年疫情及緊繃形勢後，重整旗鼓。

第五，對於嘗試解構或建構中美互動政治體制的理論者而言，是次會面是值得興奮的。筆者在閱讀坊間部分評論時，也發現原來有不少有識之士，將這次習拜會形容為「G2」重返世界舞台的時刻。所謂的 G2 模式，乃是當年美國高級智囊弗雷德・伯格斯滕（Fred Bergsten）就着雙方關係所提倡的一種說法，也即是說中國與美國——作為世界最重要的兩大國，必須攜手合作，以共同化解全球性問題，並避免另一場冷戰的爆發。

這種說法有一定吸引力，正因為即便中方當年否決了這一做法（因為中國「無意成為干預世界的大國」），但時移易世，今時今日的中國再也不抗拒在國際舞台上發揮更大的影響力，作為其對促進「人類命運共同體」整體發展的擔當。

但筆者並不認為這次會面有將 G2「死灰復燃」。第一，中國所想像的多邊多極主義主導的世界觀，與 G2 的兩極融合世界觀，有着根本性落差。中方理想中的世界，並非只有中美兩專，而也同時包含歐盟與俄羅斯這兩大板塊，通過中俄歐美四方形成新平衡。第二，美國對中國有意取代其位的判斷，在政商界中已根深柢固；別說要說服反中者接受「G2」，現在連驅使他們去接受中國應當具備持續發展權這一點，相信也成問題。

在這些結構性限制下，試問中美雙方又怎會視這次「破冰會面」為確立所謂G2的最佳時刻？所以說——而我也多番說過，這次會面為兩邊帶來的，乃是一個「脆弱和平」（fragile peace）。之所以為和平，自然是借代着雙方在政治估算下所產出的良好意願，以及其所能帶來的「停戰協定」。脆弱之處，自然在於其能輕易被更為強悍的反向因素所摧毀。

二、　不要被表象蒙蔽了雙眼——中美關係的風險因素

有很多坊間評論皆表示這次會面象徵着中美關係的一個「拐點」，中美將會從不穩定的競爭衝突走向穩定可控的競爭及有機合作。我很希望這是事實，但從一個政治分析角度而言，我有責任道出一籃子現存的風險因素。所謂的「中美共建未來」，「中美現在將會復常，修補關係」——這些樂觀推演並非沒可能，但有數個「灰犀牛」情況不能不提：

第一，美國政界與民眾普遍反中情緒高漲。無論是因（社交）媒體渲染、過去數年中國發展在美國人民眼中所構成的觀感，還是「奶酪被動了」的美國本地商界利益，這些原因下，美國本土將中國設想成不只是一個假想敵，更是一個違反他們心目中主觀道德標準的「價值偏差國」（deviant）。英美情報體系多番將中國與俄羅斯相提並論，定調其為威脅西方國家安全的最主要敵人。

共和黨在2022年的中期選舉中爭取到眾議院大多數議席；同時，兩年後的總統大選，大有可能選出一名比拜登更為反華的共和黨建制派候選人（不是特朗普）。無論是眾議院還是白宮，皆能對美國外交政策構成頗大影響——《台灣政策法》，正反映了美國立法機構對加劇及推動美國對中國挑釁所扮演的主要角色。而在選舉失利的共和黨政客，已開展了針對拜登是次與習近平會面的第一輪攻擊，並將

其形容成「向敵人妥協」的「懦弱總統」。故除非這次會面能為拜登帶來實質政治進賬，否則難保隨着立法行政兩方之間的角力日益升溫，拜登只會向國內政敵「妥協」，在外交問題上恢復一如既往的強硬立場。

第二，台海與南海存有頗高的擦槍走火可能性，尤其是當美國繼續向太平洋澆油並對其盟友施壓。筆者深信，北京並不會在沒有必要的情況下向台灣用兵。軍事行動對內地整體而言，一來對國家及對管治體制的代價不菲，二來也導致自身國家的同胞骨肉相殘，有違中央眼中的國之道義。

但與此同時，視領土完整及背後的民族尊嚴為核心綱領的中央政府，必然沒有將軍事行動這個可能性徹底排除。北京樂見在有限（但相對充裕）時間內以和平手段解決台海局勢——但問題是，無論是站在售賣武器為基本的美國軍火工業複合體的角度，還是有意通過金融與經貿制裁抑制中國崛起，因而嘗試引誘中國「入局」打仗的新保守主義者，對於這些操控美國政治多年的利益集團而言，台海愈早爆發戰爭或衝突，對美國整體的戰略貢獻便愈鮮明。

正是在這個「誘因不對稱」的前提上，美國不少共和黨（甚至部分民主黨）政客（尤其是在參眾兩院）將會嘗試在未來兩年窮盡一切辦法，引誘北京向台灣用兵，以確保台海兩岸「兩敗俱傷」。兩年後，若如蓬佩奧之類的相對意識形態主導反中政客，帶領共和黨重掌白宮——更會將這隻「灰犀牛」完全釋放出來。

第三，若中國持續地被國際投資者消極冷處理，這只會更進一步削弱中國在西方精英間的話語權。自改革開放以來，西方金融界（投資銀行、私募基金、風險投資家等）及商界（製造商、出口商等）從中國經濟增長及市場開發獲得龐大盈餘，箇中有不少長期既得利益者演變成了在華盛頓及紐約相對較為理性務實並親中的聲音。

可是近年以來，隨着中國經濟增長大幅放緩、內部出現種種結構性問題、新冠疫情及相應的地緣政治動盪所導致的產業鏈重構，以及特定行業所經歷的大規模監管政策出台，這些種種因素（且不評論對錯）皆令華爾街對中國經濟前進軌跡感到迷茫，甚至悲觀。我們不能小看這些在西方的朋友原本所能發揮的影響力——然而現在，一來是草木皆兵的麥卡錫主義的攻擊，二來是中國對其利益而言（至少在短中期而言）正在持續萎縮，這兩點不利因素皆令「美國從中國脫鈎」的動力相應增加，繼續留在中國市場的意欲減少。推動深度開放的其中一個主要原因，正是要讓這些企業、投資者不得不依靠中國；反之，若西方社會認定對中國的依靠實際上「可有可無」，又或是風險大於利潤，這必然會對中國的軟實力構成更大更多挑戰。

第四，即便是短中期內，筆者也認為有數個「燃點」，有可能打破以上所說的「脆弱和平」。第一，美國有可能利用新冠疫情起源的調查，打造文章，攻擊與批評中國，將「輿論戰」推至更高更激的一點。第二，中美之間有可能就着個別事件或「口實」增加及擴大針對對方的制裁，導致「制裁戰」升溫。第三，美國並不會輕易放過在美國上市的中國企業，可能再次借監管政策為名，攻擊及剔除更多美國上市的中國企業。這些種種舉動，加起來，甚至獨自而言，也能對中美穩定構成嚴重挑戰——中美雙方領導人必然有必要回應，否則只會損害自身在相對國內的話語權及說服力。

以上四點反映出，中美關係前途依然非常不明朗，我們不應「開心得太早」。

三、　競合共同體是解決方案

要解決問題，中美必須嘗試成為一個競合共同體（co-opetitive duopoly）。

「競」，顧名思義，乃是指出雙方之間必然存有不同領域的激烈競爭。這是時代所需，也是政治現實。若美國堅拒跟中國作出任何層面上的競爭，這只會令國民更憎恨政府，認定政府必然是向着中國靠攏。可參見特朗普信徒的一群極右派，在拜登上任初期認為拜登就是「China Biden」，乃是被中國收買的細作；如今習拜會後，他們又群情洶湧地跑出來攻擊拜登；反之，一定程度的有機競爭，其實對雙方進步及民眾情緒管控，皆有幫助。

「合」──中國與美國身為資源最充沛的個體國家實力，絕對有義務站起來，領導世界去抗衡包括氣候變化及生物食品危機等的全球性問題，防止世界滑向「末日」邊緣。但這種合作必須是有序有根有基的，否則只會淪為一時一樣，飄忽不定。我們需要固定而恆常的合作與溝通機制，讓中美能在其中找尋及摸清楚對方的套路與核心利益，再從而作出適當的調整及配合，投其所好。而這共同體，不能單純依靠一軌中的領導層作為唯一外交代表。固然國家與外交領導層有其重要性，但民眾及社會團體、大學與智庫的參與，也同樣重要。我希望是次會面能讓中美之間出現一個新的競合共同體，以這個雙邊關係作未來世界和平的基石。這是契機，必須好好把握。

2.6
正視軟實力短板
尋覓新時代出路

如何提升中國的整體軟實力？這是一道很確實的命題——綜觀過去數年，中國在國際輿論及媒體討論氛圍中所面臨的壓力及排斥，有增無減。世界各地民眾對中國的觀感，並沒有隨着中國經濟實力的急速上漲而呈現全方位的改善。以下這篇文章，望能就着中國如何化解軟實力樽頸，提出一些倡議與意見。

一、以正視聽，幾點澄清

綜觀世界各地，中亞及非洲不少國家的政客與公民對中國的評價確實乃是整體頗為正面的（詳可參見2022年下旬YouGov-劍橋全球化計畫的調研報告）。中國在拉丁美洲、東南亞的整體聲譽較為正負參半（可參見2022年新加坡東南亞研究所所發布有關中國在東盟的研究報告）。而至於傳統的歐美勢力，明顯對中國的反感及排斥在過去數年更是有增無減。過去十多年，西方從視中國為一個經濟合作夥伴，變成將中國以各式各樣的形象，渲染成十惡不赦的系統性挑戰者（systemic rival），甚至是對歐美民主制度的一股威脅（threat to democracy）。

有個別評論說，我們毋須在乎這些「過氣」英美歐國家在「東升西降」前提下的評頭品足。也有的說，這些負面評價乃是因為外國媒體及文化機構不斷以抹黑及污衊性的手法將我們國家聲譽破壞，試圖將我們不可抑制的上升軌跡扭轉，但求將我們永遠地困在「第二把交椅」的位置中，讓美國繼續當老大。更有朋友跟我說，本身以上引述的民意調查，其實全部不能作準，因為全都是美國及西方勢力的惡意抹黑，我們大可不理，只要昂起頭來做人，自然便能走出一條康莊大道，找到出路。當然，也有人說，我們需要的是更佳的宣傳手法，只需如美國一般，每年把一批批龐大資金發散出去，散播對競爭對手不利的謠言及攻擊，資助在外部的媒體輿論勢力，便自然能讓中國在外扳回多城。只要我們肯做和敢做，為什麼不能重新奪回論述主導權，然後將西方那副俯視的「教師爺」模樣，徹底從歷史及世界舞台上踢走？這些人會進一步逼問，難道我們在擺脫了半封建半殖民地歷史以後，仍是要向西方勢力俯首稱臣，這到底成何體統？

對於這些聲音及意見所反映的情緒與想法，筆者是諒解的。

我明白為何會有曾經認為美國是民主燈塔的前輩，如今把該國視為極度虛偽的國度。

我明白為何飽受種族歧視及體制排斥的在外華僑，會對國家崛起及富強感到欣慰。

我當然明白為何在目擊了過去幾十年美國對外惡名昭彰的「軍事行動」之後，會有不少朋友對西方諸國所宣揚的所謂「民權自由」感到惡心。

二、　確確實實的軟實力赤字

但同時我們也不能忽視一點很關鍵的事實：我們現時的軟實力，確實比西方諸國——尤其是美國——來得為弱、來得為失效。軟實力（soft power）乃是任何世界大國必須具備的先決條件，其本質指的乃是一個國家在文化及意識形態等「柔性」層面上所具備的影響力，藉以影響他國公眾民意，從事所謂的「公共外交」（public diplomacy），從而鞏固自身在國際社會裏面的話語權及定奪權。軟實力不同於硬實力（hard power）——後者相對而言是指更為傳統的軍事及經濟實力，往往比軟實力更為明顯而容易量化。同時，在國際關係分析之中，軟實力也異於銳實力（sharp power）——後者指的是一個國家通過滲透性、遊走於灰色地帶的威逼利誘手段，以操控及影響別國外政，干涉當地政權及輿論界的種種手段。

有趣的是，第一，在西方國際關係界中，「銳實力」往往淪為攻擊中國及俄羅斯外交手段的貶義詞；第二，筆者從來不認為銳實力與軟實力有何根本性的分別——唯一的分別，便是在國際輿論及觀感層面上的分歧：軟實力也是一種操控及影響外政的手段，只不過在接收層面上，確實讓受眾個人感受及利益得到更完善及縝密的尊重。所以與其說銳實力是一個截然不同的實力衡量類別，倒不如把其界定為缺乏道德認證及民眾支持的次等軟實力。如何擺脫銳實力的困境，提升軟實力，乃是我們必須思考的問題。按筆者愚見，中國軟實力短板有三——只要能妥善正視，其實對中國長遠在國際舞台上的影響力，乃有莫大幫助。

三、 問題一：
民間實力及資源，未曾得到完全釋放

曾幾何時，西方研究中國的學術界裏面，主要有三大潮流及論述分庭抗禮：第一股，乃是認為分析中國，必須從中國文化及社會構造，從下而上地分析，先看人民，再看政府的「知華派」，其中以專研中國上層政治與社會文化淵源之間互動的傅高義（Ezra Vogel）、以深厚漢學根基分析中國的費正清（John King Fairbank）尤為出色。第二股，則認為中國政治模式有其獨特之處，主張以精英離合、派系鬥爭、管治方針演變等角度剖析中國的「領袖派」，其中包括沈大偉（David Shambaugh）、布魯金斯學會（Brookings Institute）的李成及李侃如（Kenneth Lieberthal）尤為出色。第三股，則是以歐美國家安全及自身利益探討中國所帶來的「機遇」及「威脅」的「中國為外在者」學派，其與前兩派的區別在於，其不認為在學術層面上處理中國的時候，必然以一個將中國自身歷史及文化體制放在分析核心的框架來解讀其過去與未來。這些人士當中有不少乃曾經基於中國龐大市場所帶來的可觀經濟及金融機遇，而向中國伸出橄欖枝。而當他們發現隨着中國的經濟開放而來的，並非按照自己想像中那一套的「西方選舉民主」演變，而是一種由衷的文化體制自信之時，其中有不少人自然對中國有所唾棄，「忽然」發現他們眼中的中國「原來是這樣的」。

令人唏噓的是，第三股思潮，隨着中美經貿交惡、新冠疫情在世界各地蔓延、中國國內極端民粹主義抬頭，以及西方本身對自身內政弄得一塌糊塗之際，正逐漸地壓倒第一二股聲音，將西方政壇鐘擺擺向危險至極的反中一端。在這些人眼中，2023年的中國乃是一個沒有制度論證性的威權國家，本質上缺乏選舉民主、沒有內在制衡或問責、沒有任何透明度，公民沒有西方諸君眼中重視的政治或公民權利，因而必然是將所有民間聲音及有機意見排在體制以外，只

剩下官方認許或支持的「政治正確」聲音。他們不會看見國家的基層民主、不會意識到幹部升遷過程中的嚴格問責及考核，也選擇性地忽略國家在應對舉國性危機（包括新冠疫情）上獨有的動員能力，以及持續通過各種經濟特區或省份城際實驗革新的政治實驗。對於這些外國朋友，我常會說，中國確實有其制度性缺陷及挫敗，但在這大時代裏面，綜觀世界各國，又有哪一國不是正在摸着石頭過河？

然而另一邊廂，無論是觀感上還是實際上，「公民社會」在中國裏面所擔當的角色及功能，確實與其西方社會對等（equivalent）有所不同。在西方社會裏面，公民社會乃是制衡政府的關鍵勢力，乃是促進問責的篩選者（通過投票）（selectorate）、監督者（通過媒體第四權），以及直接制衡或操控者（通過私人企業及大財團）。反之，中國管治體制本質上視人民為服務對象，憑着重視人民利益的黨內文化及政治操守，將公民社會利益放在管治核心；同時，在賢能集權制為基礎及統一戰線為主調的管治模式下，公民社會與政府之間，更多的是相輔相成，以配合及統合為主旋律。在外國部分評論員眼中，此乃是缺乏制衡的表現；在部分忠誠擁護制度者眼中，此乃是管治的唯一可行模式。我倒認為各處鄉村各處例，不同政治文化社群所產出的體制，自然有所不同。

對於國際社會而言，問題便出於此了——層面有三。第一，對於執着於「民間與政府」之間距離的西方諸國而言（即便是本質心底並非骨子裏反華的人），他們每當看見（包括官媒上展示的）內地民間聲音之時，便會認定是官方所支持，甚至是私底下資助的大外宣，將其主觀定為缺乏獨立性及真實性。也正因如此，無論有多少自媒體敢發聲，除非是將西方針對中國的言論及既定思想重新說一遍，否則必然會被抹黑為「打手」或「五毛」。第二，實際上，因為民間部分聲音及媒體在風險迴避（risk averse）的考慮下，變相主觀地懼怕干犯政治底線，跟體制走得太近，寧願循規蹈矩地遵守他們心目中

的「紅線」，寧願保守也不敢犯險，以致未能與官方論述有機結合及相輔相成，向外更靈活地撰述中國發展故事及意識形態。甚至有不少人認為「公共外交」的KPI是要「愈忠誠愈好」，寧願在政治意識形態上偏向強硬與生硬，也不願意思考到底受眾聽到的是什麼。有不少人單純地將官媒語言重複一遍，肯定能為他們減低政治風險，卻也同時未能發揮民間智庫及輿論分子應當具備的功能，去將國家鮮為人知、體制中人未必會提到的柔性一面，彰顯出來。

第三，最有效的宣傳，是要讓受眾感受到，這是合理而自然的。一個完全沒有缺陷的人偶，毫無真實感，只會令人感到厭倦。世上沒有一個國家、沒有一個社會是完美的，而如何能有技巧地呈現國家的缺陷美，彰顯國家正在「摸着石頭過河」，找出讓世界各地眾人皆能產生共鳴的前進道路，其實答案很簡單。君可將其稱為四兩撥千斤，也可以是《六祖壇經》的「本來無一物，何處惹塵埃」。真正的軟實力，必須能擺脫於政治及體制觀感，同時卻仍能捍衛國民利益。比方說，荷里活表面上常拿美國體制及政府來做嘲笑對象，卻實際上仍是將美國那種個人英雄主義推廣得淋漓盡致。正是這樣，荷里活在影響八十年代東歐及蘇聯地下反共政治方面，扮演了舉足輕重的角色。

開放民間對外論述、鼓勵文化多元、推動將中國傳統美德及文化，與現代中國的成就，以較為靈活生動手法展示出來，乃是應對第一個問題的最佳良策。鼓勵更多的民間智庫以有異於官方的語言，但絕對不違反政治紅線或大原則的前提下，親自撰述國家所面對的種種內在問題、廣邀海內外賢能（包括對中國存有建設性批判的學者）以理性務實態度提供意見，同時將極端及受資助的反華勢力排在中國與國際社會的輿論空間之外，乃是化解第二問題的關鍵。抓緊重大政治底線，同時推動與外國學界及學術界之間公平而開放、沒有前設的對話，則是處理第三隱憂的最佳出路。作為一個新時代大

國，中國毋須懼怕辯論、對話、與外國持不同意見的朋友及同路人
進行深入交談。

四、　問題二：管治模式及意識形態，　未能配以外界熟悉而接納的論述框架

筆者曾經跟一些沒有試過生活在海外，但在香港非常支持「民主自由」的年輕朋友交談。在他們眼中，英國及美國的民主制度才是時尚管治的典範，遠比中國來得優秀和「文明」。我於是更進一步地追問幾點，「你們究竟對美國選舉制度的構造，了解又有多深？州與華盛頓之間的權力分布，又是如何？你認為他們三權分立的制度，優勢在哪裏，潛在風險又在哪裏？」（對愛國陣營的朋友們，我也會問針對中國體制的相應問題，包括問責機制為何、民眾參與途徑在哪裏、怎樣看待法治中國建設規劃〔2020 年 - 2025 年〕等）。

年輕朋友們的答案，可想而知自然並非那麼的全面（就好比另一邊廂的朋友們，未必能剖析「以人民為中心」的核心主體思想為何）。這一點，我絕不會怪這些朋友，更不會嘲笑他們。我也不想以偏概全地說，所有支持及相信西方民主選舉制度在當地具備一定價值者（包括本人在內），都是愚昧無知的。反而想帶出的一點，是這樣：哪怕是對英美歐等地政治體制的具體情況沒有很深入認知的朋友們，也仍受到英美民主的魔力所吸引，對其深信無疑。若我們單純地遮着眼睛說，「這些反中的人都是無知的、都是被洗腦的、都是被假新聞（fake news）忽悠的。我食鹽多過你食米，你識條鐵咩（廣東話俚語），you are fake news ！」固然我們會自我感覺十分良好，但卻也間接失去了為中國管治體制正名、提升長遠國際軟實力的寶貴機會。而實際上，這些年輕朋友對中國管治體制的誤解，正反映了中國在西方社會裏面需要打贏的「逆境戰」──現在問題並不關乎我們是否講真話，而是我們講的話，別人究竟能不能明白、能不能被打動。

箇中重點有二。第一，體制應否外在化與輸出？西方部分評論員如今認定，中國要執意對外「輸出」意識形態（exporting ideology），甚至是將中國集中權力的管治模式套用在外國之上，對民主制度構成直接威脅。事實上，中國管治體制從來都對主動輸出意識形態的興趣不大，其看重的乃是爭取絕大多數國民民心，鞏固自身管治及施政合理權（legitimation）。固然合理權在全球化下有往外走的可能性——也即是，中國也許要開始關注別國人民對其的觀感，但到頭來中國本質上乃是一個無論站在自身私利，還是道德規範層面而言，頗為尊重西發里亞主權（Westphalian Order）的國家。我們並非侵略者，也不是（經濟或軍事）帝國主義者。儘管如此，我們暫時卻似乎並未能提出過一套能說服國際的論述，來讓他們看見中國並非一個以稱霸稱雄為政治終極目的的霸權——這一點需要的，是柔性說明，而並非剛性的「反擊」及「回駁」。有些事，愈描愈黑。有些事，愈駁愈火。

第二，主觀論證是否具備廣泛合理性？體制的論證，必然要兼顧受眾的主觀意志及思維。如今西方國家的民眾大抵對「民主」有其先入為主的主見，而「民主」二字也在東西交鋒的冷戰中變成了西方國家攻擊「非我族類」的理據及幌子。與其糾纏在他者善用的語言，倒不如跳出既定的論述框架，以「善治」作為對一切有關中國是否「民主」的最終反駁及衡量標準。這一點，筆者是很認同任劍濤教授所說的「政治價值諸神之爭」，他認為「站在各種不同價值立場的政治論述論說『諸神』，主張的就是不同甚至對立的終極價值及其相關制度。」

「民主」固然是一個攸關重要的管治標準，也是現代中國立國的原則之一，但我們根本毋須將其提升至一個「傲立及超越所有其他標準」的高度，甚至因而在海外被套上「搬龍門」或「接受民主是好，卻不接受民主模式」的污衊指控——追求平等、捍衛效率、將人民利益最大化，此乃是過去40年改革開放以來我們國家體制在不斷革新的

情況下所繁衍出的價值觀，我們應當將諸神之主的位置留給「良政善治」，而民主及賢能、權力集中制及基層民主制，則是輔助主君位置的重臣大將。跟西方民眾說管治效率及能耐、能否讓人民生活感到溫飽，這些論述能有效地繞過「什麼叫做民主」的定義之爭，讓國家能將自身管治倫理更為完整地呈現於國際社會之中，引領我們從二十世紀的「民主」舊時代邁向二十一世紀講求「善治」的新時代。若想真正挑戰話語壟斷，應當創造我們自身的話語體系，而毋須墮入就着字面意思的泥漿摔角。

五、　問題三：
排外的國粹主義，正為國家添煩添亂

我們有必要正本清源去正視如今對世界各地管治體制所構成的最大威脅之一：國粹主義。無論是美國那接近瘋狂的白人至上反科學民粹國粹複合體（英文名稱，暫且稱為 white supremacist anti-science populist ethnonationalist complex），讓其政客及體制在公共衞生危機當前仍為了取悅國內選民，而不斷推出一波又一波針對中國的反智經濟金融制裁及攻擊；還是英國在脫歐前後蔓延的「大英帝國復辟主義」讓當地部分支持保守黨及英國脫歐黨（Brexit Party）的「我是白人，這是我的家」本土主義；抑或是東亞部分國家夾雜了民族主義、種族主義、軍事復辟主義的族裔愛國主義，國粹主義絕對是削弱一個國家國際軟實力及話語權的最大罪魁禍首。

同樣道理，中國必須正視極端國粹主義所帶來的禍害。筆者很尊重的一位國際關係名家奈爾（Joseph Nye）曾發表過一篇文章，中譯版在人民網於 2015 年 2 月刊登，題為「提升國家軟實力是中國的明智戰略」。當時他指出，中國共產黨「既注重經濟的高速增長，同時也倡導愛國主義。愛國主義如果被外國誤解成民族主義，就有可能削弱中國夢的廣泛吸引力，引發一些周邊國家的敵意。」愛國主義是

良性而有機的,讓我們能團結一致,對抗外敵。民族主義,則是排斥一切看似有違國家「狹窄利益」聲音——包括理性的批判聲音,對國家而言絕對是幫倒忙。

幫倒忙的原因有二:第一,國粹論述讓別國民眾錯誤認為中國必然是一個瞧不起別國的霸權「強國」,因為「強」而自我中心、目中無人。這與中國出發點及初衷明顯迥異,也無助中國建立「可信、可愛、可敬的中國形象」,更令我們在外部輿論環境面臨極大壓力,讓我們成為眾矢之的。無敵自然是最寂寞——強者難以讓人理解,更難以獲得別人愛戴。縱然美國在二十世紀中葉、二戰結束過後的國力達到巔峰,但在當時和及後的數十年,其並不以自身軍事實力為單純的賣點,而是以自身表面來看所蘊含的故事、價值觀以及意識形態作賣點,通過令人產生共鳴的故事,發揮軟實力、間接助長其世界霸權的威力。這一點,我們毋須完全學習(中國並不想擔當什麼世界警察,也不是以稱霸為手段或目的的「帝國」),但也能從中窺探一二。

第二,過於熱中於「讚美」的國粹論述,驅使我們不自覺地忽視我們現時的缺點及漏洞,未能及時補短修補、拔高改革。王緝思教授近期指出,美國所引進的「脫鈎戰略」確實嚴重衝擊中國科技產業,令中國科技層面上出現一定的制度性風險。筆者相信國家必有應對之策,但在受敵之時,我們應當通過理性的愛國主義,開拓務實的自強空間,吸納海外人才及出國人才回流,到中國這邊闖出一片天。前提是,我們必然要為他們塑造一個良性、有機、開放的研究輿論空間——這一層面上,香港絕對能發揮其應有之義,為國家需要的人才提供一個優良的國際化基地,在中國土壤上蓬勃發展。

六、　結語

要提升中國軟實力，我們必先將「韜光養晦」的傳統智慧，與中國新時代主張「多極體系主義」的思維有機結合，再以中華傳統的「海納百川」哲學，重申中國對國際秩序及規條的遵守，同時通過開放民間聲音、剛柔並濟的文化政策、尊重別國底線及利益的文明外交，實踐一個世上人人皆能參與以及接受的中國形象。自我噤聲下所產出的國粹民粹言論，對實踐這一點毫無幫助。正是軟實力短板，方能讓我們尋覓到新世代出路！

2.7
以二軌外交修補中美關係

在探討中美關係之時，國際分析往往聚焦在政府與政府之間的對接及聯繫。

從一個政治學角度來說，我們可將這定性為一軌外交（Track-One Diplomacy），也是外交最為傳統的中介面——政府及官方代表、外交官、體制中佔據重要職位的人，以官方身份及職位，與對方對口單位及人士接觸。 一軌外交本質上強調體制當權者的對接、以官方（正式或非正式）渠道為主導，公民社會及民間為輔導，而決非外交過程的主心骨。退一步而言，外交關係的構建及維持，往往與最受外交關係所影響的社會大眾沒有直接的利益重疊。

一、 何謂二軌外交？

另一邊廂，「二軌外交」（Track-Two Diplomacy）指的則是通過學者及社會各界具影響力人士（包括退休高官及公務員）所進行的非官方外交，形式較為多樣化及廣泛，而且沒有官方身份及地位所帶來的約束。在「二軌外交」的崛起後，也順而衍生出包括「三軌外交」（Track-Three diplomacy）（也就是圍繞着以普通公民及草根出身人

士參與外交一部分）及「Track 1.5 Diplomacy」（混軌外交，也就是官方與非官方組織之間共同展開的對話交流）。

英文中的二軌外交，最先是以「秘密管道外交」（backchannel diplomacy）形式出現在學術視線之中，最早是由美國政府幕僚蒙特維爾（Joseph V. Montville）於1981年在《外交政策》（Foreign Policy）中所著的文章提出。二軌外交並非一軌外交的替代品，因為其也不能被視為官方制度的直接代表，卻是官方溝通的前奏曲及柔順劑。正如近年，美國銀行家桑頓（John Thornton）曾於2021年8至9月到中國進行一系列拜訪，在澄清及化解兩國之間經貿金融層面上的問題，作出了頗大的努力，並轉達了華爾街對中美交惡的憂慮及保留——一方面是為（希望會發生）對口的單位進一步談判及溝通作出鋪墊，另一方面也是為了讓美國國內能在主流媒體渲染及中國官方媒體以外，循一個更為深入及立體的角度去了解中國現時取態——這也是二軌外交的骨幹精神及功能之一。

外交學院院長吳建民（著名的「溫和派」名家及前輩）也曾表示，二軌外交的獨特作用，在於其讓各方能更充分溝通及探討可行與不可行之間的模糊中間地帶，從而讓過程中具備更大靈活性，讓各方可以「進可攻，退可守」。固然二軌不能擔當唯一角色，卻有着鮮明的指標性作用。

一軌外交的關鍵在於權力——對資源的支配及運用、對價值觀的操控及影響、對資訊的壟斷及刪改（或影響）、對權位的戀棧及捨棄。這些都是正規上外交的關鍵之處。反之，二軌外交看重的，則是「情」與「友誼」，則是人與人之間的信任、互通、聯繫。固然情中必然有權利及價值觀的審判蘊含在內，但情也是一種能跳出簡單利弊分析的獨特物理，能讓民間聲音透過私人關係及過往交情，為本應難以讓對方置信的承諾及論述，賦予獨有的說服力。

固然第二軌道不能直接干預政府施政，卻能透過民眾壓力及公民輿論、研究及政策倡議圈子中的「中間人」，間接影響一軌的運作。這一點，筆者乃是比不少坊間認定「二軌不能大於一軌」的評論員來得樂觀——正因為我們生活在二十一世紀之中，民眾及民間媒體的權力日漸坐大，同時政權能掌握及操控資訊的能力——除了極具效率的資訊科技極權政權（information-techno-totalitarian states）以外——也在持續下降。得（外國）民心者，能在該地呼風喚雨——哪怕資源實際投放極為不足。若一個國家將二軌外交和與該地的公民社會連結綜合起來，則必能化為該國的銳實力（sharp power）。反之，若一味集中於官腔官方模式的「一軌外交」，再配以最為膚淺、粗糙的官式文宣，只會令對方的公民社會對自己卻步，以致產生由根的厭惡及排斥。

二、　為何民眾及公民社會與國際關係密不可分？

有不少人認為，國際關係乃是一個只關乎國與國之間互動的研究，毋須——也不應——將民眾及個體扣入或帶進分析框架以內。但這種蓋棺定論，卻忽略了國際關係龍爭虎鬥最常上演的舞台之一——公民及升斗市民的生計及利益。

筆者確實認為中美關係需要修補，但箇中最主要的原因卻與兩邊當權政府政客與官員的個體利益無關。無論是白宮還是中南海，雖然表面上會對中美關係修補釋放出一定的善意，卻在從一個個人出發的盤算當中，修補過程並非他們關注的重中之重。白宮的政客幕僚將中國轉化為一個幌子，以作團結內部分裂撕裂、解決整體黨派之間的矛盾及糾紛、擺平共和民主兩黨議員之間的利益衝突，以及用作解說及解釋過去一年多走來，美國本土出現的亂局（因此，才有所謂的「病毒起源論」一說）。

與此同時，北京當局固然對新冷戰不是特別「感冒」，也不希望看見中國被捲進導致其與經濟但非政治夥伴（包括在經貿層面上與中國來往甚密，但政治上卻不甚投契的國家）關係持續交惡的漩渦之中……但從中國過去數年的內部調整來看，與美國長遠交惡似乎乃是在其盤算及估計之中。對於中國主流學術界而言，與美國競爭，乃是一個地緣政治格局演變下不可迴避的事實。

當然，對於雙方而言，預防擦槍走火、過度升溫的措施仍是要做：也正因如此，國家主席習近平與美國總統拜登才在剛過去的G20峰會上來了一次歷史性的對話會面，嘗試紓緩雙方關係，避免其繼續急速惡化。但正因中國對美國政界對華立場不抱有過高期望，所以在過去數年聚焦在提升整體科技競爭力、掃除一切對競爭力有阻礙的文化及經濟模式（包括電玩、難以負擔的學費，以及對生產力無補於事的個別產業），從而確保即便在「新冷戰」下，中央仍能鞏固及維持現有權力，確保絕大多數民眾能安然無恙地渡過國際「圍剿」。拜登團隊關注的是要在選舉制度中盡量維持民主黨影響力，北京關注的則是在美國反噬下盡量將對中國民眾衝擊減到最低。

可外交從來都不單純是一場政府與政府之間的遊戲。我們必須認知及體會到，兩個大國之間的惡鬥相爭，永遠最受害的都是平民百姓，尤其是在兩邊之間行走的「中間人」及「雙邊人」——當中包括商界、媒體、學術界，以及專業人士。中美交惡，一來有可能導致更多的「人質外交」（hostage diplomacy）及針對個人的「制裁外交」（sanction diplomacy）情況出現（筆者並不同意部分極端聲音中，認定人質外交乃是某一個國家〔例如中國〕的特定表徵——不同的國家都會利用不同模式的論述框架、法律條文或政治名義，來向對方施以政治壓力）；二來，也導致中美——如過去兩年多的趨勢一般——持續地減少在科技及創新等數個範疇上的來往交流，從而導致大學的科學家及學生、智庫的研究員及專業工作人士，付上巨大個人代價及損失。

中美兩地皆有記者朋友曾跟我說，認為在對方境內工作再也不安全，因為他們大有可能會被政權指控為「間諜」或從事「反國家」行動。固然我們不能排除有個別情報人士以記者身份蒙混過關，但整體而言，這種寒蟬效應絕對是過了火位。民間脫鈎，對於中美之間的共同理解其實毫無益處。從中方角度出發，當美國鷹派主張每年投放龐大資源於針對中國進行「資訊戰爭」（information warfare）之時，若要真正說好中國故事，應當嘗試以較為中性及對等的真誠民間交流來處理國際社會對中國的渲染，而不是單純依靠一軌外交或一軌外交的延伸（例如與政府及體制有緊密關係的媒體或所謂的「關鍵輿論分子」）。

說了這麼久，無非想表達一點：國與國之間的外交政策及周旋，最受影響的人，離不開雙方的公民、平民——當中包括缺乏政治聯繫及資本的平民百姓，也有在國內社會舉足輕重的輿論家、媒介人士。戰火之下犧牲的，永遠都是這類人士，而不會是手握大權的權貴。要公民在政府與政府之間的博弈中不被牽連入內，我們需要的是以公民為本的國際關係倫理。中美民眾的共同及不同的利益必須作為兩者政府之間的互動之道德最大公約數——哪怕這也許跟政治現實利益相違。

三、　為何中美之間二軌外交有其必要性？

我們論證了二軌外交的重要性，也探討了國際關係對公民及私人個體（private entities）的影響。在此前提下，為何中美之間的二軌外交有其必要？我們應當如何去理解二軌外交在中美關係的時代及格局的重要性？

第一，中美之間的誤解，亟需較為「客觀」或「抽離」的民間持份者，作為雙方之間協調及周旋分子。當權者往往因為體制中疊床架屋的

官僚主義、難以克服的政治山頭主義，以及意識形態必然在內外對
其行為的支配和影響，從而對坦誠相對有所迴避。在位者的言論，
一來有可能被視為代表整個組織（尤其是重視組織紀律的政黨及執
政團體），二來也有可能因為與上司或下屬不符，而變成個人被問責
的基礎，所以往往都傾向於半瞞半說，甚至以模棱兩可的說法取代
應有的客觀論述。

激進的外交官發言、帶有濃厚意識形態審判的公開言論，這些種種
都是我們普遍可見的趨勢，尤其是在中美之間的交流。雙方皆認為
自身在公開場合「退無可退」，兩方為了應對及滿足自身支持者的期
望（中國民眾、游離或搖擺在共和民主兩黨之間的選民——以及外交
政策進取的民主黨選民），必須採取更為鮮明而強硬的立場，讓自身
能投射出強悍的形象。但這種強悍作風，對於落實清晰無誤的雙方
溝通，實際上是無補於事。

筆者近日看到不少英美雜誌及報章，皆嘗試將「台灣」及台海「危機」
渲染成下一個「北京的目標」——認定台海未來兩三年會出現戰役
的，本屬興論及學術界少數的聲音，卻隨着過去兩年新冠疫情下中
國所面臨的國際形象轉壞、國家語調及言論升溫，以及拜登新上任
後所推崇的「價值主導外交手法」等因素下，逐漸成為一個新主流。

這種論述的空洞，對北京研判本身的誤判，筆者在上一著作《破繭
論》中已詳細探討，其實並不成立。但我們絕不能低估「自我實現預
言」（self-fulfilling prophecy）當中所蘊含的風險。若華府對北京的
判斷，使他們認定北京必定會就着台灣問題持續地更進一步，在應
對台灣當地出現的民粹風潮之時採取較為主動的軍事行動，那華府
大有可能會在軍事及經濟層面上向北京施壓。在此前提下，若北京
將這些行為判斷為西方諸侯試圖透過台灣問題瓜分中國土地，則大
有可能往東海及台灣海峽一帶增兵或用兵。若兩者皆是由作風較強

硬的論述及對對方判斷當道，後果則不堪設想。由此可見，在台海問題上，以及其他「敏感議題上」，我們應當怕的，並非中美雙方的基本研判及誘因，而是在資訊不對稱（information asymmetry）情況下，雙方有可能做出的錯誤（過激）反應及延後誤判。正因如此，我們才更需要積極有為的智庫及學者，擔任較為持平獨立溝通者的身份，在兩邊政權之間協調溝通。

第二，筆者對中美雙方民眾之間的仇視及敵視，頗為憂慮。在美國當地的主流媒體鼓吹之下，中國被標榜及描繪成一個十惡不赦的獨裁政權，並對美國稱霸甚久的「西方民主價值觀」構成系統性威脅。同時，在國內不少媒體（包括民間及部分官方）論述中，美國被描繪成一個受白人至上主義及社經矛盾所支配的沒落大國，無論如何都不會對中國崛起讓步，或給予中國國民抬頭的空間。這些論述也許最初乃是從事實當中所衍生出來，但在各持份者的你爭我奪下（有關美國政治與外交政策的互動，可參看奈爾前輩（Joseph Nye）最新分析有關美國歷代總統與民眾之間互動下所衍生的外交政策；至於中國內部政治與外交關係在西方世界較為客觀的評論，可參考傅士卓（Joseph Fewsmith）或沈大偉（David Shambaugh）對中國歷代領導人精英政治與外交政策的研究），其實已經發展成一套自圓其說，具備頑強生命力的獨立迷思（ideological fixation）。美國的自由派不願意相信有「沒有被洗腦」中國人會由衷而合理地支持中國共產黨，而不少國人也認為任何美國公民對中國都只會是得寸進尺，必須認真地視為必須趕緊超越的「競爭對手」，寸步不能讓。

這種敵我分明的矛盾思維下，只會導致雙方在應該合作的地方上，摒棄合作，走向極端。全球暖化、公共衛生，有關這些說到爛的可能合作空間之陳腔濫調，我暫且不再說。但在控制及協調有關如伊朗、北韓、阿富汗、緬甸等國家的國內動盪局勢，以及化解包括「大科技」在內的扭曲性產業現象等層面上，中美雙方皆有從對方學習

及參考的空間。中國能從美國對資本流通、資訊通暢、百花齊放的多元主義(儘管這種可貴的「多元」,近年來確實非常諷刺地在保守主義抬頭下慢慢被消磨)學習;美國也能從中國的管治模式、對基層民眾與社會平等在正式管治思想重視中學習。二軌外交,透過學者及智庫代表分享官方也許未必看到或敢說的言論,有效地促進在這些方面上的中美合作。開放資料流傳、讓學術界能擺脫於狹窄的政治正確(而並非自我噤聲),反而更能確保清者自清,將錯誤的思想及故意散播的謠言排除在世界知識體系之外。謠言固然止於智者,但世上智者不多——唯有積極而熱烈的開放討論及辯論,才能讓真相愈辯愈明。

四、　我們應當如何開拓二軌和多軌外交?

開拓二軌外交,需要三大要素。第一,中美雙方必須給予智庫、民間團體、公民社會、教育機構、學者——這包括的,不只是內地或香港(中國層面),或是美國全國國內的組織,也同時包括兩國境外的「中美研究」圈子——足夠的空間去摸索較為持平、政治中立、實事求是的交流合作機會。多舉辦國際性論壇、多開放不同聲音能百花齊放的頻道、多聆聽及提供與政治主流相異的理性意見、少點不必要的限制及控制。哪怕是「敵對聲音」或所謂的「反華聲音」,國家也應當將其中的理性人士招攬到平台上,讓我們以事實作為驗證辯論成果的最佳標準。不要怕批判或批評,因為只有不慍不火的回應,才能讓國家進步、我們對外的形象也自然得以提升。

第二,作為民間知識分子,我們需要更主動地探索中美、中西之間的利益共同點。無論是「一帶一路」和16+1背後所蘊含的「中歐亞文明共同體」思想(這一點,筆者會在未來持續探索),還是全球暖化下的減排分配和公義問題,這些都是不同文明體系或國家之間應有的共同點。如何放下成見、以解決問題為眾人己任,靠的不只是政

府，而是民間聲音及組織的共同努力。我們需要的，是中美政府讓非政府組織、非牟利組織、學術界及公共行政界之間的聯繫能在新冷戰時期中仍得到一定「免疫保證」，讓環保等領域免於政治層面上的鬥爭。

第三，二軌外交背後蘊含着一種關鍵思維及精神——那便是，政府與民間1+1合作，總和永遠大於2。若視政府與公民社會的關係為一個零和遊戲，則只會限制了當局善用民眾智慧和創意的可能性。華盛頓不能代表美國所有有識之士。就拿中國來說，北京也不是外國機構唯一在中國的對接口。如香港、上海、成都、深圳等地，大可作為以民間社會為領導，推廣對國家及當地與國際社會聯繫及接軌。當中不一定局限於中美，也能是中國與東南亞、中國與日本、中國與印度等其他形式的國際聯繫。

最後，也可反思多軌外交的可能性。所謂的多軌外交，指的乃是第一軌、第二軌、甚至第三軌，以及三條軌道之間的「中間地帶」——須知道，三者之間的1.5軌外交與2.5軌外交，也即是政府與非官方機構和組織合作，必能充當非常關鍵的角色，將政府的資源和獨有權力與民間團體代表糅合，從而最終望能促進真正的跨國度合作。但還是那一句：中美之間也好，中歐之間也好，進行民間外交的前提是，必須是官方願意踏出第一步，開放更多的空間，讓坦誠而開門見山的民間對話，得以重塑國與國之間的整體關係。

2.8
解殖並不等於去國際化

解殖並不等同於去國際化。貿然將兩者混為一談，輕則混淆視聽，重則有違事實。

一、　何謂解殖？

綜觀全球各地，皆掀起一股「反殖民主義」的思潮——這也是筆者當年碩士論文研究的題材之一，在此與讀者們分享一二。在香港，有的說，解殖乃是將街道名字改改，不再叫「皇后」大道東；課堂上不再以英文授課，全改作普通話或廣東話。只要將任何英國殖民時期留下來的體制及象徵取締，便是「解殖」，正所謂眼不見為淨。支持此一說法的人士，認為只要能「消滅」英殖在公共空間的呈現，便能成功「解殖」。看不到的「問題」，自然不再存在。這種說法，很乾脆，很簡單，卻忽略了解殖本質上需要的立體及結構性改革。沒有真正的代表性體制，難以落實後殖民與反殖民政治。

也有的說，解殖需要的，乃是一種由根的「體制性」解殖，從公民之中尋覓及釋放所謂的「自由」與「自我」，以一個建基於狹窄身份認同及思想共同體所建構出來的政治權利主體，取締舊有的殖民體

制。比方說，非洲不少獨立於殖民地的後殖民政權，便是在這種以民眾自身推舉出來的領導作「強人君主」，間接將這些國家從一個殖民體制（大英帝國）轉化成換湯不換藥的另一帝國（獨裁政權）手中。當然，也有個別較為極端而激進的力量，這些人當中，有的主張脫離政治現實及地緣局勢局限的不切實際想法，也有的嘗試以「體制性」解殖作為復辟殖民時期懷緬的藉口，透過「揪一大群人」，吹捧「一小撮」懷緬舊時代的人上位，以解殖為名，行使修正主義之實。

這幾種所謂的「解殖」模式，本質上存有非常嚴重的核心問題。前者只是針對殖民主義的膚淺症狀，然後以自掘墳墓的手法，破壞民眾實際上脫離殖民主義的能力與能量。後者則更為離譜——表面上是支持一種以思想共同體為基礎的群體自我決定權（right to self-determination），實質上是擅改歷史，要不是將虛假陳述符號套在民眾身上，強迫民眾接受所謂的偽「後殖民」模式；便是直截了當地將殖民時期的種族歧視、白人至上主義、虔誠使命主義等象徵體制所帶來的壓迫，抹去及隱去——將殖民時期的歷史「漂白」（whitewash）、浪漫化，然後再將殖民主義以後殖民主義的表象重新上架。

要成功解殖，必先了解解殖的本質為何。作為一個起步點，筆者且在此借用美國人類學家米格諾羅（Walter D. Mignolo）的觀點。在一個數年前的專訪中，米格諾羅引述秘魯社會學家基哈諾（Anibal Quijano）的想法——後者認為必須在殖民性（coloniality）與殖民（colonialism）之間做出區別。殖民乃是歷史上曾經發生——尤其是在西方一眾越洋帝國底下為甚——的系統性壓迫，所帶來包括奴隸貿易、大規模針對原住民殺戮、資源及經濟命脈壟斷在內的毀滅性後果。而殖民性（coloniality）則是殖民過程當中所蘊含的獨特「邏輯」，以殖民下的封閉性管治、搶掠奪權為基礎的經濟發展方針、充滿種族傲慢及自我優越感的排他為核心根基。

二、　殖民性與殖民化之區別

在這位前輩基礎上，米格諾羅在其著作中提出了去殖民性
（decoloniality）／去殖民化（decolonisation）之間的二分法。依他
所看，去殖民化指的乃是在冷戰期間，亞非拉一眾被曾經的白人主
導帝國所殖民的國家，在對抗西方及蘇聯兩者的思潮下，取得體制
層面上獨立的過程。本質上，去殖民化乃是一件歷史上曾發生的演
變過程，但卻並未能反映出殖民性的徹底清除。實際上，其中不少
國家當地的精英，確實成功地將行使文化優越主義及制度性剝削
（structural oppression）的殖民者驅趕出外，成立新的「獨立」政權；
但正如米格諾羅及研究後殖民時期非洲獨裁政權的歷史學家迪卡羅
（Samuel Decalo）在別處所多番指出，這些往往由軍閥或強人所領
導的「反殖民政權」，在驅逐外敵及前殖民君主出境之後，在龐大的
經濟盈利及動盪的內部政治鬥爭中，轉而變成壓迫自身人民的獨裁
政權。這些獨裁者本質上仍然是享受着及運用着舊有殖民經濟體制
所帶來的紅利，對無權無勢「飢寒交迫的奴隸」們實施全方位的壓榨
及控制。殖民者身份也許變了，但這些「後殖民國家」的體制殖民性
本質上沒變。

米格諾羅認為，我們需要更細膩而創新的「反對殖民」主張，讓人
民能真正地擺脫任何外在及壓抑他們內在真實慾望的干預操控。
也許正如卡萊巴提（Dipesh Chakrabarty）所提倡，後殖民研究及
運動需要的，是一種「地方化」（provincialisation），正視英美歐等
地的主流思潮層次過去的無限膨脹，對這些我們一向習以為「基本
功」的知識及方法論重新修正評價，認清楚他們本質上只不過是屬
於世上少數人士（不到世界人口的五分之一）的世界觀，毋須過於
推崇。基哈諾更認為，現代性（modernity）與殖民性（coloniality）
本質上存有一種雙生關係——現代乃是建基於殖民、殖民也是現代
現象學的基礎——兩者乃是相輔相成。除非我們將現代本質來一次

深層次革命，否則難以將殖民性——將殖民時期遺留下來的權力不平等、獨裁政治決策機構、文化及種族層面上的相互排斥及他化（otherisation）與物化（objectification）——徹底清除。作為對資本主義好感不大的理論家，卡萊巴提及基哈諾皆認為，唯有推翻西方傳統白人資本主義主導的文化話語體制，方能將現代性裏面的殖民劣根清除——我們才能去除殖民主義這股惡風。

筆者倒並不認為我們可以輕易地在現代、資本主義、殖民性這三點之間畫上等號。誰定義「現代」？這是哪裏的「現代」？若我們對現代的定義及幻想永遠都是從西方話語體系中所擷取，那難怪我們永遠都視西方化為唯一的現代化模式。若我們將西方所建構出來的「現代」權力關係及體制，視為分析全球局勢裏面唯一合用的分析框架，進一步忽略在西方文明以外其他有能力挑戰其霸權的文化及文明體系，此一做法豈不是正中了殖民知識清洗（colonial epistemicide）的陷阱，讓我們忽略了已經能夠獨立於殖民性的現代跨國經濟體系。我們不應將舊有殖民體制的影響力無限放大。同樣道理，資本主義也曾作為不少反對殖民性的政客及社會運動家的工具，讓他們籌備足夠的資源，推翻不公不平的反資本主義體制。貿然將一切資本主義設定等同於馬克思主義中有關「經濟剝削」的刻板印象，只反映出另一種思想上的狹窄。與其在這些言詞之間糾纏及咬文嚼字，倒不如回歸米格諾羅二分法的初衷？

三、　我對解殖的數點看法

依我所看，去殖民性（decoloniality）便是解殖的最佳解讀方法，而不是較為狹義的去殖民化（decolonisation）。相對於屬於歷史的殖民化過程，解殖乃是一個持續、動態、現在式的過程，也是一種思想態度，本質上講求將一個社會的治理及經濟邏輯當中的殖民性減至最少。姑勿論殖民者是白人、亞洲人、黑人，還是何人，只要是

參與在「殖民性」過程當中，對普遍民眾進行壓迫的，都應當被歸納為殖民者。有個別聲音認為，日本或韓國人即便對他人進行極端的體制及經濟層面上壓榨，也不能被視為「殖民者」，因為他們並非白種人，並未能利用傳統的基督傳教文明及白人至上象徵去進行他們的政治清洗及壓榨。這種說法，未免過於看重白人殖民者膚色及文化所帶來的「獨有剝削性」。日本人、韓國人，甚至中國人，若在政治環境及條件交織的特殊環境下，也有可能成為「殖民者」。身份並不重要——關鍵的是疑似「殖民者」與疑似「被殖民者」之間的權力分配及互動。

要充分解殖，我們需要三點要素。第一，在經濟、文化、政治、生活、意識形態、知識及方法論層面上的全方位再平衡（rebalancing），將原本扭曲而「一高一低」的體制與人民關係重新恢復如常，人民不再為任何壓迫者服務，也毋須在有機心人士煽動下，成為權力鬥爭的犧牲品。體制的殖民性呈現於其篩選標準、其對少數群體（包括少數族裔、性小眾、宗教少數、政治異見者）的對待方法、其本質上的生產及資源經濟邏輯。愈是將權力、資源、萬千機會集中在權貴手中的體制，便愈受殖民性所綑綁。殖民過程所產出的成果，愈是不對稱地往現有精英階層傾斜，殖民性的反覆持久性，便愈為之高。唯有透過（如謝爾比〔Tommie Shelby〕所提倡的）群體主導、內外兼備的進步性改革，方能將殖民主義連根拔起。

第二，在擺脫（但毋須完全獨立於）原有殖民體制的話語體系前提下，解殖民者必須走自己的道路，創造出一套獨特、符合相關政治實況的道德論述，務求滿足到民眾自身的真正需求（而不是單純精英階層的長官意志——因為這樣，也只會將殖民性延續下去）。解殖也不能是一種「盲目」民粹，不能盲目追求「逢殖必反」，否則只會墮入意識形態當道的民粹瘋癲之中。有個別人士認為，若當年殖民體制說「X是好的」，那任何反對此體制的新體制，則必須主張「X

是壞的」。但這種就着事實及價值觀等的零和對立主義，其實也變相是墮入了舊有殖民體制所設置的圈套——為何我們不能跳出「X與非X」之間的空間，去考慮「Y」或「Z」或「X與非X」之間的豐富空間？為了所謂的摒棄殖民矯枉過正，到頭來卻反徒然地鞏固了殖民體制的話語權力，豈不是極為諷刺？設想一下，假設國家A視國家B為敵人，國家B所引用的個別政策X與Y卻是非常有效地改善民眾生活；若A單純為了「鬥氣」，而將自身政策設定為「永不能是X或Y」，這種做法又會否為A人民帶來真正幸福呢？答案顯而易見。

第三，解殖也借代着一種對歷史真相及準確記憶的追求。殖民時期下所干犯的人權民權，所象徵的文化鴻溝及妖魔化，這些都必須在反殖的時空中獲得正名及平反。當然，最理想的情況便是，就着歷史上曾經出現的嚴重失誤及不公義，體制的代表能向人民賠償及道歉——比方說，去年加拿大總理杜魯多（Justin Trudeau）便就着當地當時出現有關歷史上原住民（indigenous people）學生被草草埋葬的資料，向公眾交代及道歉；當然，及後也有不少當地的原住民提出強烈抗議，認為加拿大政府純粹「打嘴炮」，而毫無實質誠意地就着當年過失進行賠償。正因如此，真正的解殖必不能建基於謊言與失去真實性的神話構建之上。過度將「對抗帝國」領袖神化，只會撒下不少禍害甚深的謊言，將理智及具建設性的批判扼殺在搖籃裏。這種做法，對任何有意掙脫殖民模板的有志之士而言，都為一大忌。

四、　為何要解殖？

此時此刻，可能會有人反問——我們為什麼要解殖？殖民之下，難道我們生活的不好嗎？不啊——我們生活當年還算安穩，甚至讓我們能安居樂業，自給自足。表面上看去，這些人的說法不無道理——並非所有的西方殖民地民眾，皆是生活在水深火熱之中。甚至有個別表現較為突出的殖民地，在殖民統治下因種種內因及外在

優勢所影響，生活水平可謂是超越了原本的帝國——比方說，葡萄牙固然曾經是巴西的殖民宗主國，但後者現在國際舞台上的重要性絕不亞於前者，甚至「青出於藍」。同樣道理，美國曾經是大英帝國轄下的殖民地，現在國力卻遠比後者國力為強。殖民，真的那麼十惡不赦嗎？

這些疑問顧慮，筆者是明白的。但同時，我也必須強調，殖民本質上的道德問題（以及所延伸的道德審判），並不能以單純的結果論（consequentialism）作評價。一名殺人犯，可能因為殺死了某人的父親，令後者發憤圖強，他日出人頭地。一名種族歧視者，可能在某次的聚會中令少數族裔的某人感到不適，提前離開了聚會，卻因而避過及後發生的火災一劫。這些假設性境況帶出一點，也是我曾多次撰寫哲學論文所提出的一點——殖民體制本身對個人自由的剝削、對個人道德地位（moral status）的漠視、對人與人之間關係的破壞及所構成的不平等，這些直接的道德代價，並不能以簡單的「利弊分析」（cost-benefit analysis）作涵蓋。即便殖民主義確實將某些地方從零變成繁榮昌盛，那又如何？這並不代表殖民者便因而毋須就當年的種種惡行付上代價，更不代表他們擁有着高尚的情操或品行。解殖，便是驅使我們將這些真相揭露在公眾面前，在權貴面前道出事實（speak truth to power）的動力來源，讓我們在一個「後去殖民化」（post-decolonisation）年代中，繼續地推動「去殖民性」（decoloniality）扎根在我們的公共空間及公民社會之中。

推動解殖——爭取在世界大格局中的權利再分配及平均分布，是為了釋放人民真正的潛力。且拿改革開放作例——改革開放讓中國釋放出龐大人口紅利裏面所蘊含的勞動力。正如學者李明聖與高春花2019年所著的一篇文章指出，「改革（⋯⋯）抓住經濟全球化戰略機遇，對外開放貫通國際國內資源市場、供需要素、競爭平台，釋放出巨大潛力。」讀者可能會反問，這與解殖又有何關係呢？首先，

1980年代的中國不再安於一個作為單純內向鞏固權力的體制,決志要在國際舞台上,通過多邊主義的貿易及金融體制,與世界各國(包括發達國家及地區)建立更深厚的互惠互利關係——這乃是全方位再平衡的特徵。再說,通過接納現存國際組織的內部規條為前提(rule-taking as prerequisite),九十年代末的中國獲得了包括美國、歐洲、英國等國家在內的接納及認同,並沒有盲目地抗拒或反對這些(前)殖民勢力、卻也沒有向他們低頭。這裏的平衡,正反映出以上定義的第二部分:走自己不偏不倚的道路。最後,改革開放驅使我們對歷史加深了認識,對中華人民共和國立國以來七十年的起起伏伏有更為立體及全面的認知。

改革開放及後的數十年,完成了立國以來國家走出半封建半殖民社會陰霾的龐大工程,讓全國人民得以在開放市場、開放思想下,迎接真正的機遇空間,去發掘及開拓自身的中國夢。從此一例子我們可以看見,發展中國家需要解殖,從而才能推翻由發達國家傳統壟斷的資源鏈,構建出能自強不息的平行經濟生產鏈。發展中社會的企業及商界需要解殖,團結方方面面的人才及資源、吸引及統合來自於各方的移民,方能構建出足夠的底氣及技能,與發達國家的競爭對手一決高下。人民思想需要解殖,方可以挑戰國際社會中長年盤據一眾利益山頭的既得利益者。但與此同時,筆者也不認為解殖運動應當投向毫無成功機會的玉石俱焚手法,以爭取解殖——正是那種罔顧一切後果的絕對主義心理,讓歷史上不少的解殖領袖往往成為導致周邊地區或自身國家生靈塗炭的屠夫。穆加比(Robert Mugabe)、奈溫(Ne Win)、阿敏(Idi Amin Dada),這些例子比比皆是。解殖者必須要認清楚現實,不能被自身私慾所佔據,又或被他人的煽動挑撥所忽悠。

解殖,是為了在國際社會現存的主權體制下,在符合政治博弈邏輯所帶來的局限及限制下,將(尤是曾被殖民者統治的)世界各

地民眾自身的權利及利益最大化，並確保他們能免於被徹底隨機（completely arbitrary）因素所操控或影響。有不少後殖民理論家認為，解殖最根本的意義，乃是為各國各城各地人民爭取「自我決定」的權利，創造出相關的條件。筆者對此不敢苟同。所謂的「自我決定權」，只不過是眾多達至人民自由的手法之一，萬一不慎地被運用，則反而會導致更強烈的反噬及反效果，讓爭取自我決定權的最激進派系，進而「代表」一眾未必主張「自我決定」的廣泛平民百姓做出決定，間接衍生出嚴重而不堪設想的內在及與外部的衝突。作為一名和平主義主張者，筆者並不認為解殖需要全面而毫無限制的自我決定權（unrestricted and unreserved right to self-determination）——而需要政治領導在去殖民性與其他同樣重要的管治目標之間做出平衡，走出一條符合絕大多數民眾及周邊國家與地區利益的解殖路來。

五、　我的個人故事與反思

殖民表面上看來是一個很抽象的概念。尤其是在看似循規蹈矩、沒有生靈塗炭戰役的「已發展社會」之中，我們是很難觸碰或體會到，何謂殖民。生於香港，在港生活了17年才甫踏足英國的我，一直以來也非常幸運地作為一名華人，生活在一個華人為主的社會。我從來也沒有確實感受到在港少數族裔所面臨的障礙及挑戰、排斥與否定。對於「殖民時期」的認知，在我孩童求學之時，要不是屬於很遙遠歷史的那種「客觀知識」，便是看不見、聽不見的陌生概念。

那殖民是何時從「抽象」變成「實體」，從理論演變成我生活的一部分呢？這一點，則要跟我在英國讀書與生活的那些年說起。還記得第一次抵達倫敦（準備去牛津面試）之時，還以為自身非常純正的英式英語及「香港」護照能讓我在英國融為一體，與當地人打成一片。一廂情願的幻想當然很脆弱，卻是那麼的迷人。曾迷信某些自封為

「英國文化專家」的「文人」有關英國的一舉一動描述，誤認為英國是一個包容性高、人人種族平等、公平公正的社會。

然而，我卻發現當地雜貨店售貨員及海關關員的面龐總是那麼的高高在上，把黃皮膚人視為智力低下的「佐證」。餐廳侍應明顯選擇服務新進來的白人客人，也不理睬等了15分鐘、在英國冬天穿着愚笨大衣的你。明明你是牛津大學的學生，進去某著名旅遊熱點的書院之時，卻被當作是中國旅客，就算冒着濕雨也必須拿出學生證來，大大聲地說，「我是旁邊書院的本科生！現在來這邊開會，請讓路！」明明大家都是人，卻只見國人同胞在外忍氣吞聲，淪為被體制排擠在外的陌生人。

猶記得數年前我在牛津辯論社發生的一段小插曲。當晚舉辦了一場有關殖民地及帝國主義的辯論過後，一名中年白人男性在地下與一樓之間的樓梯上，跟我說：「若沒有我們大英帝國殖民，你們香港什麼也不是，你也來不了牛津！幹嘛要反殖民？中國現在對你們很好嗎？肯定不是！」他這可算是對我當晚所提出的反殖訴求及論述的一種反駁。

我冷靜地瞪着這位男士，跟他說了以下一點：「殖民的道德價值，不能以所謂的最終結果為衡量標準，我們必須根據其原意及過程中的壓榨作出全面審判！」那酒醉的男士當然認為自己很幽默，卻暴露出其自身對殖民性（coloniality）的根深柢固。現實對理想的衝擊，總是會讓人感到一種精神上的虛脫。

固然，我也必須澄清一點，我並不認為英美諸國所有人都是受殖民主義及種族主義所影響及約束的。我堅拒一竹篙打一船人。在牛津，我遇到了很多跟我十分要好的朋友，並沒有因為我的種族或膚色，歧視或排斥我。他們對中國及中國人，普遍都是持有開放而平衡的態度。同時，筆者也不希望看見這種反種族歧視運動演變成一

種另類的極端主義——尤其是當極端主義正在全球各地崛起,影響及破壞國家主體穩定及秩序。

歷史上的殖民主義(colonialism)(與殖民性〔coloniality〕有所區別,詳看上周討論)與種族歧視有着一種存在層面上(ontological)的掛鈎聯繫。殖民者透過各種輿論及媒體、知識論及政治經濟體制的構建手法,搭建出所謂的「道德論述」,將自身對殖民受眾的剝削及壓榨合理化。中國在清末時經歷的八國聯軍、非洲諸國經歷的奴隸制度及殖民所帶來的強加邊疆(imposed borders)、印度即便本身存在,但也肯定是受英國殖民政府所「發揚光大」及鞏固的種姓制度(caste system),這些都是以種族標籤及虛假論述作為基礎的滅絕人性行為。

六、　論解殖的道德及政治論證

解殖乃是政治義責,也是一種個人選擇。之所以為政治義責,這一點與著名去殖民運動家及哲學家法農(Frantz Fanon)所提倡的世界觀息息相關。法農認為,每一位個體皆擁有自身尊嚴獲他人尊重的權利(equal right to recognition of dignity)。在政治哲學中,尊嚴指的也許並非我們日常生活中較為普遍的理解——「別人對我們的看法,或我們自身對自身的觀感」,而是與人類本質與生俱來的道德指標。我們擁有尊嚴,是因為我們都是能思考、能批判、能按照我們意志行動的個體,而我們所持之以恒的自由意志擁有與行使,為我們的選擇賦予了道德層面上的昇華意義(詳可參見康德〔Immanuel Kant〕的道德哲學,在此就不說太多了)。

但尊嚴與實體的物件有根本不同。後者毋須他人認可——即便你身邊的人都覺得你擁有的是一隻玩具馬,只要你知道你擁有的是一隻鹿(而不是馬),那便可以。反之,尊嚴有着一種根本的社會性,

必須他人認可及接納，甚至捍衛與爭取。法農在分析阿爾及利亞（Algeria）的反殖運動之際，他分析評論中所強調的是一種激進包容性（radical inclusivity）：姑勿論你是何方人士、什麼種族或背景，只要你是願意接納後解殖的阿爾及利亞憲章及思想，願意以生命捍衛「立國論述」（the first words of the nation）（可參考法農 L'An Cinq 一文），那你便足以成為這國家的一部分。

這種包容性極高的論述，與英歐帝國的傳教白人傳統主義有着鮮明的分庭抗禮之意義。推翻殖民獨裁，正是為了確立政治群體中每一個個體及個人的尊嚴，皆能獲得尊重。種族歧視本質上與平等尊嚴尊重（equal respect for dignity）有所衝突——乃因為其以種族，一個非常或然（arbitrary）的準則，對人民進行劃分及區別，從而引進毫無實際論據，也未能尊重人民基本需求及道德價值的不平等對待。即便箇中沒有暴力、沒有經濟壓榨成份，一個本質上視少數族裔權益若無睹，又或是間接支持種族歧視的體制，對於少數族裔而言，並沒有政治正當性。若種族歧視上升至一個經濟及實體剝削的層面，不但是這少數族裔群體中的個人，就連帶社會中其他的公民及持份者，也有責任發聲，賠償歷史上（historical）及糾正現正持續發生（enduring）的不公義（injustice）。

解殖也是一種個人選擇。社會運動家里斯（Florence Reece）於1931年曾撰寫《你站在哪邊？》（Which Side Are You On?）的歌曲，講述她的丈夫作為礦工工會領袖，在肯塔基州哈蘭（Harlan County, Kentucky）一次嚴重勞資糾紛中，在資本主義剝削面前誓不低頭的決心。「They say in Harlan County / There are no neutrals there. You'll either be a union man / Or a thug for J. H. Blair.」在歷史上的殖民主義當前，我們有三個選擇。第一，乃是接受殖民，在一個充滿種族歧視性的語境及話語體系下繼續苟且偷生。第二，則是推翻殖民，以最粗暴而往往失控的模式去終止殖民的經營。第三，

則是在殖民體制內進行動態改革，先撼動較為次要的利益及思想綱
領，再進一步拓展針對主體殖民思想的批判及改造。第一條路，是
一條死路。第二與三條路之間的選擇，則取決於政治形勢及整體權
力分配——必須以現實政治，而不是原則教條主義作定奪標準。但
無論如何，若我們真的要抬起頭做人，我們必不能站在容忍及支持
殖民主義的一方——站邊，不是為了一己私利，而是為了自身應當
追求及擁立的價值。

七、　為何解殖並不代表去國際化？

解殖有其必要，這是肯定的。但為何解殖並不代表去國際化？

去國際化（De-internationalisation），在此筆者且定義為一政治群
體，否定或減少國際社會交流及互通所帶來的政治、體制、法律、
經濟、金融等重大領域上的改變，並將國家與國際社會之間的來往
削弱與減少，進行類似當年清朝中後期或日本江戶時代所引進的「鎖
國」政策。筆者在此部分想針對回應的，便是一些主張解殖需要我
們去國際化的人士所提倡的觀點。

第一個主要論點是這樣的：國際秩序本質上便是一個以西方霸權主
義為核心的權力遊戲，這些秩序及體制中的資源分配、道德論述、
思想及話語權的構建，骨子裏皆充斥着殖民主義——無論是上至誰
掌控論述及資源分配權，或是下至他們與部分國家地方及地區政府
之間的利益輸送關係。唯有擺脫這些體制（例如：教育排名、經濟
及貿易組織法規、國際法庭的裁判體系），我們才能清除一切殖民
「癌細胞」，透過抽離於由殖民勢力主導的制度，繁衍出自身獨立的
「解殖」道路及制度來。

這種說法，可能聽起來很直接開放，但實踐方面忽略了三點。第一，在全球化及全球經濟體制一體化的趨勢下，解殖勢力往往也是現存體制（包括可能受殖民主義干預及影響）的主要受益者。中國於千禧年代加入世界貿易組織（World Trade Organisation）、在聯合國安理會中一直被賦予行使否定權（veto power）能力、從世界衛生組織及世界銀行等地方獲得不少難能可貴的發展機遇，正是印證了這些「類殖民」組織本質上並不應被視為徹底扼殺或排斥發展中國家崛起的空間。第二，若這些體制內部確實存在現實不可調和或接受的殖民性，我們應當在體制內部推動規程改革、建立更長遠的聯盟及合作關係、連橫合縱，而不是透過單邊地從體制脫離，從而期盼這些體制內部的權力鬥爭及不對稱，便不會因而透過其他方式影響或干擾我們。最後，即便這些體系確實有其殖民性，但本質上他們仍能為不同勢力及持份者帶來關鍵的平衡及協調機制，也能創造更多的在地機會。

比方說，即便我們接納脫歐公投中正方的理據，且假設歐盟當年對英國的待遇乃是一種另類剝削及獨裁，驅使英國「不得不脫歐」，支持脫歐一方也有義務去反思及公平地呈現歐盟對英國所帶來的益處，以及英國如何能透過歐盟協商及委任機制，去間接影響歐洲政治。能在結構中發揮有限的影響，遠比跳出結構以外另闢蹊徑來得容易。

第二個主要論點，則是以審判性價值觀爭議為主的：解殖需要我們在精神層面上將我們的認知、喜好、價值觀念等去蕪存菁，集中地探索及擁立我們自身思想體系的優勢。從一個事實層面上而言，國際化大有「荼毒」思想的可能性，其導致非殖民勢力的國民在殖民勢力較為強悍的軟銳實力（soft and sharp powers）下，向殖民者屈服。誰能掌控教育與媒體，便能掌控思想及歷史。就比方說，2001末，西方諸國派兵到阿富汗，初期有不少西方媒體將歐美軍隊及武

力在當地的行為渲染成「維持和平」，甚至是對「文明與民主的捍衞」。這種說法，則非常巧妙地將英美在當地的暴力及惡劣行為輕輕帶過，間接堵塞了世界各國向這些另類殖民者追責的可能性。同時，從一個價值觀層面上而言，（前度）殖民者將自身的道德標準訂為所謂的「普世價值」——卻間接將所有並非屬於其「價值」的，排斥在合乎道德標準的範疇之外。解殖的必要性，在於其能推翻我們就着何謂公義、何謂不公義的單向性假設認知。

我明白這點論據的骨幹何在，但我認為我們絕對不能矯枉過正，並不是所有源自於殖民宗主國的概念，便必然是「毒藥」。羅馬帝國有其兇殘性，卻也有獨特的管治哲學及社會建築（social architecture）、藝術風格與宗教模式，值得現代人借鑑。大英帝國固然有殖民性蘊含在其歷史之內，卻也為現代英國奠定了以法律為根基、以高效貿易為主體的經濟模式。我們在道德層面上否定殖民主義，並不代表所有殖民主義轄下的衍生物，皆必定是一無是處。若單純因「這是西方來的」或「這是中方來的」，便排斥某些概念及原則，這絕對是過於武斷。新加坡立國以來，堅持把國家最優秀的人才送到外國接受教育——其中大學包括牛津與劍橋、哈佛與耶魯；卻也同時十分看重把自身國內大學水平提升，為下一代新加坡青年提供最佳的求學機會。新加坡國父李光耀卻也是解殖運動中的佼佼者，帶領新加坡走出半封建半殖民的陰霾。

當然，有些人擔心的，可能是一種潛移默化的「精神污染」——也即是所謂的「洗腦」。但文化傳播從來都是一種相互「洗腦」過程。若我們對自己的文化具備足夠而真摯的信心及「底氣」，為何我們不能理直氣壯地以理智與文明來說服或改變被外部「洗腦」人士的思想？與其將外來有可能帶有殖民色彩的一切思想及言論隔絕，倒不如通過辯論、對話、讓真相通過黑格爾的辯證螺旋（此一刻的合體〔synthesis〕，變成下一刻的正體〔thesis〕），愈辯愈明？套用在

香港層面上，學生們當然不應只學習以英美歐國家為主的政治管治模式，也要對自身國家具備足夠深度的認知及掌握。但這並不代表我們應當因而放棄對英美歐國家的客觀論述，只講述自身體系的優勢——真正的認知，乃是透過全面的比較及深入的相互衝擊，從而領悟出來的。

最後，即便去掉國際化的資訊來源，將國際化的一切污名化與妖魔化，人民仍然會對所討論及接觸的概念，有好奇與疑問——甚至產生叛逆。去國際化，並不能確保思想層面上的精益求精，而只會加速知識及價值觀層面上的持續內捲傾向性。最有效將錯誤世界觀剔除的方法，乃是將其內在的自相矛盾及不合理處，以合情合理的方法公諸於世，從而讓這些概念的殖民性表露無遺。

八、 為何中國解殖需要其持續國際化？

筆者想以以下數點做總結。以下立論乃是，一個成功的解殖過程，需要持續的國際化。唯有深化的走出去及改革開放、提升外來思想的引入流量、增強對外來知識的批判及回應、強化國家管治及從政者對外國社會的全面充分認知，方能提升整體解殖過程的素質及效率。反之，去國際化，則會削弱解殖能力，間接建立與時代背道而馳的思想障礙，有礙群體與社會往前進。

第一，若要成功將國際關係及諸國之間的互動解殖，我們必須不斷地提升自身「解殖群體」的軟硬實力。內地著名學者胡鞍鋼於2014年8月份在「觀察者網」上有關《鄧小平時代——中國改革開放（之一）》一文中便道出，1978年5月末，鄧小平當時詢問對外貿易部部長及交通部部長等人，為何「香港、南朝鮮、新加坡這些地區和國家可以做到的」（也就是他們的對外貿易增長龐大、貿易量相當可觀），但「我們做不到？」鄧公這一問，驅使他到東南亞及日本等地

訪問，以他的親自體驗作為驗證真理的最佳佐證。也正是他一連串的訪問，驅使他能夠知彼知己，看到外國等地領導人及官僚系統的利弊，從而求出中國改革的路向來。

將國際社會上的諸國經驗融會貫通、串連起來，從而促成有機的文化互動及結合——這乃是落實經濟進步、提升生產力及勞動力、創造及開拓市場，以市場化方式解決社會盤根錯節問題的核心要素。要說服其他國家，非殖民社會的運作模式乃是可行的，唯一最有力的佐證，便是在關鍵管治要素上——包括人民安居樂業、消費者能否享受足夠種類及多元性的產品、國家生產增長是否可持續——抓緊本位、把握時間、善用對國際社會開放的契機，從而推動國家發展。解殖離不開樹立後殖民及非殖民的嶄新模式，需要不屈不撓的實驗及無時無刻的創新求變。

第二，解殖運動也是一門推廣藝術，需要足夠的「軟實力」作支撐。問題這就出現了——究竟什麼是軟實力，怎樣才能增加軟實力？清華大學社科院副院長趙可金與學者彭萍萍於 2012 年的《中國文化軟實力面臨的困境及其解決路徑》曾指出，中國軟實力有可能受文化精英化（文化被局限於經典及特殊的精英階層，難以落地）及槓桿化（文化並沒有有效的持續性信仰權威支持，更沒有有效的海外傳播）影響，而有所吃虧。依筆者所看，若要成功地提升後者（槓桿化），其中一門最關鍵的要素，便是要將中國的價值，以令世界各地不同民眾能夠產生共鳴的平鋪直白語言道出，從而構建出立體的歸屬感及認同。正如奈爾及王緝思曾指出，「國與國之間的軟實力並非一種零和遊戲。」但若表述方法未能破除國與國的隔膜及界線，則明顯會導致軟實力的構建事倍功半。

國際化是提升軟實力的不二法門。多思考別國人民的觀點及主觀感受、多參考別國對構建軟實力及文化話語體制的過程與心得，此過

程當中必然能讓所有有意推動解殖的國家,更能透徹地掌握,怎能將「解殖故事」落實並說好。反之,去國際化,則大有可能對軟實力有所限制,間接牽連解殖整體的走向。

時代大門開放、開放步伐,不應停頓!

2.9

請勿把戰爭合理化

九十多年前，某一帝國佔領了鄰國領土以後，因鄰國領土當地的負責人選擇不歸順，要捍衛自身民眾及人民基本的尊嚴，多番否定以外交手段解決最為基本的利益分配問題，而精心策劃事變，一年後建立傀儡政權。事變八年以後，再進一步進展與掠奪當地資源，對普羅大眾趕盡殺絕，為了便是那虛無縹緲的帝國主張與構建，以及其所帶來的經濟利潤與資源。當年受難的，正是中國的五億人口。

20年前，小布殊（George W. Bush）轄下，美國先後向伊拉克與阿富汗用兵。強詞奪理的理由被懦弱而貪婪成性的新保守主義政客與其信徒大刺刺地抬出來，說是因為伊拉克擁有「大殺傷力武器」、是因為在「莫須有」的「縝密邏輯」下，阿富汗正在窩藏「恐怖分子」。媒體與宣傳、智庫與體制之間的交織下，產出了先後兩次侵略，間接釀成中東這20年走來也未能平息的矛盾與干戈。說好了的反恐，變相配了一批又一批的新派恐怖分子，讓極端主義擴散至世界各地。說好了的「捍衛人權」及「守護尊嚴」變成了在他人的人權上構建自身國家的狼藉「尊嚴」。說好的劇本，變成軍工複合體茶餘飯局之後的寒暄議題。多「正常」？多「合理」？

今時今日，電視屏幕上、網上社交媒體上不乏被炸得家破人亡、流離失所的數以千萬人計照片與新聞。敘利亞。烏克蘭。也門。在國際政治陣營角力下被大國博弈犧牲的小國人民，即便在新聞當中無處不在，我們的心卻選擇了淡忘善忘。厄立特里亞。緬甸。進攻某國的，說自己在杯弓蛇影的基礎上，必須「合理自衛」──意指的，當然就是將老人婦人嬰兒炸到片甲不留，務求能威逼在地管治者與民眾屈服。利用某國實踐自身地緣政治願景的，則是以「支援」為名，行煽風點火之實，繼續醃製沾滿鮮血的屍袋，用來滿滿地承載最先進的武器。學者與評論員，將這些行為歸納成理論框架、整理立場、在空調與紅酒侍候的酒廊與電視機上為各自陣營滔滔雄辯。炮彈導彈坦克車輾壓房子與人體軀幹的照片錄像，伴隨着 We Are the World 配樂大賣特賣。當然合理！

事實上，戰爭的唯一可能論證，是合理自衛。而即便是自衛之戰，也必須是合情、合乎倫理、合乎比例，方能稱得上是合理。若不慎重衡量與把關，「自衛」這藉口往往會被別有用心者、野心家所挪用，以粉飾自身對權力的渴望與武力的崇拜。在仰慕景仰戰爭的過程當中，人們卻都失去了自身最基本的靈魂與堅持，成為了暴力在歷史洪流中的代理人、工具。數千年的人類歷史，今天告訴我們，請勿把戰爭合理化。

一、 核心利益 誰人來定？

有的說，戰爭可以是合理的，因為戰爭純粹為捍衛任何一個國家核心利益的必要方法與手段，沒有更好的選項。這些論調，接下來或是可能構成利益論據的理由一一列舉出來，嘗試以數量作辯證基礎；或是將「核心」的定義昇華成一個民族性、社會全體性所訂下的「道義」價值觀，然後將其扣在所有及任何戰爭之上，務求能道德綁架信徒去參戰。按這些辯護者說法，只要核心利益受挑戰，戰爭便

必然是選項；若戰爭是「最為合適的回應手法」，我們則不應迴避此一選項。這種邏輯很直接，也很透徹。

問題卻出現在以下這裏。若某國被另一國入侵、或是被另一國軍事層面上接近顛覆政府與管治系統，與當地民眾的主體意志對着幹，這當然構成對該國核心利益的侵犯。國家為保整體完整，必然有權迎難而上，也有權在合理範圍內徵用國民為整體利益作出犧牲。站在自衞角度上，被入侵一方擁有合理反擊權。但我們必須切記，戰爭所帶來的代價是非比尋常地沉重的——其可以將經濟毀於一旦，也能耗用極多資源以實踐徒勞無功之效，更能令一個國家從此以後在國際秩序與框架中喪失一切話語權。「核心」這定義，必不能無限膨脹，將「部分核心經濟利益受損」、「一小撮人情感上的強烈反撲」也涵蓋在內，然後將任何「利益損害」皆等同於戰爭論證。一來是一種狼來了。二來也是一種令人麻木的氾濫，甚至只會弄巧反拙地讓真正核心利益被埋沒在這標準刪改的遊戲之中。1914年奧匈帝國認定斐迪南大公的刺殺乃是象徵着南斯拉夫民族的一次奪權行動，認為必須將管治威信重新鞏固確立，從而向塞爾維亞開出根本不能落實的條件通牒，最終為第一次世界大戰爆發啟動了計時器。1982年，阿根廷政府因陷入經濟危機，為了轉移視線而大舉入侵福克蘭群島，以「保衞家園」為名，行政治轉移視線為實，結果導致接近一千人陣亡，最終加速了加爾鐵里政權倒台。

「核心利益」這構思，本質上容易受當權弄權者單方面為其添上各種各樣的定義，將「龍門」搬來挪去，以拓展自身政治版圖。若世上唯一的戰爭的觸發點乃是為了應對入侵者自衞行動的話，那在沒有先天性入侵者的情況下，我們也自然不會有戰爭了。將距離自身海岸數以萬公里計的島嶼算成自身軍事影響範圍，再進而將軍事影響範圍設定為「核心利益」，這並非對人民公平公道之舉，而是對軍工複合體最為負責任的操作。同樣而言，經濟封鎖與制裁固然對一個國

家能構成深遠影響，但這也不能成為二次世界大戰支持日本帝國所謂核心利益被「干犯」的荒謬辯護。世上有無窮無盡的可能利益、可能損失。但唯有與戰爭干戈——尤其是持久而長期的消耗戰——成正比的，方可被算為可被接納的「核心利益」。若「核心利益」隨着領導人相對的價值觀與主觀研判能隨便擅改的話，我們也沒必要再主張和平、主張所謂的國際協調與調解機構。

核心利益是什麼？這是第一問。第二問，則是要落實與捍衛這些利益，可供選擇的選項，到底為何物，有多少？從來國際政治要逃離零和遊戲的混沌的話，便必然有所取捨與妥協。適度的務實與不和分寸的懦弱是兩回事。盲目鼓吹將自身利益最大化，直至與他方明顯產生衝突，這反映出的是一種缺乏分寸的衝動，更是罔顧其他可能性的無知。一國的核心利益，與另一國的核心利益之間若有牴觸之處，兩者之間應當嘗試將牴觸變成協商下的分界並存；若有融合之處，則應當更進一步地撮合推進。將核心衝突範圍減少、將核心交融空間擴大，然後在非核心問題上各取所需，這才是國際關係下國與國之間的生存相處之道。反之，若不斷將分歧與針鋒相對放大、扼殺和平解決的可能性——這則是生靈塗炭的前奏曲。

第三問，即便核心利益很重要、即使其他選項並沒有及時的可取性，這也並不代表戰爭便必然是最佳選項。三思而行：第一要思的，是成功概率的大小。第二要思的，乃是其他國家所受到的影響及所作出的反應。第三要思的，則是自身人民能否承受這龐大嚴苛的代價。若和平教條主義者的問題是永遠不敢面對終須一戰的可能性，淪為投降主義的話，那軍事作戰教條主義者的問題，則是選擇將原則放在高高在上的位置，到頭來卻在現實問題上將其輕輕放下，從來沒有思考過戰爭是否確實能解決問題。請勿將戰爭合理化。

二、　弱肉強食可以是現實 卻不應是我們追求的

也有的說，國際社會向來都是一個弱肉強食的世界，這個遊戲當中誰惡、誰大、誰正確。這些人可能會說，我們生存在一個軍事實力為首的世界，唯有比他者來得為狠為兇，方能震懾潛在對手，避免對方以為有機可乘而引發戰爭。這種原始新派現實主義論述，一來與現代世界及國際關係本質脫節，二來也與我們應當追求的理想社會風馬牛不相及。我們應當敢於追求一個理想「天下」，而不是一國獨大的「霸權」，更不是一個在弱肉強食之下四分五裂或幾近瓦解的「無序」之亂。

這些年頭，國際博弈不再講究單純的直接軍事武裝能力，也講究金融系統的穩定與風險避險性、能源資源的供應鏈完整、經濟生產實力的直接或間接比併競爭；同時，也在乎於資訊輿論戰、數據與數碼戰。語言、情感、思考與直覺，與所謂的剛性指標同樣重要。以弱肉強食自居、以硬性實力自負者，必須承受缺乏軟實力與國際認受性所帶來的風險與限制。國際組織(包括聯合國、國際貨幣基金、亞投行、上合組織等)的內在邏輯不單純追隨服從硬邦邦的武裝實力，而是成員能否在這些組織介乎於「紙老虎」與可「左右大局」之間，若隱若現的規條約束中找到盟友、確立封鎖排斥對象與封鎖排斥的「共同盟友」。這些過程當中，必然牽涉到民眾觀感、體制之間的信任與兼容、國與國之間在象徵與道德層面上的博弈、文化上的落差與有機結合 —— 不能單單以「軍事武力」勢力蓋棺定論。在這個資訊普及化，甚至是後資訊民主化的年代中，信仰與理念未必能操生殺大權，卻能嚴重干預硬實力的累積與投射。

在資訊與國與國之間的聯繫大幅增進的年代中，即便「弱肉強食」這底層建築邏輯從來沒變過，各國各省各地政府再也不能忽視「道德」與話語權範疇在上層建築層面上所帶來的競賽。然而這些競賽並非一個單純的資源量化遊戲。不是說投放多少個億進去宣傳，便能在

話語權上奪回主導權。要奪回主導權，首先要創造一套能兼容來自於不同出發點與文化語境的鬆散話語體系，讓質疑甚至反對者也未能找出或批判箇中的根本信念；進而便是要找出需要爭取的受眾，讓他們在這些論述中找到參與感與獲得感，而不是不斷地與現有受眾圍爐取暖。深信自身國家價值觀為正確的信徒，並非需要爭取或游說的觀眾，更不應被當成輿論戰的唯一審核標準。最後，故無論如何，也不能將自己形象與粗暴橫蠻的侵略主義、帝國主義劃上等號。要取得國際社會尊重，首先得要了解到「尊重」的構建與樹立之過程與竅門。筆者在拜讀閻學通教授的「道德現實主義」與貝淡寧與汪沛前輩兩位合著的 *Just Hierarchy* 一書之時，皆留意到他們將荀子的哲學觀套用在構建一套既能容納中國古典文化，也能反映出當代國際形勢範式轉移與變動的國際關係思想。無論是中國的清華學派，還是英國冒起的英國流派（English School），二十一世紀揭示了一個重點事實：「道德概念」本身所具備的約束力，未必與軍事實力有必然掛鈎，甚至能擺脫它的限制與局限。

而即使「弱肉強食」是一個不可逆轉的現實原則，我們也應當敢於活出真正的道德生活、追求讓我們變得更好的人之願景。米爾斯海默（John Mearsheimer）在俄烏問題上，三番四次地強調他眼中的國際社會秩序構成基礎與遊戲規則，認為西方應當尊重地緣政治權力在東歐的先天性分布與平衡、應當掌握及接納俄羅斯在自身國土安全上的要求與防備、也接受國際關係與道德倫理並無直接關係。但若採納這種去道德化的世界觀，同情俄羅斯立場者也不能在道德層面上批判北約輕舉妄動以及部分成員國不斷在火上澆油所構成的代價；反對俄羅斯立場者也自然會覺得這是躲避了責任分布的核心問題。是誰向平民百姓用兵？是誰令地緣政治風險不斷升溫？到底是誰，應當為這些惡行負上責任？答案未必簡單，但我們有必要知道，方能釐清誰對誰錯。認清楚誰對誰錯，追究問責的同時，也才能防範將來重蹈覆轍，為全球公義作出卑微的一分力。正因為我們生活在

一個利益命運共同體，被綑綁在同一個大千世界地球之上，我們才有最基本的義務，去確保世界更進步、更開放、更和平，而不是躲在看似現實、實際消極的向現況投降主義庇蔭下，向殘暴低頭。

這邏輯也能套用在各種圍繞現存衝突的討論之上。有的人會說，「為什麼你只批評俄羅斯在烏克蘭的所作所為，而對美國在越南與阿富汗的行為視若無睹？」或有人說，「為何你對美國帝國主義痛恨非常，卻徹底罔顧其他非美國或反美者的獨裁帝國主義？」問得好！理智地批評戰爭者，必須從一而終地以統一衡量標準去看待不同國家的軍事行為、不同國家之間的戰爭。我們不能雙標。但不要將針對雙標的批判當成對戰爭的論證。我們警惕的，是雙重標準主義者。我們痛恨的，是雙重標準的主戰者。請勿將戰爭合理化。

三、　到底是誰在為戰爭付賬？

戰爭爆發之時，參戰各方往往都會鼓吹一種「必須主義」（doctrine of necessity），指出「和平並非必然的，要捍衛和平，則必須要付出代價！國民必須為國捐軀！人民必須相信政府領導！選民必須接受代議士的決定！」但背後的授權關係，究竟是誰來定？誰授權了誰去打仗，去讓國家被捲入龐大的赤字與開支？實際點一問，到底是誰來為戰爭付款？誰來為戰爭斷送葬送自己的大好前程？到底誰人才會受到戰火的第一時間牽連？是高高在上的政治精英？是能及時抽身逃離的富翁權貴？還是在社會基層默默耕耘數十載的勞動者？還是在徵兵時被派往最為危險與不為人道的貧苦青年？還是在經濟架構中難以往上爬的中產階層？還是家產都押在社會穩定與秩序的小康家庭？

這裏說這麼多，不是為了推動階級鬥爭或仇恨，而是單純道出：支持戰爭的，往往並非普羅大眾。為戰爭付出最多的，卻往往就是他

們。經濟學上這是十分簡單的代理問題。政治學上稱之為沒有約束的突發權力。人類社會上稱之為一個又一個的美麗謊言。

誰在破壞和平？和平當然不是必然的。但破壞和平，讓和平成為偶然而稀有的產物的，卻未必是主流人民利益或真實意願。在如今這個全球化盛行的年代中，戰爭所帶來的產業鏈與貿易脫鉤、對財產金融的龐大衝擊、對人與人之間互動交流的徹底連根拔起，這些種種皆讓戰爭基本上是地球絕大多數人理論上的共同敵人。但為何在此前提下，世界不分地方依然會有看來高漲民意，為主戰者搖旗吶喊？

原因很簡單。因為戰爭就好比一個完整而自給自足的工業，也是最為弔詭的一次逆轉性再分配，將財富從平民轉移至政府與經濟權貴手中。付款者是平民百姓。他們購買的產品，是所謂（往往被構建與誇大出來）的安全、所謂的整體「大局為重」、所謂的國家利益。販賣者，是軍火商、是國防體制、是政客、是思想構建者，也是與這些持份者藕斷絲連的既得利益者和裙帶關係者。若人民對戰爭不感興趣，這些人們便要動用一切條件與工具，引導輿論風向、利用捏造出來的民意向不同意不歸邊者施壓、踐踏然後重新塑造人民的取向、構建出潛在然後實際的假想敵，推波助瀾，務求令民意最終往戰爭靠攏。若人民不願付上代價，這些人便會窮盡一切努力，以各種各樣的方法——包括國粹主義、民粹主義、反精英主義、浪漫主義等幌子與糖衣毒藥——將他們道德綁架，綁上一架駛向懸崖峭壁的列車。

唐詩《涼州詞》中的「醉臥沙場君莫笑，古來征戰幾人回」，也就是英國詩人Wilfred Owen所指的「甜蜜謊言」——Dulce et Decorum Est Pro Patria Mori。歌頌戰爭者會告訴我們，「為國捐軀是一件很甜蜜、很光榮的事」。

對，也因而很合理。

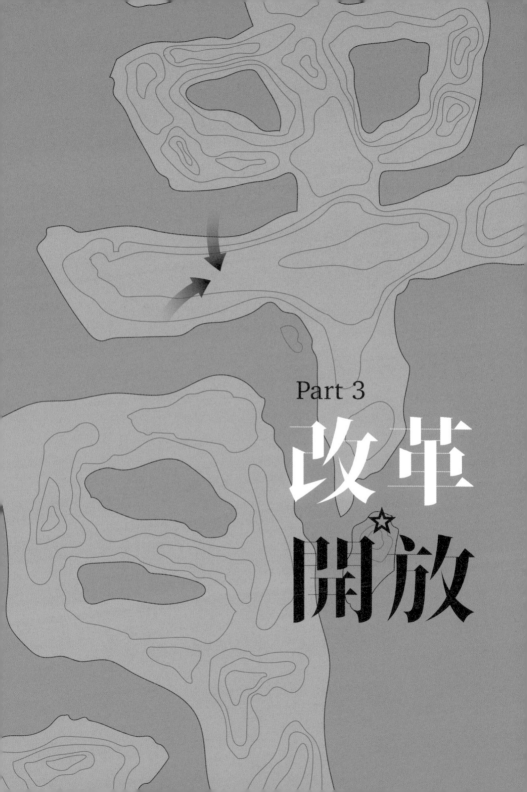

Part 3

改革☆開放

3.1

改革開放是硬道理
國家如是香港亦然

國家主席習近平曾提出,「全面深化改革總目標是完善和發展中國特色社會主義制度、推進國家治理體系和治理能力現代化。」

2022 年是前國家領導人鄧小平南巡的 30 周年里程碑,也是改革開放 44 周年。

一、 改革開放的歷史重要性

改革開放是一次偉大的政治覺悟,也是一個破格的嘗試。其將中國龐大人力資本及勞動力的潛能釋放,將體制內的瘀血及障礙掃除,為國家日後與世界對接,踏上不可逆轉的全球化道路,提供了關鍵的鋪墊。鄧小平老先生上台時,國家剛經歷了推翻半封建半殖民社會後,國內最動盪的時代之一。其堅定不移的毅力、實事求是的務實態度,讓全國人民走上脫貧致富的征途,將中國對外重新開放。

改革開放卻並非一個「歷史異類」。這一點結論,我們大可從西方世界與國家的政治經濟演變歷史中得出——說到這裏,我們也必須對二十世紀的政治經濟史有基本認知。二十世紀初至第一次世界大

戰爆發的 14 年，乃是承接着十九世紀末開始的「美好年代」(Belle
Époque)。由深度工業化與資本主義急速拓展所帶來的經濟紅利，
讓私人企業與資本階級得以在歐美等地獲得前所未見的機遇。固然
個別政府(包括德國的俾斯麥)在這段時間採取更為主動的工業與福
利政策，但這段時間，整體而言，世界各地政府對市場的干預與影
響，無疑是在萎縮的。

第一次世界大戰爆發，令歐、美、日等相對先進國家政府意識
到——並隨即執行——大規模由國家控制與主導軍工生產過程。1914
年至 1920 年左右，先進國家中的政府對私人企業監管大幅加強、對
私有財產收取的稅收大幅上漲，為及後崛起的國有化與福利主義鋪
墊基礎。當然，一戰結束後，再度迎來短暫的「黃金十年」(也就是所
謂的「咆哮的二十年代」)。隨着文化自由化與社會世俗化等趨勢冒
起，在歐洲與美國的消費主義與個人主義也順而抬頭。這種趨勢，
直至二十年代的 1929 年華爾街股災所觸發的經濟大蕭條，才迎來終
止。羅斯福(Franklin Delano Roosevelt)就任美國總統以後，推出羅
斯福新政(The New Deal)，強調經濟復興、人民救濟、體制改革，
從而重新確立政府在主導勞工階層與資本市場之間的關係。通過直
接或間接的政府干預，白宮大大緩解了大蕭條所帶來的經濟衝擊，
也讓美國得以在第二次世界大戰中，大規模地提升綜合國力。

美國最高邊際入息稅率由 1913 年的不到 10%，在一戰期間飆升至接
近 80%，然後在二十年代拾級而下，降至稍微高於 20%。在羅斯福
上台後，最高邊際稅率一躍至高於 60%。二戰時期，歐美政府進一
步收緊對市場的控制，讓市場明顯地服務於政府與公民，以支援龐
大的軍工開支。戰後三十年，歐美等地政府維持政府主導經濟的政
治經濟關係——隨着冷戰展開，以美國為首的北約陣營推出一連串
工業政策，務求在軍工、科技等層面上維持着應對華沙公約的壓倒
性優勢。卻也是這種「大政府」模式的持續維持，令不少發達經濟

於七十年代末陷入由強工會勢力所產出的生產力滯停、油價上漲所構成的供應側危機。1980年列根（Ronald Reagan）勝出美國總統大選、1979年戴卓爾（Margaret Thatcher）夫人成為英國首相、歐洲諸國在八十年代冷戰尾聲之時大舉推動歐盟的成立，這些種種跡象皆反映一種對自由市場、貿易來往、市場主導經濟的嚮往。

在世界另一邊的中國，於八十年代初也同樣地踏上經濟市場化道路，但卻絕未摒棄社會主義作為基本的政治邏輯與治理制度。中國堅持自身的政治模式，並沒有變成如西方所料的所謂「西方模式民主國家」，印證了引入及善用市場的經濟體系，也能在「非西方資本主義」模式的國家中套用及實施。時至今天，改革與開放仍為中國執政黨的關鍵思想基礎——對內必須進行改革，「從根本上改變束縛生產力發展的經濟體制，建立起充滿生機和活力的社會主義經濟體制，促進生產力的發展。」對外，則必須持續深化開放，秉持着三大核心綱領：第一，必須抵制及煞住資產階級自由化；第二，必須將人類社會文明成果吸收；第三，必須建基在獨立自主而自力更生的基礎上，獨立於對他者他國的依賴（參見賀新元2015年3月的〈鄧小平改革開放思想中的幾個關鍵問題〉一文）。

改革開放並非一個過去式的單一事件，而是一個現正持續發生的過程與哲學，更是一種治理及生活態度，也是中國過去數十年得以繁榮昌盛的核心要素。無時無刻進行的自我革新及改革，讓執政個人、團隊、體制，皆必須反思自身漏洞、查找不足；向世界資金、商界企業、外來思想與人口開放，同時秉持着關鍵政治底線，乃是落實國家發展的不二法門。今時今日改革開放走了超過40年，讓普遍中國人民得以溫飽脫貧，彰顯了在社會主義基礎上引進市場機制及自由資本流通行之有效。此時此刻，在面對複雜多變的國際形勢及外部攻擊、投機取巧的內部干預分子之時，我們更必須守護改革開放的動力，確保國家經濟及體制發展邁步前進的步伐不減不停。

二、　從改革開放過程悟出的五大核心思想綱要

對於不少國民而言，改革開放乃是讓國家從一個人口大國邁向真正世界級經濟大國的新開始。我們不能盲目否定其發生前的歷史發展，但更不能小覷其歷史重要性及所帶來的重大貢獻。以下五點，乃是筆者從研究改革開放過程中悟出的核心思想綱要。

第一，與時並進的務實主義。經濟改革本身是一場極大規模試驗。從當年中國在華南及華東設置經濟特區（其中蛇口工業區更是由香港做總部的招商局集團全權負責投資開發的第一個對外國開放工業區）、到價格雙軌制的崛起及消退，再到從分散走向集中的貸款及金融管理機制，這些過程，哪個不是通過摸着石頭過河而時刻蛻變、改變？務實主義講究以實證、實際數字、現實狀況——而不是主觀投射及情感渲染，或是意識形態及宣傳文字——作為政策制定及修改的基礎。

人民現實生活便是所有施政最為有力的鏡子，反映出體制中的人與事物之缺陷與長處。同時，務實者必須「與時並進」——十年前行得通的系統及規律，十年後卻可能完全失效。曾經確保管治體制循規蹈矩、將管治風險減至最少的硬性要求，時至今日卻可能成為阻礙創新變革的絆腳石。改革的前提是，一切改變皆是為了修正現在、從過去汲取教訓，從而構建出一個可持續性地自我變化及完善的未來。

若當年中國幹部的務實主義變成了單純的形式主義，又或是一成不變的守舊主義，改革開放根本沒可能從八十年代的草根市場化、再到九十年代的監管集中化（可參見著名學者黃亞生的評論，即便本人認為他將八十年代的中國經濟也許過於浪漫化，而忽視了集中化在經濟轉型的必要性與重要性），再到千禧年代對社會管理及管治的關懷，走到今時今日內地針對性精準扶貧及爭取「共同富裕」的階段。

第二，平衡理想與現實，能容納與主旋律未必完全符合的多元主義。鄧小平曾說，「七嘴八舌並不可怕，最可怕的是鴉雀無聲！」八九十年代之時，國際外部評論常將中國管治體制描繪成一個「單聲道」及「單一頻率」的體系，卻忽略了黨內外中國模式民主的演變。

八十年代始，黨內而言，幹部向基層及相互之間的問責有所增加；意識形態不再單純地「左」傾，而是有着各種各樣的自我及複雜表述，而路線辯論也不能單純以「左右」做區分——市場機制改革力度、對外國資金開放程度、是否津貼國企民企、應否由上而下還是從下而上地發展經濟民生、政治體制改革應當如何穩定進展（而不是一步到位）。

這些議題，皆在當時的中國掀起積極有為的建設性討論。奉行多元主義，不止因國家需要改革管治哲學、貫徹始終地對外開放，而是因為一個具備均衡參與及平等待遇、對批評與建設者有着同樣兼容包容性的社會，乃是推動經濟發展、人民安居樂業、國民從改革過程中感到獲得感的前提！而當然，多元主義也不能成為盲目否定主義、空虛相對主義，以及偏激冒進主義的藉口——因而，多元聲音必須有在理想與現實之間的平衡。

若一味講究心目中最理想的狀態，而要不顧後果地實現所謂的願景，則只會成為別有用心的勢力——包括外國干預——手中的幌子與犧牲品。反之，若為了眼前的現實，而將理想價值觀、道德規範拋諸腦後，則對不起成千上萬的老百姓。這兩端之間的平衡，中國在過去40年，一直都嘗試掌握與拿捏。是否毫無問題、是否完美至極？當然不是。但從來歷史給予我們的任務便是在其中尋覓自我覺醒，然後將覺醒化為未來前進方向。

第三，靈活變通的深度國際主義。在剖析鄧小平外交思想時，外界評論往往會斷章取義地引述「韜光養晦」這四個字，而忽略了接下來

的「有所作為」四字。韜光養晦不代表消極內捲，也不代表妄自菲薄，而是我們必須建立歷史自信，將我們的潛力潛能持續地培養，直至時機成熟讓中國能和平崛起，作為領導世界國家之一，擔當解決拆解國際問題的重要崗位。

1985年，鄧小平先生提出「兩個轉變」說法——第一，乃是全球局勢經已「轉變」，當時中國所面對的關鍵危機不再是冷戰所帶來的硬衝突與戰爭，而是經濟停滯不前所帶來的內部崩塌及矛盾，因而國策必須以改革開放現代化為主軸，「國富民強」則能化干戈為玉帛。第二，「一條線」的綑綁性外交思想（也即是將美國、日本、中國、巴基斯坦、伊朗、土耳其、歐洲這條緯度上的國家，納入一個共同聯盟）不再適用於當時冷戰後期的國際形勢——中國必須拋開不必要的思想包袱，迎接對世界「全大片」（而不是「一大片」）的經濟、金融、貿易全面開放。

第四，以建立互信為主導的公開透明作風。要透徹了解鄧小平的外交思想，又必須與其之前的周恩來總理所蘊涵的厚道外交觀結合起來。在改革開放最早期的時候，諸國對中國的評價普遍受兩大趨勢所限制——第一，冷戰期間意識形態陣營的對壘；第二，國際社會對應中國成立首30年的成就與動盪所形成的刻板印象。

要在當時如斯複雜的國際形勢中，扭轉針對中國的排斥及恐懼，建立平易近人的形象，需要的是一種由根由衷的公開透明作風，敢於接受批評，以道理說服他者別人。

早前筆者讀了一本由周恩來最後一任秘書紀東所著的《非常歲月：回憶周恩來總理的最後八年》一書，其中對周總理作為中國現代外交家、國際社會中的協調者及思想家角色，淋漓盡致地突顯出來。深度國際主義的奧義，也正在此：必須重視外交對手的立場利益及主觀態度，能在中國強勢他國弱的前提下仍「易地而處」，反覆思考對

方的難處及困難，不苛求絕對服從、不搞帝國主義、不推動山頭瓜分；同時，更要思考如何以他人感同身受而理解的語言表述自身，維護及建立真摯全面盟友關係，與各方陣營保持良性建設性關係。

這些種種皆是開放的前提，是引入資金、建立國際機構中與其他國家合作共融的基礎。若無信任，若無尊重，開放恐怕難以落實。

第五，必須捍衛的全球和平共處模式。在絕大多數情況之下，和平是繁榮穩定的前提、戰亂則是鞏固私慾及權力的工具。這並不代表我們必須無時無刻求和，墮入投降主義的圈套之中。若我們確實要落實國際秩序及體制，讓我們與不同國家在原則及規矩層面上對接，我們必須以尊重他國領土、不論大小的國家主權、人民免於戰亂恐懼的自由等的「維和主義」綱要做我們的行動原則。

但同時我們也要讀通讀透和平與開放的共生關係。要落實開放，首先得要確保我們周邊地區、我們合作的夥伴，能維持社會秩序，並在不摧毀地緣穩定的前提下，推進權力均衡分配，確保平均參與。和平共處，需要的不只是口頭上的承諾，而是確實行動層面上的呼應。即便是多麼看似不可避免的意識形態衝突，改革一方皆有義務將風險減至最少，設置風險危機管理機制，在戰亂出現之時經營下台階（off-ramp）。

務實、多元、真摯、和平的國際化，乃是改革開放成功之道。改革開放是時代的硬道理，並不會單純因應外部環境的負面干預、單邊及本土主義的抬頭、去全球化的呼聲此起彼落而放慢。唯有改革體制，才能讓管治架構更能反映民意、更能將民眾擔憂及訴求體現在政策制定過程之中，更能守護弱勢社群及缺乏政治經濟資本的普羅大眾。唯有向世界開放，方能為國家經濟發展提供源源不絕的燃料及核心組件。封閉內捲，不是一個可行方向。單單聚焦內部循環，忽略外部循環，也不能帶來可持續發展。

三、 國家「第二次入世」，吹響香港深度「改革開放」的號角

鄭永年教授兩年前曾提出過他就着國家全球化進程現況的兩點隱憂，筆者在此再加以稍微開拓，作更詳細的撰述說明。第一，即便在加入世貿組織以後，中國產品（出口）愈加國際化，但部分人民思想還未國際化，中底層的自我封鎖與高層的開放呼籲形成了鮮明對比。

第二，國家急速崛起，令不少人民感到自豪——這是正確的。卻隨之而來的，也夾雜着不少商業投機民族主義，嘗試以社交媒體及民間輿論作為自我牟利的平台。在鄭前輩眼中，這些聲音盲目「支持國家」、盲目「反對外國」，將自強不息精神變成激憤孤立的國粹思維。若國家要往前走，所有人民必須摒棄這種故步自封的心理，敢於批判及反思國家缺陷不足，開拓解決問題的空間。國家必須「第二次入世」！

在「一國兩制」的框架下，香港此時此刻再次推動深度「改革開放」，不只是應對港人需求的正確選項，更是協助中國第二次入世的唯一出路。這箇中有三點重要因素。

第一，香港必須堅守我們司法及仲裁體制的獨立性及公正性，從而維持我們作為國家與外國司法訴訟公正公平審訊及裁判的地位。在商貿金融法的領域中，香港仍然享有非常高的聲譽，卻也需要與時並進，引入更多專才、電子化與革新系統，並確保在牽涉到不同背景及國籍來源的企業之時，能不偏不倚地進行公平裁決。

與此同時，在面對外部批評時，我們司法制度必須以彈性而具深度的智慧，主動反擊及反駁失實指控，同時「兩手抓」，引入沿用普通法制度的其他國家法官及人才（例如新加坡、加拿大、澳洲、紐西蘭等地）到港，參與在我們司法制度之中。

盲目排外或媚外、因政見立場原因惡意攻擊現有司法人才，以為引入外來法官便等同於「崇洋」，引入內地精英司法人才便等同「摧毀香港司法地位」的極端民間民粹論述，乃對不起中央對香港作為大灣區以至全國「走出去」的司法仲裁橋頭堡的寄望。

我們需要外來人才參與在司法機關之內，不是因為我們缺乏制度自信──恰恰相反，正因為我們司法制度海納百川、獲得舉世認同，從而更能將制度自信發揚光大。香港法治服務的，不只是香港740萬人口，而是全國14億人民同胞。若要真正地深度開放，我們必須對症下藥，確保在刑事、商業、金融、家庭法等領域上，我們不斷創新，同時堅守普通法底線原則，與國際社會接軌。

第二，香港必須在貿易、科技、金融的層面上，重新與世界對接、開放，提高香港作為外資及國際企業走入中國出入口的戰略性地位。經歷了多年疫情後，明顯唯有以「人民至上、性命至上」為主調的抗疫方針，才是符合道德規範的真知灼見。

作為一個與世界對接的國際大都會，香港有不少市民皆是「手停口停」；我們作為金融樞紐的價值，也是與我們人員及資金流通息息相關，若沒有外資、沒有外企，則難以落實經濟復甦。

須知道，人民性命是一個立體而多面性的概念：若罔顧封關及自我封鎖對香港所帶來的經濟產業衝擊，也是愧對人民性命啊！有見及此，香港必須盡快推出一連串有效有機的強心針，吸納海外資金及人才回流香港，同時挽留在港的國際及本地人才，不能單純坐以待斃。

第三，香港若要深度改革開放，必須先革新人民自身的思想。正當國際社會及國家皆在下象棋的時候，我們不能繼續停留在玩跳飛機的年代。過去十數年，社交媒體崛起、所謂的「關鍵輿論分子」成為

干預社會輿論的主流、世界各地管治體制與人民之間的距離愈走愈遠，更被各種盤根錯節的政治經濟利益所介入，催生反智反人類共同利益的民粹本土主義。

這些種種勢力及變化，皆讓我們必須無時無刻地警惕、提防自身對現實的判斷，與現實撕裂。更要提防一廂情願地浪漫化自身所處的現實，以為叫叫口號、拍片罵人、指指點點、示威遊行，便能解決問題。解決問題，需要理解多方利益，而不是自說自話，然後將他人妖魔化，排除在商討過程之外。

唯有辯證，才有批判。唯有批判，才有希望。香港是國家改革開放的實驗地、助推地、創新地。若我們妄自菲薄，自行將引導香港前進的潛能扼殺、提前「解甲歸田」而消失風雨中，這不但有違港人的期望、更是辜負了國家對「一國兩制」作為改革開放基石的需求。在消極而負面的活在過去，與盲目樂觀的活在自身世界之間，我們必須取得一個突破，走出另一條路來。這是國家交付予香港的歷史責任。

四、　結語

改革的步伐，不會因風言蜚語、表象假象，也不會因為了一己私利的投機主義者、墨守成規的封建主義者、不切實際的泛泛空談者，而停頓下來。我們更不能讓改革成為了摧毀社會穩定及秩序的藉口，將改革劣質化踐踏，變成危害社會安全的「革命」。同樣而言，開放的過程，乃是全面性、卻也是有底線的。我們不能為了盲目開放，而墮入單純崇拜外國、忽略自身優勢強項。開放是一個動態而糅合各方聲音及勢力的進程，而不是一個單向性而毫無分寸的「潮流」。是時候讓香港，為國家來一次深度的改革開放。揚帆，起航！

3.2

再讀俞可平——民主仍是個好東西

「民主是個好東西。」

前中央編譯局副局長、北京大學講座教授俞可平老師，曾發表過一篇題為〈民主是個好東西〉的文章。文章被視為千禧年代初國家政治改革的指標之一，也是反映出中國政治體制民主化背後的理論基礎。2021年，國內外皆就着民主的定義及價值討論得沸沸騰騰。筆者倒想把俞前輩的文章重新看幾遍，讓我們對民主的認知更為去蕪存菁。以下數點，乃是筆者重讀俞可平思想的反思——箇中蘊含着對其思想的敬畏佩服，也包含着在時代巨輪推進下，筆者認為值得商榷的一二。

一、　程序民主化的重要性：
　　　從管治體制民主化邁向社會民主化

俞可平對民主的見解，依我所看，乃是具有三大關鍵成份的。

第一支柱，圍繞着「制衡」二字——依他所言，「（官員）權利要受到公民的制約，他不能為所欲為。」這一點，反映着傳統西方哲學

中，民主作為當權者的「最終制衡機制」的根本性原則——孟德斯鳩（Montesquieu）認為美國成功之處，乃是在把權力分散確保地方、州份、聯邦政府及三權並立之下，有權有勢者並不能為非作歹、在毫無結果或約束的前提下推進有違民眾意志及利益的不合理政策。與此同時，當民主制度失去了對各方持份者的約束之時，則只能淪為一種擺設、花瓶式的走流程。

第二支柱，則是對管治文化的一大要求——當中糅合傳統儒家思想中對社會秩序、禮義廉恥的重視，以及愛民如愛子等把家庭，與管治者和民眾關係做比擬的思想結構。民主是個好東西，因為在民主的國度下，官員必須「跟老百姓平起平坐、討價還價」。這一點上，俞前輩似乎是看出西方傳統民主國家對管治文化過度流於表面的問題，並將其加以改進，以確保管治者並非單純能在民主遊戲中勝出的偶然玩家，而是妥妥實實以人民為中心的人民公僕。一個理想的政治體制當中，官員視市民為同輩、同僚，不會自以為高人一等，以所謂的社會閱歷及地位為藉口，排斥無權無勢者。

最後，也就是第三支柱。「官員要透過公民的選舉產生，要得到多數人的擁護與支持」。民主必然要具備程序民主——透過選舉機制，確保民眾主觀上看見體制的可認同性。在俞老的理論框架當中，筆者所提倡的「實質、程序、觀感」三論中，後兩者乃是相輔相成的。也正因如此，「對於那些以自我利益為重的官員而言，民主不單不是一個好東西，還是一個麻煩東西」。具備民眾直接參與的選舉，賦權於民眾，讓其能左右及影響管治自身的候選人。固然選舉過程前後必須有所篩選，篩選者也未必是所有民眾——但在〈民主是個好東西〉中，程序民主化乃是整體民主化的必然一步，不能以任何其他形式或模式替代。

對於內地部分聲音認為——民主化必然與黨領導有所衝突，俞前輩有其深刻見解——他認為中國民主道路非但不能獨立於黨的領導，更必須透過黨內民主化為前提，促進黨外社會的民主化。這一點，我認為是有道理的。「如果說基層民主是由下至上推進民主的話，那麼，黨內民主則是由核心往外圍推進民主。」此乃是《21世紀經濟報道》跟俞可平在2007年進行的一次採訪中，他所提及的。任何獨立於政治現實、不符合國情領導的民主化道路，必然無法通行，更無法落實——但反之，若只停留於管治體制內的民主化，而不嘗試落實整體社會的民主化，則會令民主化的程序流程中途夭折，難以實踐最終目標。

在此，筆者倒有數點疑問及補充，嘗試將以上論據進一步剖析探索。第一，何謂黨內民主？依俞老所言，黨內民主乃是與基層民主有所不同——後者透過鄉村選舉、地方選舉、透過地方代表協商及互投所產出的間接選舉，而促進民眾「往上推」的民主；前者則圍繞着黨領袖及高級官員從上而下地落實具備制衡、具備優良持續性的中國民主模式。但筆者則認為，黨內民主可以涵蓋的範圍面更廣——既應有基層民主的選拔及民眾參與機制，也有透過賢能領導所促進的由上而下民主，更有官員之間相互評價及制衡的橫向性民主。這三大關鍵趨勢相輔相成，才能讓真正黨內民主得以實踐。將此三點妥適落實，提升的不只管治效率，還有對民主價值及體制的尊重及重視。

第二，有效的選舉可以沒有民主成份，但沒有全面參與選舉成份的體制，則不能稱為民主。選舉本質上攜帶着，應當是一定程度的不確定性，而這種不確定性，則成為敦促官員之間良性競爭的正面誘因。這種不確定性，乃是基礎性的——也正因如此，任何嘗試將選舉結果在選舉進行前已定下來的，不能稱得上為程序民主，頂多可帶來觀感及實質層面上的民主結果。在此前提下，黨內民主化與黨

內選舉的落實，乃是有一定掛鈎的——但我們不能墮入西方普遍民粹政治的圈套，而誤以為選舉必然要毫無前提、毫無預設條件。一間公司董事局又好、一所民營機構領導層也好，其選舉及挑選過程中必然是按着本身的機構文化及價值觀所經營。任何嘗試挑戰政治架構基本原則的人，想要參與在此政治體制之中，必然是有違組織倫理；另一邊廂，任何嘗試在篩選過程中滲進有違機構道德觀的額外淘汰機制者，也是有違政治倫理的。

第三，俞可平認為任何理想的民主政治體制的存在及推行，必然與其社會經濟發展速度、地緣及國際政治有關，並與國民素質及公民習慣息息相關。這一點，筆者是同意的，但過去20年西方諸國民主發展軌跡，令我也要添加一些補充。首先，除了提升公民素質以外，我們更需要額外的鮮明機制，確保商界及政界中的既得利益集團，不能透過民主選舉制度把玩壟斷權力，以至壓迫及剝削普羅百姓；同時，在大型人口及面積國家之中，我們有必要確保民主體制能有一定程度的集中統一性（所謂的「組織紀律」）可言，要不然只會在危機當前，車毀人亡、四分五裂。最後，促進管治體制內的民主，乃是促進公民社會整體民主化的先決條件，卻並非唯一條件——它是必須但不足夠（necessary but insufficient）。有港媒數年前跟俞可平進行了一次訪問，當中他指出公民社會的關鍵性。公民社會必須踴躍發聲、持續而均衡地參與在政治當中，方能讓政治體制變得更民主。

筆者曾就着何謂民主作另外的探索（詳見接下來〈五問賢能政治〉），在此且沿用俞前輩以上所提出的定義，把民主視為一個蘊含着制衡、具備廣泛參與度及競爭性選舉，以及協商式管治文化的政治體制。這未必是我本身對民主的定義，也並非民主的唯一定義，卻是我對前輩思想體系解讀過程中所「解出」的民主概念。若有任何偏差，仍望能和前輩多加交流，賜教賜教。

二、　民主並非管治的唯一真理：
　　二十世紀談民主，二十一世紀談善治！

筆者尊重俞老對民主的追求，也認同其對民主價值的整體評價——但也要在此提出一問：此一定義下的民主是否管治的唯一真理？風險投資者及作者李世默先生曾說過，要將（西方）民主制度與良政善治脫鈎——這一點，筆者某程度上乃是認同的。若二十世紀乃是「民主」的年代——充斥着民主國家對包括納粹德國的種族滅絕主義、日本帝國主義下的極權，以及斯大林治下蘇聯暴政的種種防衞及反擊；依我所看，二十一世紀乃是「善治」的年代。我們不應再單純地糾纏於何謂民主、誰更民主、誰不民主等問題上，而應將注意力轉移至善治——何謂善治、怎能落實善治、誰更能合情合理地落實管治。

在這一基礎上，筆者想提出兩問：第一，民主是否唯一的「好東西」？根據俞前輩所言，「民主最實質性的意義，就是人民的統治，人民的選擇」。但此處筆者必須指出，最為「實質」的意義，從一個哲學層面上來說，應當是普遍民眾最能感受到的好處及益處——綜觀不少選舉民主主導的國家，民眾不只對自身沒有投票選出的黨派（例如，在野黨支持者對執政黨）十分不滿，甚至也會對自身曾支持及投票選出的政客感到非常不爽不快；與此同時，不少國家（但不是所有國家）的民眾最能切身體會到的益處，並非「選舉民主制度」定時定候的參與，而是自己能否溫飽、能否安居樂業、能否在不被種族歧視或排斥的情況下上街蹓躂，這便是對於不少人而言的生活標準。由此可見，固然我們可以說，選舉民主乃是最為合乎「民眾直接統治」價值觀的體制，但這卻未必是民眾最關注、最能感受到的益處。

再說，「人民的統治」與「人民的選擇」，也有其不同。後者講究的，乃是人民能在管治過程當中對政策及管治者作出選擇，排斥難以取

信於人的領袖、讓剝削人民的管治者必須下台。選舉民主最大的功效，乃是促使管治者必須時常警惕及反思自身行為的合理性及公正性，以及透過選舉過程讓人民能真正作出選擇——也正因如此，自然產生的高投票率，乃是在民主制度的基礎上驗證善治的可能標準之一。但人民選出的，未必是真正讓其在選舉過後或其間的時間中獲得真正利益保障的代理人。

此時，民主支持者可能會說，「民主是眾多不完美的管治體制中，相對最佳的那一個。」但正如俞前輩所言，「民主需要啟蒙、需要法治、需要權威，也需要暴力（筆者則認為暴力與武力之間有所分別，所以相對傾向於用『武力』而非『暴力』來形容國與民之間的關係）來維護正常的秩序。」透過選舉落實的民主，確實能為民眾帶來（一定程度、有限但仍然存在的）選擇，卻未必能確保他們可以統治自身的國家。反之，民主制度的出現，往往讓以私利為首的領袖，有所謂的「合理推諉」（plausible deniability），將管治事務的責任轉移至民眾之上。

最後，（前輩所提出的）民主並非良好管治的唯一衡量標準。善治，本身也包含着管治效率、經濟發展（包括增長在內）、整體國際地位及話語權等的關鍵要素——而這些要素未必等同於民主，甚至在部分情況下乃是與民眾背道而馳的。作為政治理論構建者，我們有必要將善治的範圍拓展至民主以外、以上的空間，而不被民主這思想迷思所綑綁及限制。這並不代表俞可平所說的民主並不重要——但我們有必要將「民主作為眾多落實善治的工具之一」，與「民主便等於善治本身」這兩點分開而談。

在此前提下，且讓我提出第二問，即便民主現在是一樣好東西，是否代表其永遠都是一個好東西？無論是福山當年所提出的歷史終結論原始版本、現代美國新保守主義針對中國的「民主持久論」，還

是對民主有種根本性執着的政治運動家，皆是認為社會乃是朝着一個「整體民主」的方向而移去。依這些理論框架所言，人類社會愈文明，便愈民主；我們對追求民主的責任及義務，也有相應的提升。在這方面，俞前輩則更具前瞻性地指出，固然中國正在趨向民主制度的軌跡上推進，但民主化進程必然要循序漸進、讓我們順利「過渡」去全面民主，而不受外部勢力及帝國主義以民主之名，行霸權之實。

對此，筆者倒想拋出兩個回應——第一，民主是否永遠都是管治改革的最終量度標準？可能在「民主」為改革主體的二十世紀期間，或是明清朝代腐敗的封建統治底下，此一番話乃是無誤的。但過去20年，無論是傳統民主制度的經濟停滯不前、國內日益增長對民主制度的質疑、政治領袖失諸交臂的管治威信崩潰，還是在危機當前各家自掃門前雪的民主文化崩壞，似乎間接提醒我們，也許二十一世紀的管治衡量標準，是時候改變了。我們不應全盤否定民主，但需要理性處理民主的漏洞，補短拔高。

第二，且當世上所有國家皆成為了「民主」國家——然後呢？之後呢？在種種存在性危機及問題（包括全球暖化、機械化、自動化、虛擬世界普及化）當前的年代，難道民主制度便能夠順應地解決這些問題？難道民主真的便是人類政治體制演變的最終模式嗎？歷史不會終結、政治體制改良及改革的步伐也不應在任何時候停止。民主這一刻確實可能是一個好東西，但20年後、40年後、100年後呢？若我們能找到比民主更佳的管治模式，難道我們便要滿足於所謂「終極」的管治模式，而摒棄善治的可能性嗎？

當然，「民主過渡論」也可以延伸至論證以民主作為一個「過渡過程」，作為實行善治的工具與過程——我們先落實民主，再落實善治。這一點說法，筆者是不反對的。但在作出此論點之時，我們必

須小心衡量——適度的民主化固然是好的，但過於急速民主化，甚至是為民主而民主化的改革，只會令我們與善治差距愈來愈大。固然，若民眾主觀地認為，民主成份比善治更為重要，將善治的重要性置於民主以下，那所出現的「偏差」也許並非問題。但對於單純因為善治而追求民主的人民來說，我們必須深思熟慮民主與管治體制之間的關係，方能對得起他們、對得起管治者的基本政治倫理。

三、　善治也非民主的對立——慎防管治將民眾邊緣化

筆者心目中的善治模式，乃是一套既能夠融入及擁有俞前輩所說的制衡、管治理念、門檻盡量降低的選舉（但不等於被選舉壟斷）等優良傳統與價值觀，同時也能兼顧到管治穩定、因才適用、社會整體全面發展等的硬性指標模式。能夠符合此一條件的政府，必然是一種混合政權（mixed/hybrid regime），不能單純地以「選舉民主」或「集權專制」模式出現。針對後者，筆者有數點想法：

我們固然要提防過於沉迷於「民主」與「民主化」的單一化思維，但也要提防一刀切地將「民主」（尤其是選舉制度及民眾參與）否決的「反民主思維」。如今有不少評論指出，賢能善治與民眾參與乃是對立的；這些批評聲音往往表示，西方民主制度，並不能帶來善治，「所以善治，便必然不需要（選舉）民主！」但此一說，乃是錯誤的。善治不能只靠賢能領袖。沒有俞可平所說的全面民主文化及制度——包括公開而具競爭力、能包含絕大多數民眾在內的高投票率選舉，以及包容不同意見及聲音的議政文化——就算政府能短中期內順利而有效地運作，也不代表能長遠而持續地維持下去。俞前輩所說的民主，固然不是善治的全部，卻乃是落實善治的關鍵要素之一。我們不能因為部分國家選舉所產出的「壞橘子」，便將整個選舉機制與由下而上主導的民主體制立論否定；至於部分批判西方者常指出的「金錢政治」，正因為財閥政治扭曲了民利，操控了民意，本

質上是一個違反民主的過程,所以才值得我們去反對。選舉民主不代表金錢政治。

在非民主的政權下,我們必須要慎防管治體制把民眾邊緣化。民眾是一個持續演變的群體,也是一個多元而交織的動態「生物」——以西方傳統政治哲學的術語而言,一個政治群體,也是一個「政治軀體」(body politic)。若任何身體被接種了與其本身生物構造迴異的物質,無論此物質乃是多麼厲害的靈丹妙藥,也不代表其不會有副作用。身體內部的自然反應,不能單純以「標靶療法」或「休克療法」處理,而必須四両撥千斤,休養生息,方能達至最圓滿的解決方案。民眾的智慧,是可敬的。民眾的聲音,是應當敬畏的。民眾的需求,應當是從政者的燃眉之急。從政者固然要在適當的時候,敢於挑戰、敢於擺脫一時意氣的民意——但民間的知識及思潮泉湧,宜吸納、而不宜排在體制以外。

將民眾邊緣化,將反對聲音排除在管治體制以外,不但有違有效管治的基本邏輯,更是違反政治的基本倫理。熱愛不同地方、不同家園的民眾,可能有各式各樣的方法去表述自身的情感,而未必每一種方法都符合政治現實及法律框架——對此的回應,不應是單純以硬碰硬,而是透過循循善誘,將民間力量充分而開放地融入管治框架之內。這也便是以柔制剛的千古定律。望世界各國能朝着具備民主及民主以外特徵的善治前進,讓民眾真真正正地能在體制內外、讓中層基層發聲、積極參與管治過程,享用管治的成果。

若干年後,民主依然是個好東西。

3.3

賢能政治不是萬能藥——
五問賢能政治

「賢能政治」，近年在政界學界中皆掀起一陣激烈辯論。

確實，在紛亂非常的全球政治下，有不少民眾都渴望賢能的忽然誕生——從天而降，如永恒族一般，能解決世上絕大多數問題、打救世人。理想中的賢能，飽讀詩書、既能管治，又能溝通，並深諳民間疾苦。無論是有秩序而具篩選的精英管治，還是由嚴格程序所產生的精英民主統治，自古以來，賢能政治乃佔據人類文明歷史軌跡的最大部分——西方社會普遍的「選舉民主化」，也是近300年才發生的事。在不少人眼中，唯有賢能，才能排除民粹式的萬難，落實管治真諦。

以上這種論述，筆者聽過很多，也曾經深深相信其真確性，甚至認為民主乃是有效管治的剋星。可這種想法、此判斷，未免過於武斷——正如盲目相信「民主」便是歷史終結一般，過於依賴及看重賢能主義者，往往會忽略了其本質的短處弊端。賢能政治固然有其可取性，但不能被視為萬能藥，更不應被視為政治體制演變的最終模式。而在反思問題前，我們也要先澄清一點——何謂賢能政治？賢能政治在此指的，泛指是認為管治制度必須由所謂的「賢能」者來領

導，以賢能作為挑選人才及人才升遷的標準，並往往（但不一定要）與民眾直接參與的民主選舉為主的體制有所差別——差別可以呈現於設立只含有賢能代表、以委任制經營的「上議院」（可參見英國、加拿大等英聯邦國家）、由一黨獨大的政權治理國家（新加坡），或以技術官僚為治國者（意大利在應對經濟危機時，曾嘗試行這一套）。如前輩朋友貝淡寧（Daniel Bell）及汪沛老師在《正序論：現代社會的平等，正義與秩序》（*Just Hierarchy: Why Social Hierarchies Matter in China and the Rest of the World*）中所言，賢能政治往往透過縝密的人才挑選及提拔制度所經營，管治者必須透過嚴格執行改良儒家思想下類似古代中國科舉考核，方能確保加入政府者具備足夠條件，成為賢能的管治者。

以下並非為了論證賢能政治毫無用途、也並非為了證明非賢能政治便必定成功——而是讓支持賢能政治的朋友，可着手反思及解決內部一些結構性漏洞和矛盾，從而確保賢能政治能持之以恒地落實。在此前提下，我的五問如下：

一、　何謂賢能？賢誰能定？——論定義問題

一個好的時鐘，能準確無誤地告訴我們時間為何。一個良好的計算機，能快速而精準地計算數學題式的答案，推演出複雜而眾多的數字。餘此類推，在技術層面上「快、狠、準」地找到答案，自然是好的精算師、計時員，甚至分子物理家的特質——這樣的推論無錯，原因乃是因為這些相當技術性的職業，本身乃是以尋找可供別人認證及否定的答案為根的。且將這些職業，定性為「精準性」職業。在這些「精準性」職業中找出賢能，只需我們按着相當清晰的結果性及程序性指標以作定奪——縱然指標數量可能相當繁多，但一般而言，這些指標本身的爭議性不大。若你將世上所有的會計師放在一間房子中，並邀請他們就着何謂心目中理想的會計師作出評論，相

信他們對理想會計師的形容，十之八九乃是相同。且讓我們將這些界別及行業的「賢能」，定為客觀及主觀評論中最為脫穎而出的最頂尖0.1%人，相信這些人當中絕大多數都已具備一定的公信力，被業界同僚們公認為翹楚。

然而政治與管治層面上的賢能，又應當如何定義？政治及管治，是一門藝術，而並非一種「精準性」職業。一名良好的政治家，不代表、不一定，更往往並非一名優異的行政或執行者。一名優異的管治者，必須具備各種各樣的特徵，而這些特徵卻難以白紙黑字地一一列舉下來。我們大可將所有世上國家及地區的管治者放在同一室內，他們對何謂理想管治及賢能管治者，肯定有着南轅北轍的不同。同樣而言，若我們將文化和價值觀迥異的世上各地民眾放在一起，並要求他們凝聚共識而列舉出對管治賢能的五大期望——相信即便爭辯到天昏地暗，也難以回答問題。原因很簡單，無論是管治又好、作詩又好、創造藝術也好，這些「開放性」行業對賢能的定義，往往由根地較為模糊、因為在判斷何謂賢能的過程之中，必然有極大的主觀性。若所謂的賢能制度出產的精英，只能滿足個別標準，而忽略了其他異見者對「賢能」的判斷，則只能被視為一小撮人心目中的「賢能」。反之，若要同時滿足所有或絕大多數人對「賢能」的定義，又可能是一個不可能任務，因為眾多人民的理想條件之間，可能有所牴觸或出入。固然，世上各地人民也許都想要A（溫飽）、B（人身安全）、C（政治參與權利）、D（言論自由）。但A、B、C、D之間的相對重要性排序為何？爭取A、B、C、D的過程中，我們又應設有什麼樣的限制或手法？人民對這些問題的答案，本身蘊含着人民的主觀判斷——而透過這些偏好排序所得出的賢能定義，也自然有着非常大的內部差異（variance），不容輕易的概括性定論。

再加上「賢能」二字，本身便是社會建構的一個產物。有能者居之，本身便是一個值得商榷的意識形態。但更甚的是，「有能」與「無

能」、「有才」與「無才」，這些看似客觀而以能力先行的審判，實際上不然。我們對何謂「賢能」的解讀，往往由當權者及弄權者透過對我們所接觸的媒體在論述及報道層面上操控，從而影響我們、將我們導向某種特定思維模式。「賢能」，如「民主」、「自由」等字一般，實為現實政治中的一種論述工具，藉以論證及支持現有的權力枷鎖。一個建基於民眾民粹式參與為主調的政權，自然會在官方及非官方輿論中將管治「賢能」等同於「能取悅民眾、引起民眾注意」之人。一個以由上至下管治為基石的政權，則會將管治「賢能」等同於「能領導及駕馭民眾，讓民眾對政府深信不疑」之人。沒有誰比誰更高尚。在此前提下，我們又應當如何確保賢能政治不偏不倚，不受民眾內部撕裂及外部操控所影響？這自然非常困難。我們不能忽略權貴在維持自身地位及社會秩序層面上，願意動用的資源、耗用的資本。正如葛蘭西（Antonio Gramsci）所言，權貴們將自身意識形態，設置為社會的「基本道義」，並透過各種各樣的道德論證及語言，將資產不平等、權力集中等問題合理化，並將其包裝為社會進步的必然前提。我們自小透過童話故事、兒童教育、幼年家教等渠道，被灌輸「有能者」值得更多、「賢能者」方能成為人上人。久而久之，在這種耳濡目染而潛移默化的教育氛圍下，又怎怪得人民「認命」，並接受賢能者的領導及管治？

說了這麼多，不是說我們完全沒法為「賢能」下一個對得起社會上眾多持份者的定義，而是說，我們現有的知識框架，乃是我們衝破權力枷鎖、尋找真正「賢能」定義的最大絆腳石。唯有跳出受權貴掌控的意識形態圈子，我們才能看到真正的賢能為何。要做到這一點，毫不容易。此外，更不能為反主流賢能定義而反，盲目接納及追隨所謂的「反精英」思潮──特朗普主政白宮4年的淫威表現，絕對讓其稱得上管治白癡的頭銜。反對傳統華盛頓精英有理、盲目追隨自稱為「反精英」者，不可取。

二、 有能無賢，那又如何？——論誘因問題

且讓我們暫且拋開定義問題不說；且讓我們假設，每一位管治賢能，都應當具備一定程度的管治技能、個人自信，以及政治敏銳度。這些賢能，更有可能是來自於不同行業的翹楚，攜帶着本身豐富的人生閱歷及經驗，進入管治架構當中。若這些賢能能放下成見、放下自身門戶之見、不以私心行事，而是以社會絕大多數人的福祉為己任，自然是一件好事。

但理想是一回事，現實是另一碼子事。水能載舟、亦能覆舟。核彈的發明，讓我們可一剎那之間摧毀一座城市，卻也為世界帶來久遠的和平。聰明絕頂的人才，既可為所屬的社區及國土帶來輝煌成就，也可導致一發不可收拾的災難。有能無賢的人，世上比比皆是。何謂有能無賢？也即是個人能力卓越，但立心不良者，或是缺乏服務公眾民眾決心的人士。這些人參政，可能為了一己私慾，也可能是因為權力慾甚濃，試圖透過政治遊戲撈取本錢。

筆者曾就這問題跟不少賢能政治倡議者交流。他們表示，固然問題不易解決，但可透過重重考核及測試作為篩選標準。這些考核，除了審視官員個人特徵及技術方面的長短以外，更擔當關鍵的人格審核作用，以確保從政者、獲提拔者，才德兼備。才，指的固然是管治的「軟硬實力」。德，則是其個人品格及作風，是否忠實、慷慨、具正義感等。問題便出現在此處——對軟硬知識及技術的考核，很容易、也毋須過多的操勞及繁瑣動作，往往頗為直接。但要充分認知到一個人的品德為何、是否一個真正地公允而老實的人，說比做更容易，稍有不慎，更有可能被偏頗的主見所扭曲及蒙蔽。奧斯丁（Jane Austin）的《傲慢與偏見》（*Pride and Prejudice*）中的達西（Darcy）及韋翰（Wickham）便是一個非常好的例子——前者雖然行為表面傲慢而自負，但卻懷着坦誠而正直的內心；後者固然看似一

名謙謙君子，卻實際上是一名斯文敗類。常言道，路遙知馬力，日久見人心——但在評核他人的過程當中，我們大有可能因一些主觀性及表面的因素，而忽略了其個人內心及實際情操。事實上，要真正找到具德性的從政及管治者，難度甚高。

更何況，且當進入管治體制之時的賢能之士，確實立心良好，以服務社會為己任——但這也不足以確保其具備足夠的誘因，能持之以恒地勿忘初心、關注社會大眾。權力的誘惑、制度的限制、管治文化的同化魔力、人與人之間交際的糾纏及繆轕，這些種種因素，皆有可能令賢能者腐敗、成為剝削性權貴的一員。有多少滿懷熱忱的年輕人，在投身了職場十年之後，仍能保持着廉潔的赤子之心，不受旁門左道影響？有多少自認為乃是支持社會公義的社會運動家，在參與社運多年之後，仍是為了心目中的公義——而不是為自己的政治前途及權力資本——而奮鬥？又有多少管治者，最初懷着改變世界、服務人民的初心進入體制，而最終仍能保持此堅持，為人民服務到底？不是沒有，但實在是難、難、難！

此時，可能有人會表示，民主制度，豈不是解決這「誘因」問題的靈丹妙藥嗎？定時定候舉辦的選舉，驅使當權者必須時常警惕自身、面對民眾的壓力及審判——同時，民眾也能透過選舉機制，將其不滿的管治者踢走，從而確保管治者必須「以民為本」，才能逃過被淘汰的命運。這一說法，固然有其一定道理，卻也有根本性缺陷。沒錯，具備真正競爭性、和平政黨及權力輪替的民主選舉制度，能確保管治者必須以說服民眾為己任，全力以赴地落實民眾福祉。奈何在不少（但不是所有）當下民主國家之中，政客過度側重於「贏」選舉、透過金錢及媒體遊戲等手段操控民意，務求令民眾定時定候將票投給自己，而忽略了管治的本質。民主固然有其可取性，但必須與賢能篩選程序結合，方能確保管治者品德兼備、並不會一味為了「贏選舉」而不擇手段，本末倒置。選舉的設立，是為了挑選符合民

眾意願的管治者，去落實惠民的措施；管治的方針及措施，不應成為純粹促進當事人勝出選舉的工具及幌子。

三、賢能若後繼無人，又應當如何？──論繼承問題

最後，只看重挑選及提拔人才的賢能政治，並不能解決每一個政權都必須面對的千古難題──繼承問題。賢能制度，到底如何才能確保能成功達成一代與一代執政者之間的順利交替，以確保體制得以順利經營？選舉民主體制，往往將繼承問題「拋給」民眾，並以「能否勝出民眾大選，爭取大多數支持」為政黨內部就着繼承人的提拔標準。誰能帶領政黨勝出大選，同時維繫政黨內部的團結及連接性，便是應當繼承領導位置者；同樣道理，誰能在將來輔助政黨維持及拓展影響力的，便值得升遷、被委以更多的重任。此一標準固然並非解決社會問題的靈丹妙藥，卻能就着繼承問題提供一個看似較為實際而可落實的審核標準。

反之，為何普遍賢能政治不能做到這一點？原因很簡單：因為賢能政治的繼承標準，往往乃是基於現有當權者這一輩子對賢能的刻板定義所衍生──以上第一點也曾提到，賢能的定義因人而異，也因時代而異。可惜的是，有不少從賢能挑選過程所產生的領袖，普遍的世界觀及價值觀，皆是停留在自身「上位」的年代，未能與時並進。這也不難理解──要取得民眾的認可、拿到管治體制中的支持，賢能體制中的優勝者必須用盡一切方法鞏固自身的管治正當性，包括將自身管治模式，設定為優良管治的最佳（甚至是唯一）典範。同時，賢能管治者並沒有結構性誘因或限制，要求他們必須尋覓「後繼者」──若君為賢能之最，又怎需無端無辜退位讓賢？更況且，當權者又怎能確保退位讓賢後，後繼者能有效地執行自身的管治意志？且當當權者挑選的繼承人，乃是符合自身心目中對賢能的

定性，我們又怎能確保這位「被挑中的人」，具備新時代所需要的賢慧去一一應對未來所帶來的問題？

因此，問題便出現在此。若繼承問題未能得以順利化解，賢能政治大有可能會退化成較為原始而紛亂的權貴政治，甚至淪為脫離民眾利益的寡頭壟斷威權政治。固然有個別賢能政權嘗試引入各種各樣的繼承挑選程序（包括要求從政者必須遵守年齡上限、挑選繼任人之時必須獲得執政團隊的大多數共識），這些都是良好而理性的程序及限制，確保賢能政治比部分選舉民主更為有效地落實領導輪替。但這些賢能體制乃是少數，並非大多數。有不少筆者稱之為「賢能威權」（meritocratic authoritarian）的政權——包括蘇哈托（Suharto）下的印尼、恩克魯瑪（Francis Kwame Nkrumah）下的加納——往往都未能順利落實和平權力交接，而是透過軍變及政變收場。反之，若「賢能威權」能克服以上所提到的難關，落實具透明及穩定性的權力交接，相信對落實真正的賢能政治，必然有幫助及正面作用。如何防止賢能政治因後繼無人而中落，是任何成功領袖人皆必須反思的問題。但此重擔不應由一人所擔起，而必須透過體制內良性的辯論及協商達成。

四、　賢能管治，焉能服眾？賢能與民眾的關係，又應當如何處理？——論觀感問題

賢能管治，並不一定能說服或爭取到絕大多數民眾的支持。且當一個政治體制能準確無誤地執行及落實民眾福利，這也並不代表他們必定能贏取民眾的支持、得民心。用現代的語言來說，古儒家賢能思想所強調以民為本的管治，極其量只能被詮釋為支持「民有」及「民享」這兩大核心思想，卻並無就着「民治」進行過多的落墨（可參考李明輝及陳祖為教授在從儒家思想中找出「民治」所作出的破格嘗試）。而「民治」，又應分成兩大部分——第一部分，乃是由民眾所

主宰的管治程序（這一點，上文已經提過）；第二部分，則是民眾主觀的觀感、與政權之間的互動，以及社會主流民意對管治者權威的態度。

須知道，生活不單談現實，也談感覺、談感受。除了人民的客觀福利很重要，他們主觀的經歷、對政府的主觀判斷、對自身國家的歸屬感，也同樣關鍵。觀感與事實這兩點之間，並沒有必然的掛鈎。有不少生活硬條件優越的地區或人士，往往充斥着反政府思緒；反之，有不少客觀環境或許較為欠佳的政治體制，人民卻對政府所執行及落實的方針堅信不移——因為他們相信體制、相信那一套也許實際虛無縹緲卻看似踏實着地的管治敍述。哪怕管治精英能將民眾問題通通解決，以最為「能幹」及「賢智」的手段處理管治上的各項「硬指標」——若他們不能確立在民眾心中可愛、可靠、可信的形象，則只能是一個不全的政權。

以人民為中心，不但需要管治者將人民利益放在個人利益上，更需要政府確確實實讓普遍百姓尊重、敬佩，以及感受到管治者的誠意。而若管治者重視民眾感受，則必須思考，思考才能易地而處，體會到民眾主觀情感的因果。而選賢與能的制度，能確保選出來的人，懂得辦事、願意辦事、可有效率地辦事。卻由於往往（但並非必然）缺乏直接民選或間接與民眾互動的誘因，而令制度中人缺乏俗稱「地氣」、漸漸失去與民眾溝通及互動的能力。這並不代表他們不是卓越的有心人，也不否定此制度在執行效率、競爭性、短中期穩定等其他優勢——但在「抓摸民眾心理、了解民間思維」這層面上，必然有先天性缺陷。

除非賢能選拔的標準將「駕馭」或「理解民情」納入其中，否則崇尚賢能的體制，最終只會出產一代又一代居廟堂之高卻不憂慮其民者的領導，不但遠離民眾、更遠離能真正影響及落實政策方針的前線

官僚。這一來,對長遠管治的穩定於事無補;二來,也令管治過程過於着重表面的「硬數據」,而忽略了其實人民的「軟訴求」,遠不止物質層面上的需求,也包含了民眾情懷上期待能產生的共鳴及信任。為何「講人話」很重要?不是為了忽悠民眾,而是為了讓民眾能嚥下關鍵的一口氣,透過看到從政者願意釋出的善意,從而找到讓自己相信可在當地「安居樂業」的理由。「情」及「歸宿感」,並不是數百項硬性方針便能堆砌出來的。

說了這麼久賢能政治的結構性問題,也要為其說一句公道說話。現實調查及粗略調研皆顯示,並非所有的賢能體制,皆是與民意背道而馳的。新加坡的人民行動黨在國內享有絕大多數民眾的高度支持;中國內地民調長年顯示普遍民眾對中央(及絕大部分地方)政府管治滿意度高漲——當中,尤其對政府改善貧窮、逆轉環境污染、提升城市生活素質等具體政策範疇甚為滿意(可參考哈佛大學阿什民主治理與創新中心 2020 年 7 月公布的調查結果)。固然有局部坊間或學界民調具體數據及來源準確性,需要我們在方法論上將調查結果細拆並進行更進一步探討,但我們不應一竹篙打一船人,徹底否定賢能體制在爭取民心層面上的成功之處。

但正如批評西方民主制度者對部分國家在其民眾心目中支持度高企這一點不以為然,我們也有必要反思,究竟民調及滿意度,是否確實能準確反映民眾的實際內心所想為何?選舉為主導的民主國家又好、賢能的威權國家又好,始終需要管治者具備誘因及能力去準確並無時無刻地接觸及了解民意,才能確保管治能到位、到民、到民心。而能否真正服眾,並不單純看政黨政權能勝出多少場選舉、或單方面聲稱擁有多少民眾的支持,更需要社會真正在觀感及理念上有機地靠向當權者。由此可見,管治者與民眾之間的關係,不能單靠落實政策、推動實際改變、「幹實事」,便能維繫或理順。實事求是固然必要,卻並非足夠條件。唯有「洞察民心、掌握民意、反

思民情」，才能讓管治者事半功倍。賢能者有其優勝之處，但若賢能體制的選拔機制中沒有民意一席，則絕不完整、也不可行——因為政治離不開情感，也離不開主觀緯度。

五、 沒有民眾參與成份的賢能模式，　 能符合政治倫理嗎？——論論證問題

來到最後一點，筆者必須在此申明自己的立場。依我所看，民主及賢能政治、民眾主導及精英主導的政權，在一個理想國度或世界中，是毫無牴觸，甚至是相輔相成的。能真真正正以民眾為中心的賢能政治，乃是民主的最佳印證落實者無疑。能確實選拔出賢能的選舉民主制度，也是實踐賢能政治的不二之選。民眾引導精英、精英領導民眾，這兩者之間並不存在任何敵我矛盾或對立，更是互補不足的陰陽對沖。餘此類推，只要精英及賢能能準確無誤地掌握民利、表述及代表民情、贏取民意，則毋須依靠任何廣大群眾參與在內的民主選舉，也能確立一套完善而完備的管治制度。

但現實又如何呢？筆者不是生活在空中樓閣中，也知道現實政治的局限。現實上，沒有任何民眾參與投票、參與制衡體制在位者的體制，能符合政治倫理嗎？一直有讀我專欄的讀者可能會記得，筆者曾提出一個管治三段論：管治必須符合實質正當性、程序正當性、觀感正當性，才能稱得上為正當的管治。現實生活中，我們往往看見賢能政治的倡議者，將「民粹」的民眾視為及標榜為管治過程中的敵人。那且讓我們看看，一個毫無具體民眾參與在挑選（篩選或選舉）過程的賢能管治模式，又能否符合這三大條件，符合我們在政治倫理層面上的期望呢？

第一，談結果。單純由上而下挑選人選的賢能政治，儘管沒有民眾的直接參與，只要在挑選過程當中依照並強調以人民福祉、社會整

體利益等種種政治理想作標準，大有可能在短中期內能維持一定
水平的管治，甚至比雜亂無章、權力分散的選舉民主政權來的具效
率。但短中期內的相對穩定經營，並不足以解決上文所提及的誘因
問題，也難以確保當權的賢能可必然後繼有人，長遠發展下去，甚
至會因制度性「內捲」而導致賢能標準被扭曲，產出腐敗而偏離民
眾利益的接班人。賢能體制有必要引進民意監察及反饋機制，透過
民眾在體制內的發聲渠道，將明顯有違民眾利益的管治者排除在體
制外——這一關，始終都要依靠民眾，而不是政商界精英來守護。
這並不代表賢能政治便要因此放棄精英主導的運作模式：理想的政
治體制，應當由賢能來領導、但在關鍵時刻受民眾大多數的約束及
制衡。

第二，談程序。上文探討過，賢能政治往往嘗試透過客觀標準的考
核、精密的關鍵表現指標、賞罰分明的升遷機制等，確保管治體
制符合程序公義。但問題是，程序長遠會遭受扭曲、操控，甚至變
質。有效的賢能政治的挑選程序固然嚴謹而精細，也能反映出廣泛
而普遍的民眾需求——但又有何「進階」程序，能確保程序本身不會
出現嚴重漏洞或偏差？到底應由誰來定奪程序公義的基礎及標準？
在此前提下，參考由廣泛民眾透過公開辯論及協商，訂立符合民眾
心目中領導應具備的標準，不失為一個合理的補漏方案——賢能大
可將自身對人才選拔的期望，與民眾當刻的期望結合，形成一套既
能反映民眾具體期望，也能維持整體賢能體制的超穩定性的混合管
治價值觀，從而確保管治合乎全面的程序公義。

最後，談觀感。我們有必要確保賢能者具備誘因及能力，妥善地
向民眾解說、游說、表述政策方案的論證及邏輯。民眾信任、尊
重、支持乃是任何政權的最後一道防線。得民心者得天下，失民心
者失天下。在爭取民心的過程當中，不得投向恐嚇、威逼利誘等旁
門左道，因為這些法子皆無法確保政權能得到民眾真切而由衷的支

持。而往往最能讓民眾對體制心服口服的，便是適度（而非過度）的民眾參與，而選舉便是民眾參與方法中為數不多能讓民眾確實見到自身行為（透過所投下的一票）所起的關鍵作用。唯有適度的民主參與，方能確保賢能制度行穩致遠。完全沒有民眾參與成份的賢能體制，並不符合政治倫理。與其爭辯什麼是民主、什麼不是民主，我倒認為我們應當破除選賢與能及選舉民主這兩大體制之間的假對立、偽二元，創造出一套集西方民主及東方儒家思維大成的新穎政治模式。

六、 真假賢能之分：
為何假「賢能」比真「民粹」更危險

現實世界中，假「賢能」比比皆是。一座年年高踞某某排名榜首的城市、一個客觀指標傲立對手群之中的政府，卻仍有可能不足以讓大部分民眾感到真正快樂。這不是因為管治者硬實力或技術能力不足，而是因為他們所落實的政策、所爭取的管治成果、所達至的所謂「硬性指標」，只估計社會中位數或以上人士的利益及立場，而忽略了社會最為底層、也最難透過客觀指標全面量度的基層及弱勢社群生活。無權無勢者，並非那些能在閃光燈及社交媒體上破口謾罵之人，也因為官僚漏洞、體制排斥，而聲音及控訴未能得到彰顯。這些人的生活艱辛，雖未必反映在所謂的客觀管治數據以上，但也絕不能透過片言隻語的甜頭或一時三刻的政策修正便能得到改善。在此作一個立論：若當權的精英罔顧離權力核心最遙遠人士的利益，則根本不配「賢能」二字，極其量只是名義門面上的「賢能」——也即是現代新自由資本主義中往往最能如魚得水的尋租者。

孟子曾在《孟子·公孫丑上》中就着「賢」與「能」之間的區分作出澄清：「賢者在位，能者在職。」能者具備能力，但並沒有賢者的胸襟、分寸、品德，並不能勝任更高的位置。唯有賢者才能當道，才

能執政。現代社會發展過程中，產出了一代又一代自認為是賢能的權貴精英——當中又有多少真的能實踐以民眾為生命宗旨、落實為所有人民服務的宏達政治理想呢？若管治者不諳民情、不看民意、不理群情洶湧的意見等「軟指標」，這只能讓他們充當優秀的執行者及技術官僚，而不能成為真正以人民為中心的父母官。

假「賢能」喜歡以自身較為優勝之處，與他者作出區別，恃着自身的「能」，而罔顧對民眾最基本的「賢」之所求。以他者「能力」及「優越」作定奪他所有權利及社會地位的先決條件，乃是賢能主義走至危險極致的後遺症。且看世上不少國度及城市中的政治權貴，自以為自身懂得講外語、讀多幾本書、在職場上得意非常，便自視甚高，認為值得為自己高超的技能沾沾自喜，搬弄是非，以自身能力經營小圈子山頭、分黨分派。這不單有違傳統儒家思想對賢能「反求諸己」的要求，更只會令真正的賢能對從政官場心灰意冷，也令有能但無財力優勢之士難以獲得發揮潛能、往上游的機會。

這也是哲學家桑德爾《成功的反思：混亂世局中，我們必須重新學習的一堂課》（*The Tyranny of Merit*）中對現代社會的核心批判——我們往往將優渥的地位及尊嚴，通通賦予給符合主流社會成功標準人士，然後將不符社會標準者加諸各種各樣的負面標籤及批判，將其失敗歸咎於他們自身「不夠努力」、「不夠優越」、「不願爭取」，再將他們踢出權力及社會結構之外。將「有能力」旗幟高舉在上者，並非真正值得欣賞的賢能，而是弄權投機取巧者，將「非賢能」者的一切努力與價值扼殺，並將自身上位背後的運氣及偶然視若無睹。也正是這種「成功之上」、「失敗為辱」的二元思維，讓社會上普遍的99%認定精英權貴必然是冷酷無情、不近人情，從而加深了現有輿論所建構出的「賢能」與「非賢能」之間的對立。這些自命「賢能」的社會掠食者，其實不外乎是站在以別人血肉所構建的道德高地上說假、大、空話的道旁兒。在此前提下，假「賢能」比真「民粹」來

得更為危險——起碼民粹者並沒有堂而皇之的理由,可以理直氣壯地將社會底層者污名化、矮化、貶抑。

若不及時化解坊間對遙不可及的「賢能」之仇恨及反感,社會中「一無所有者」——無論是美國的貧窮勞工人士、內地三四線城市曾經飽受昂貴教育及育兒費用困擾的貧苦夫婦、日本飽受經濟停滯不前困擾的「家裏蹲」(hikikomori)人士——又怎願意相信當時當地的政府及體制,乃是以他們為中心去管治?身為管治者,當權者有必要糾正這股歪風,重塑一套能容納社會頂層及底層的宏觀敍述,讓社會上下皆能在同一身份下找到自身定位,否則只會加劇社會矛盾及兩極化。即便是單純談管治的客觀指標,我們也有必要將衡量管治賢能的標準拓展,以社會上最底層或基層人士的客觀及主觀福利作為衡量標準之一。

請注意,我們不是要只顧窮人、不理富人或中產階級,更不是只看到經濟層面上的剝削而忽略文化、膚色、宗教、性別等層面上的剝削。種種的剝削,都值得真正賢能者去關注及探索。即便賢能政治確實是出路,我們需要的,也是真正的賢能,而不是濫竽充數的冒充者。

3.4
愛國難分真與假

2022 年初中國著名政治學者、清華大學國際關係研究院院長閻學通在第五屆中國政治學與國際關係教學共同體年會上,指出了千禧年後出生的內地大學生之間,普遍蔓延一股危險的「自負民族主義」,認為「西方便是邪惡」、「國家未來必定蒸蒸日上」,以「居高臨下」的態度看世界,活在自我感覺良好的優越感之中。

一、 閻老之擔憂、中國的隱憂

他藉此指出兩點,第一,為00後大學生傳授國際關係者,必須敢於糾正錯誤思想、推動思想再開放化;同時,第二,當「愛國主義」過火地演變成「狹隘民族主義」,則必須慎防擦槍走火。筆者在此將蘊涵着「狹隘民族主義」的愛國主義且稱為「極端愛國主義」,與「理性愛國主義」作區別。後者乃是正兒八經的道德義務,前者卻是一種扭曲性、畸形思維,對國家,對個人,皆是百害而無一利。

在此筆者想澄清與強調三點。第一,閻學通不是一名「外國月亮特別圓」的「拜月亮者」,也不是什麼「西方勢力」的代言人。他乃是國際關係學術界中的真泰斗,學貫中西;在國家主權及核心思想問題

上作出過關鍵而重大的理論建設，也是當代國際學術界中德高望重的公共知識分子；閻前輩也曾在中國現代國際關係研究所工作，同時兼任不少中國頂尖調研機構的高層及理事。閻學通教授的學術成就，絕對足以讓其毋須為了「取悅」某些群體或受眾而說特定的話。

第二，儘管如此，我們不能一竹篙打一船人。筆者所接觸的不少內地頂尖大學生，對國際形勢及中國的不足，還是頗為瞭如指掌的。即便我身在清華及北大的年輕朋友很愛國，卻不會讓「愛國」這一點蒙蔽客觀的世界觀。2021年末美國卡特中心公布的民調結果，固然發現中國青年（16歲到24歲）中有超過八成人，認為國家在國際社會中的形象乃是「非常正面」或「正面」，但也有兩成人左右認為國家形象欠佳，需要改善。由此可見，閻教授固然是從自身經驗中查找教學方法中的「不足」，但未必完全能反映事實的全部。

第三，在剖析國家新世代的心理之時，我們有必要將國粹主義、自負民族主義的崛起，置身於一個更宏觀的全球性框架之中——綜觀全球，不難看見「認同政治」（詳見福山〔Francis Fukuyama〕最新著作）在互聯網的監控資本主義（surveillance capitalism）大力鼓吹及扭曲個人行為及價值觀、「部落政治」（tribalistic politics）等的影子。不但是中國，其實世界各地（包括英美、西歐、東南亞諸國）也出現一股「民族主義」潮，這大可被解讀成橫跨全球各地，回應全球化的一種由根反撲。也因此，筆者對某些外國聲音所指的「中國青年人尤其『愛國』而失去理性」，有點兒不以為然。民粹民族主義固然是禍害，卻並非中國獨有的。

二、 「真」與「假」愛國之分

愛國，本質上不是問題，更甚至可說是一種義務。敬愛自己的國家、為自己國家的共同體（理性而合理）奮鬥，為同胞爭取更佳的生

活水平，此乃是在一個紛亂非常、四分五裂的國際環境中，一個既能自保、也能保障身邊或社群中的夥伴權益的生活態度。真正的愛國，並不會過火、更不會本末倒置地將個人利益置於國族或群體利益之上。真愛國無罪、無錯，也不應被妖魔化。

以下筆者的批判對象，乃是「假愛國」。何謂「假愛國」？「假」在哪裏？

「假」愛國人士，主要有三種：

第一，表裏不一愛國者，口頭上表示自己十分愛某個國家，實際上卻是拿着外國護照、享受着外國的庇佑、心底裏其實是看不起國家，認為愛國只需「口頭工夫」，毋須真實而妥適地愛國。這些愛國者之所以為「假」愛國，乃是因為他們干犯了最原始的錯誤，乃是虛偽、蒙騙、口不對心。當中尤為機會主義的，更是透過愛國，來撈政治或金錢油水，認定只要大剌剌地「愛國」，便能迅速上位，及早發達。且稱此類愛國者為「第一類」人士。

第二，極端失智愛國者，雖然確實由衷地深愛着自身的國家，卻因為自身的熱中及過度的敬愛，而走上了一種禍國殃民的不歸路。這些人士認定因為自己要愛國、自己很愛國，所以國家一切都是好的、一切批評國家的聲音都是壞的，甚至將任何對國家現況不滿者，認定為奸細、反國勢力、對國家不利的「叛國者」。這些人之所以為「假」愛國者，乃是因為他們將「愛國」本質上所蘊含的理性制衡徹底摧毀，單憑主觀而衝動的情感行事，結果一事無成。此類愛國者為「第二類」。

第三，民粹反動愛國者，以「愛國主義」為名義及旗幟，高舉「國家利益」、輕輕放下實際管治及民生所需，煽動民眾之間的民族主義，要挾管治者去為他們的政治目的服務。這些人士雖然口中時常掛着「國家利益」，卻是透過挑撥離間及對一切反對聲音的批鬥、妖

魔化、它化，將「愛國」轉化成一套政治工具，擾亂社會秩序。這些人是「假」愛國者，因為他們並沒有真真正正將國家利益放在首位，而是透過策動民眾輿論，迫使當權者進行有違國家民眾實際利益的政策決定。此類愛國者為「第三類」。

這三種愛國者，並非真正愛國。

此時讀者可能會反駁——怎地以上的不算是「真愛國」？難道「愛國」也要講究素質嗎？

正是！此因為愛國本質上不應只是一個「表面」的行為表述，而必須是一個綜合評價。首先，我們必須考慮，「被愛者」的利益，是否因你的愛而受損害。若你自以為很愛一個人，將其禁錮在家中，每日向其餵山珍海味，這不是愛，這是虐待。

再者，我們必須認真對待愛國的「持久性」——愛國不能是一個衝動或隨機，忽發奇想或情感主導的偶然過程。若一隻猴子在打字機上亂打亂按，寫出了莎士比亞名著，我們不會說，「這名猴子懂得莎士比亞的對白，是一名文學天才」。同樣道理，受民粹手段挑動而「愛國」的大眾，並非真正愛國。

最後，動機十分重要。若我是為了一己私利去幫助街上的窮人，我不會是一名「捨己為人」的無私者，因為我的動機是發自想被他人敬仰及稱讚的功利心。同樣道理，即便部分愛國人士進行的部分行為乃是理論上符合國家利益，對國家短期內有利，甚至與「真」愛國者的所作所為重疊，這也不能讓他們成為真正的愛國者——他們頂多只是自稱愛國，拿着國家旗幟來撈政治油水的識時務者。

三、「假」愛國的來源

假愛國何來？以上三種假「愛國主義」，並非新生代獨有的問題，也不應單純地怪在教育制度之上（也正因教育制度未必能獨自全面栽培或培育正確的價值觀，才令以上的扭曲性行為及思維得以植根萌芽）。

筆者曾出席不少有關中國政治的峰會及論壇，當中有不少與會者認為，如今中國「假」愛國的來源乃是「由上而下」──也即是源自於當權者及政府對論述輿論的影響。個人而言，我對這種觀點有很大的保留。固然它有有限的事實根據作局部性支撐，卻絕非一個全面而客觀準確的剖析框架。過度側重政府對輿論的直接影響，只會令分析失去應有的廣度及深度。

筆者認為以上三種扭曲性愛國風氣的崛起，大概有五大因素。提出這些解說，乃是為了豐富現有的公共輿論，以免任何有關內地民族主義的學術討論皆變成一套政見立場壟斷並主宰的鬧劇──在此必須要以正視聽。同時，這些解說不是為了為極端愛國主義開脫或合理化，而是一個政治學分析的必須及前提──沒有全面的事實基礎，何來道德審判？

第一，近年國內民間對國際形勢的評估中冒起了一股新「共識」，乃是「東升西降」。霍炳光（James Fok）最近推出的力作《中美金融冷戰》（筆者直譯）（*Financial Cold War: A View of Sino-US Relations from the Financial Markets*）以及前摩根士丹利亞太區主席羅奇（Stephen Roach）的《意外之戰》（*Accidental Conflict: America, China, and the Clash of False Narratives*）中便指出，自2008年的國際金融危機以來，中國國內便存着一股正在茁壯成長的「體制自信」──認為西方那一套「已經過時」，以及「不能讓其獨霸世界舞台」。這種思維在西方種種軍事地緣與國內政治上的挫敗──包括俄羅斯佔領克里米亞半島、英國脫歐、特朗普當選、新冠疫情處理手

法，以及美國從阿富汗的狼狽撤離——皆變相似乎得到印證，令不少對國際事務具備基本認知的中國國民，皆認為二十一世紀乃是中國的世紀，繼而從當年的仰視變成平視，甚至俯視西方。

此思維本身並無問題，但在有機心人士（第三類）的煽動及以偏概全下，正面積極的「平視」思維，卻變成了導致部分民眾（第二類）罔顧一切客觀限制，以自身主觀意志投射作為建構其國際觀的主導思潮，將理性的「東升西降」分析變成令自信過度膨脹的誘因，實為不智。

第二，客觀而言，外國對中國在輿論、經濟、政治等層面上的攻擊、批評、抹黑，以及打擊，確實令不少國人對外國產生由衷的厭惡。常有人表示，國內的「小粉紅」皆是受了資助的「金牌打手」，但這種說法徹底罔顧了中國公民社會中，確確實實累積着針對外國（尤其是西方諸國、英美等「白人至上國家」）的極大怨氣。在不少國民（包括受過高等教育的年輕人）眼中，歐美對中國的指控，反映着一種「雙標」、「白人至上主義」，以及制度性傲慢。國民對外國的窮追猛打有所厭倦及反感，此乃合情合理的。可惜的是，在一小撮民粹色彩的「關鍵意見領袖」（第三類）以及為了牟取私利而鼓吹愛國的人士（第一類）之刻意營造下，民眾對西方的仇恨變成了驅動極端而危險行為（稍後再說）的根據，此乃是不幸，更是陷絕大多數理性愛國人士於不義的做法。

第三，即便體制本身對民族主義有系統性監管（詳見何包鋼2018版的《民族主義、民族認同和中國民主化》一書），但國家體制乃是一個龐然巨物，本質上也會有斷層及盲點，甚至出現政治體制上、中、下層協調失衡的情況。對於個別人士來說，尤其是希望能透過看似愛國主義行為表述自身忠誠度的基層公務員而言，將「愛國主義」變成鮮明而琅琅上口的口號，可能是獲得提拔的最佳方法，變相將表面的「愛國」變成良政善治的替代品。可幸的是，此風氣近年

在國家主席習近平倡議的「十個重大關係」中的「依規治黨，依法治國」關係以及「不走過場，不流於形式，求真務實，注重實效」等思想調整下，有明顯改善──但要糾正體制內前線的風氣，仍須一定時間及努力。

第四，極端愛國主義也有可能源自商業及網上輿論生態等所構成的私利因素。如鄭永年教授在《有限全球化》一書中所提出，如今國內出現了一種商業民族主義，將愛國變成了一門生意，背棄了以人民利益為本位的階級鬥爭路線，甚至將國家命脈及愛國情懷綁上了一種畸形的資本主義邏輯。網紅、作家、KOL、自媒體等，透過表面上「十分愛國」、「十分忠誠」的語言及行為，將「愛國」變成了單純的投機商業操作。以上提到的第三類「假愛國」人士，正是此產物鏈中不可或缺的一群人──他們透過捏造事實、虛構有關國家成就的撰述，以及提出各種各樣似是而非、半真半假的時事評論，以嘩眾取寵的手法贏取點擊率，從而賺取豐厚利潤。也正是這些人的技術操作，讓以上第二類人士──也就是真真正正對國家抱有歸屬感的觀眾──墮入假新聞的思想圈套，為國家長遠利益添煩添亂。透過愛國言論賺錢本不是問題，但若賺錢取代了對國家應有之義，成為主導言論的基因，則是有違基本倫理要求。去年共青團中央發出一篇題為「『愛國生意』當休矣」的文章，一針見血地指出了以上風氣的歪曲及禍害。

第五，也就是非常關鍵的一點。我們不能忽略「不可預料結果之法規」（The Law of Unexpected Consequences）的魔力。「真」愛國與「假」愛國，有時候可能只是一線之差。具建設性的積極愛國思維若在民眾中植根，能讓民眾看到服務國家的必須，更能讓他們不因自身文化、出身感到自卑，不受外來後殖民及新殖民思潮所操控及壓制。這種自信絕對是正面的。筆者在內地教授英語及辯論之時，曾多次在閒談間聽到友人表示，「咱們中國人學英文，不是為了顯擺

（show-off），也不是因為英文了不起，而是因為中國是要成為國際
社會的一部分，我們要成為（多極）世界公民的一部分。」他們同時
也會為國家的成就及經濟增長感到自豪。這是令人充滿期待及希望
的年代。

但即便是如斯良性的愛國主義，在群眾輿論及回音室效應疊加下，
也有可能產出惡質的「變異」愛國主義。正如海特（Jonathan Haidt）
的《好人總是自以為是：政治與宗教如何將我們四分五裂》指出，美
國如今出現的政治分歧，很大程度上乃是源自於人民的有機分裂，
而此分裂過程中未必一定是受政客或媒體影響所主導，更反而是出
於人類本質上的認知偏差（包括確認偏誤〔confirmation bias〕、歸
因誤差〔fundamental attribution error〕等），以及在對話討論過程
中出現的兩極化。人民若要證明自身屬於某個群組，為了「融入」群
眾（第二類愛國人士），只好誇大對某些立場或價值觀的忠誠程度，
拒絕妥協或讓步，從而令共識「愈操愈烈」。俗語有云，通往地獄的
大路，往往是由善意鋪就的。

四、　結語——反思為何要愛國

在不公不義（包括列強帝國主義的剝削、威嚇）當前，不向強權低
頭，這原則上乃是沒錯的。在國家發展迅速及蓬勃之時，出於自豪
及驕傲，為國家出一分力，這也是完全沒錯的。愛國無罪，自強也
無罪。但當愛國被扭曲、被操控、被轉化成一股有違基本政治道德
倫理及國家實際利益的行為及思想套路之時，則是我們不能忽略的
警號。接下來，我們將會探討以上提到的三種「假」愛國，如何實際
上對國家及國民構成禍害，以及新世代大國風範下，國民具備的理
性務實愛國情懷應當為何。

3.5
論實幹愛國主義

「國家」這概念，你觸不到、看不到、聽不到——但憑你的心，你能感受得到。我們沒可能觀摩到國家所有的壯舉成就，也沒可能洞悉其一切的黑暗面，但國民與國民之間，卻是以一條隱形的繩作聯繫，將我們的心、我們的根，與國家每一道河流、每一片平原、每一位在城內勞碌工作的夥伴、每一位長途跋涉地尋覓自己人生道路的年輕人、那一位「流調中最辛苦中國人」打工尋子的散工父親、那一名在學院中堅持存好心做實事的國際教授、那一位在國家被妖魔化的時候站出來說真話的堅實知識分子，撮合連結——這就是「國」，這就是我們共同擁有的思想共同體。

一、　以正視聽的數點澄清

有朋友跟我說，「你心目中的理想愛國，說起來很容易，聽起來很動聽。但現實世界永不理想，我們又怎能苛求愛國者必然要符合你所說的『真愛國』願景呢？」

在此，我必須用三點以正視聽——首先，指出什麼是假愛國，並不等於認同或主張愛國必須符合某些唯一或唯二標準。每一個人對國

家的認知、對國家的看法，以及對改善國家同胞們的追求，大可以
與其前輩、同輩、朋友們有着執行層面上的差異。只要執行差異不
牽涉到路線錯誤，並沒問題。愛國本質應是一個多元性而包容性的
過程、思維、主義──若將愛國等同於某些特定口號、話語套路、
行為舉動，這與我們必須提防的「假愛國」主張又有何分別？愛不愛
國，乃是一個圓圈，不是一點，也不是一條線。凡是在圈內的，都
是愛國──這樣才能讓愛國變成「心之所繫、情之所歸」。

再說，現實固然是不完美的，也正因如此，我們才有改善現實的義
務。以愛國者來管治任何一座城市，乃是國家管治倫理的基本應有
之義。可是，如何落實這一點，如何確保我們從形式愛國邁向實幹
愛國，此乃是一個過程，不能一步登天、更不能一步到位。愛國主
義是具體的、現實的，而不是虛妄的利益所堆砌而成。若現況一切
都是完美，那我們又何須社會工作者、學者、專家、知識分子，以
及政治人才去推動改革、創新、開放、前進？愛國是管治方向，也
是改革原則。

正因如此，我們也要敢於更新、革新我們自身對世界的認知，拓展
自身對國、國民、國家同胞、國家命運的了解及反思。若沒有向內
的自我革新，又怎能向外推動着地改革？就拿筆者我做例子吧。我
雖然生於斯，長於斯，也常年北上回內地進行義務交流及語言訓練
工作，也曾因自身立場被群眾起底、攻擊、抹黑，但我自問對國家
了解仍未足夠。內地很多內陸省份城市我也沒去過。我們都是在學
習路上，不應也不可以一個居高臨下的心態進行「自我感覺良好」的
分享，更不能將自身標榜為什麼愛國典範。

以下這篇文章，將有兩部分。第一部分，將會探討「假愛國」的禍
害，將上一篇以實證例子完整化。第二部分，將會撰述筆者對「真

愛國」的一些看法：愛國者必須精準慎重敬愛祖國、勇於落實務實的行動、擁抱一國下多元，方稱得上為「真愛國」。

二、　「假愛國」的禍害

《晏子春秋‧內篇諫上七》有云，「利於國者愛之，害於國者惡之」。愛國是一個具體而動態的過程，而最佳的衡量標準便是，君的「愛國」行為，是否有利於國家內部及對外的主體穩定，是否對得起同胞的關鍵利益，是否符合真相、良心及人與人之間的仁義道德約束——若「愛國」最終害國誤國，這絕非愛的真摯表現。在此前提下，以「禍害／利益」分析框架來評論「假愛國」，絕不功利，而是促進為國家做出貢獻的前提。

「假愛國」的禍害有兩大。

1.　擦槍走火

「假愛國」人士，大有可能令國家在國際舞台上被邊緣化及排斥，又或是導致軍事擴張主義（militaristic expansionism）無限膨脹，最終令國家被捲入不必要的戰役和衝突之中，從而構成戰略透支（strategic overreach），為領導管治構成不穩，同時也禍國殃民。

上文提及的「第二類」偽愛國者——也即是「極端失智」者，往往干犯三大錯誤：首先，將國家自身的實力及現有設備無限誇大、放大，以至忽略制度性弱勢及不足，以自負自信遮蓋弊端及漏洞，並同時將一切批評聲音排擠在公眾輿論之外；再者，永遠認為自身對國際形勢的判斷及價值便是對的，便必須是真實的（naive realism），而別國的出發點永遠都是邪惡而有違道德倫理的（naive cynicism）；並將劍拔弩張的投射、反噬、回擊視為回應外來挑釁者

的唯一解決方法。這些行為取態，只會令不少人民將任何外國的批評皆上綱上線，間接鞏固「第三類」偽愛國者以民粹反動形式的政治利益——後者透過操控媒體輿論、煽動草根團體情懷，驅使管治者不得不將這種國粹主義反映在外交或經貿政策之中，從而引致以下三大問題：

一，若國與國之間發生衝突，以上的民意主流令基層前線者在「穩守崗位」與「以牙還牙」的選項之間，有可能會趨向於後者，以免觸動民怨，從而增加了「擦槍走火」的風險。與此同時，極端愛國主義讓外國別有居心的勢力能有機可乘——因為普遍的愛國思潮，往往在西方國家內被視為難以控制而一發不可收拾的公眾情懷；在此前提下，個別外國政客大可能以為照辦煮碗，透過挑撥中國民眾情緒，從而間接影響中國政府對外行為及言論——這也是所謂的「回力鏢」效應（boomerang effect）的實際邏輯。正因為民眾反應比受過訓練的資深官員來得容易擺布，所以「草根愛國」才有其所帶來的獨特政治風險。筆者不怕體制內的務實愛國，只怕民間個別人士的過火愛國。

二，極端愛國主義，也有可能將政府所視為必須捍衛的「主觀核心利益圈」無限擴大，將從政者本認為可以作為還價或商討的「主觀次要利益邊緣」縮小。具體點來說，高漲的愛國情懷，有可能將施政所需的韌度（elasticity）摧毀，將一切本應可作協調的空間扼殺，並導致政府「過度承諾」（over-commitment），被捲入不應被捲入、也毋須蹚的渾水風波。讀者可能會問——過度承諾、過於沉迷於「輔助」其他國家，成為「世界警察」，這似乎是跟帝國主義相關，與愛國主義關聯不多，怎能將兩者混為一談？

筆者有兩點回應。第一，投機非常的「第一類」偽愛國者，往往言過其實，只將國家良好優勢一面突出，報喜不報憂，從而令他者及決

策者高估在戰爭中勝出的機會、低估國家所要付出的成本。第二，
「第三類」愛國者的民粹主義，往往夾雜着一種顛倒是非的黑白二元
世界觀，驅使國家去扛起國家實際利益毋須要其接受的國際地緣關
係重擔，變相增加了因盟友及國與國之間的「承諾」而捲入軍事衝突
的風險。這些例子，比比皆是——從墨伽拉（Megara）被封鎖制裁，
挑動斯巴達認為要「懲治」「不識好歹」古雅典而所引起的伯羅奔尼
撒戰爭（Peloponnesian War），到奧匈帝國皇儲被極端塞爾維亞國
粹分子普林西普（Gavrilo Princip）所刺殺而所引起同盟國和協約國
之間的第一次世界大戰，以至因一戰過後的《凡爾賽條約》所引起德
國國內的「國辱」論述下所崛起的納粹主義，極端愛國主義與軍閥主
義，絕對有一定程度的因果關係。

當然，在此必須澄清一點，當外國勢力確確實實赤裸地削弱我們領
土及關鍵經濟利益之時，我們站在道德及政治現實層面上，必須嚴
厲反擊。但同時，我們必須提防過度膨脹的愛國思潮——尤其是具
備民粹及失智特徵的愛國情懷——將我們的觀感及判斷扭曲，讓我
們錯把挑釁當作威脅，再將虛張聲勢的威脅等同於被侵略及攻擊的
前奏。唯有理性處事，方能捍衛國家利益。

三，假愛國思潮，只會導致國家商界及消費者，投身於損人不利己
並反理智的「經濟民族主義」之中。在此我們且拿特朗普治下的美
國作例子。特朗普為了論證自身的政治光環，將中國設定為美國的
（假想）敵人，並發動自損三千的貿易戰，理由十分牽強：他要幫美
國贏回「就業機會」。正如 Philippe Aghion, Céline Antonin, Simon
Bunel 在 *The Power of Creative Destruction: Economic Upheaval
and the Wealth of Nations*（《創意性毀滅：國之財富與動盪》）中指
出，這種說法的精準度很低：首先，固然「封殺」從中國入口的商
品，確實能打擊中國國內依賴向美國出口的生產商，但這並不代表
就業機會會回到美國——因為騰出來的需求，即時被其他非中非美

的第三方所填補；第二，美國有不少企業皆是依賴中國市場及原材料供應，中國所發動的經濟反擊，對美國貿易及出口界的打擊也絕不能小覷；第三，由中國所引起的良性競爭，本來驅使美國國內商家必須提高產品素質，以挽留及吸納民眾——沒有了這種競爭壓力後，美國顧客所享受的產品素質自然相應而降。這裏，美國為大家提供了一個很好的反面教材——盲目推動產品杯葛，以愛國之名削弱自身國民利益，有違基本政治倫理。這一點，第一和第三類假「愛國者」必須正視。

2. 寒蟬效應 不得不提防

「假愛國」人士，也往往令愛國蒙上了不必要的污名，令民眾不敢參與在理性、實幹、具建設性的公眾討論之中，間接產生一種根深柢固寒蟬效應，甚至劣幣驅逐良幣，讓普遍民眾錯將「愛國」視為等同於獻媚表態的門面工夫。這一點，非但陷真正愛國者於不義，更是對國家利益毫無益處。若我們愛一個人，我們不會無時無刻都提醒他們，「我好愛你」、「你真係好可愛」。這些話，說多了，也就變質了。

有三點隱憂尤其值得留意。第一，「愛國」與「反國」淪為供人上綱上線的工具及論述把柄。第一類及第三類上文所提及的人士，將「愛國」當成自身的政治本錢，凡是冠上「對國家好」四字的政策倡議，彷彿便是獲得了免死金牌，毋須以社會、政府、方方面面人士的利益作量度標準，也「免於」良政善治應有標準之下的審視及判斷。反之來說，任何有違他們政治利益的，只要冠上「反國」二字，便在一個「莫須有」的前提下被扔出討論之窗外。固然懂得國家利益、了解大局之義、為民族及國家奮鬥，乃是從政者的基本責任，但若只懂得口說「國家利益」、向他人卻是推銷團團夥夥的山頭主義，並嘗試將國家利益收編麾下——這並非愛國的表現，更有違從政者的基本

操守要求。長遠而言，這種做法，只會將不懂得包裝、也對國家認知不深的有心人貢獻及輿論排擠在外，令即便願意兼聽則明的聆聽者，也難以準確地掌握民情及民心所向。

第二，這種政治論述，鼓吹的乃是一種過於單面性而流於表面的愛國思維，對擴大國家支持基礎，並無益處。比方說，假設你正在與對國家有興趣的外國朋友打交道——若你一來便強調自己為自己國家感到十分自豪、認為所有不遵守自身國家那一套的便是錯的（有不少歐美聲音便是以這種居高臨下的傲視來訓示我們，說三道四），然後嘲笑對方水平不足，固然這必然能反映出你的「愛國」程度，但對國家廣結良緣、有容乃大的任務來說的效果，卻是乏善可陳。請注意，筆者同樣不認為我們要故意示弱、裝成人畜無害——取悅別人的年代早已過去了，我們也必不能引喻失義，讓自卑感凌駕了我們的理性分析。

但在自貶身價、自我膨脹之間，我們需要的愛國，大前提必須是要讓非中國人也看到及感受到國家的胸襟、吸引之處，而不是因一小撮極端者而讓國際民眾對國家及國人產生誤解，甚至以為國家崛起下，這種自吹自擂乃是我們新世代的對外作風。正如張維為教授所言，「中國是一個文明型的國家，文明型國家的『愛國主義』有自己的特點……中國人對國家的理解，是千千萬萬個無數的『小家』和國家這個『大家』的關係。」正因為我們視國為一個「大家」，我們不應視之為一個排他性強的「小家」，而是一個能海納百川的愛國情懷。要愛國，更要讓他人也甘心自願地愛上我們的國家。反之，若我們將「愛國」的定義過於收窄，則只會令有意了解國家者卻步，讓對國家抱有疑問者噤聲，絕非健康的現象。

第三，極端愛國主義，為管治領導添煩添亂。其不但在國家對外層面上帶來極為負面的影響，也在本地層面上令普遍民眾對國家產生

反感。設想一下，若愛國如斯本質純潔的情懷，變成了口是心非的第一類假「愛國」人士的政治把戲、第二類假「愛國」人士的瘋狂宗教式信仰，以及第三類「愛國」者的民眾情緒操作，這讓真真正正為自己國家感到自豪、驕傲者，又怎能去理解自己是否愛國者這個問題？愛國不應被視為一個負面的包袱，絕不膚淺，也不是如一些缺乏歷史及大局觀者口中所說的「非理性」。但若愛國在某一地區或政治生態中淪為門面操作，則難以說服其中的絕大多數民眾去真真正正地為國分憂、為同胞排萬難。

三、 「真愛國」──實幹「愛國」

以上種種分析，並不代表我們需要摒棄濃厚而強烈的愛國主義。愛國愛得激烈，也可以是一種合情合理的愛國。本身愛國就是一種同時具備情感與理智的價值觀──即便君抱有高漲非常的愛國情懷，只要此情懷不將君的理智思考遮過，自然不成問題。但理智與情感必須有所平衡──強烈的情感，必須以同樣鮮明的理智作為約束。站在中國角度而言，我們需要一種實幹「愛國」主義，方為二十一世紀中國公民的應有風範。筆者有三點倡議──愛國必須精準、務實，並多元化。

第一，精準愛國。愛國者必須立心動機良好、以國為根與核心，並以有效服務國民大眾為己任。同時，愛國者必須時常警惕被民粹、自負、狂妄、排他思維所操控或玩弄的風險，切記要以理智中和情懷，以理由（或文明）來說服他人。心中無國，則不能稱得上是「愛」國；目中無國，愛的對象則絕不會是「國」。心中有國，需要一種持久而經得起考驗的熱忱、敬佩以及潛移默化的價值觀內在化。目中有國，則需要我們增加自身對國家的認知，在欣賞其成就之時，更要找出並清晰掌握其民間疾苦、其不足不幸，並以改善國家實況為

自身使命之一。之所以要「精準」，乃是因為若愛國力度過火，只會幫倒忙，將國家及官僚推向危險邊緣；反之，若愛之不足，則令愛國淪為面子工程，而未能落地生根。2013年11月，中共中央總書記習近平首次提出精準扶貧這個說法——扶貧必須實事求是，因地制宜。同樣道理，愛國也要精準，不能濫竽充數，必須將思想落地。

第二，務實愛國。愛一個國家，你不只是要為其說公道（但絕不虛假）的說話，更是要捍衛其民眾最廣泛利益。有個別人士嘗試將民眾及政府，國家與管治者切割——這種說法站不住腳，因為本質上忽略了國家領導者在推動及落實管治的攸關角色。只要當權者確確實實是為人民服務；只要當權者仍能維持一個穩定而對得住絕大多數民眾的政治管治架構，愛國者便有必要接受此制度的存在。當然，此制度如何調整，如何修改，如何改革，絕對值得探討，也不能故步自封而一成不變。但變的目的不是為了推翻制度，而是為了透過改良制度，為人民爭取合理而應份的福祉。在這前提下，一味高叫「愛國！愛國！」但對堵塞制度漏洞、化解制度僵化、改善制度現代性、完善制度競爭性及真實問責毫無思考者，則應當反思，究竟自己是怎的愛國？如何愛國？一味集中於國家不足之處者，其妄自菲薄，乃是對不起成萬上億的同胞。同時，徹底罔顧國家弊端、問題者，其過度自信，則只會堵塞忠諫之路也。兩大極端，同不可取。

第三，多元愛國。愛國的方法有很多種。我們沒必要以「愛國」作為一門競賽標準，彷彿愈是愛國者，便愈是具備高尚情操。正如我們不會見到陌生人便問道，「你今日刷了多少次牙？我刷了十次，棚牙好乾淨！你棚牙唔夠我乾淨！」愛國可以行動證明，也可以在心中；可以文字及言語說明自身思考，也可反映在妥實的地區工作之中。不同地區、不同城市、不同階級及社區的人，對國和愛國的解讀都可能大有不同。他們可能同樣地愛國（也可能是同樣地不愛國），但我們不應被不必要的意識形態及枷鎖限制，讓我們在廣大的愛國者

群體中分黨分派——這種做法，有違國家實際情況，也不符愛國應有之義。

一個人從不愛國，走向愛國，是一個動態的旅程，也是一個日積月累的心路歷程。若把不愛國者全部拒於門外，則只會令愛國變成一門小圈子的遊戲，而不能團結方方面面、各式各樣的的人士。但與此同時，我們必須時刻警惕，提防「假愛國」以愛國之名行自身利益之實。天若有情天亦老，人間正道是滄桑。

3.6
現代化必須實事求是

何謂現代化？

當今學界對現代化的研究理論多不勝數。有不少聲音表示，現代化
乃是西方社會諸國獨有的歷史經驗，若要在非西方的地區國家實
踐「現代化」，則必須將西方選舉民主主導的政治體制、基本主義
為（甚至是唯一）基礎的經濟邏輯，以及其所象徵的文化民族多元理
論，全盤地重新複製，方能成為「現代大國」。也有聲音認定，現代
化的基礎乃是要去西方化、恢復一種純粹的文化自信，必須在弘揚
自身文化之時，同時將「殖民主義」及「帝國主義」徹底去蕪存菁，
方能產出一個現代社會。「現代化」，就好比「良政善治」一般，在
一百個人眼中可能有多達十個不同定義，正正印證了我們主觀觀點
與角度對自身社會觀與研究方法論的直接關聯。

一、　現代化即是「有序的全面發展」

今天在此提出的論點很簡單——無論是中是西，放諸四海，現代化
的衡量標準，應當是「有序的全面發展」。有序的全面發展，須反映
當地社會具體實況的方針與政策，否則只會淪為空中樓閣。反之，

若要實行有序的全面發展，管治者必須兼聽則明，不應陷入盲目的二元對立或過度自信迷思陷阱之中，忽略自身漏洞弱點、更被情緒化而片面的自負所綑綁，導致社會整體停滯不前。不問因由地崇拜某種意識形態或文化——姑勿論該意識形態內部本身是否成立合理——皆是不可取、不可為的。唯有通過實事求是的反覆拷問、反思、修改、批判，方能落實真正的現代化。

這裏的「全面發展」，指的遠不止於單純的經濟發展或純增長，而是在於人民生活水平能否改善、文化價值觀是否完善而動態兼容、法律制度是否同時穩定與公平、管治體制能否有效地反映（或起碼不壓抑）民意及民眾利益，從而實踐全面性的綜合國力提升。至於「有序」，則是一個甚為關鍵的指標——綜觀世界歷史，並不缺乏政權通過高壓管治手腕及資源剝削過程，取得一時三刻的經濟成果；又或是通過各種各樣的排斥性、壓榨性組織，將他國及他處人民轉化成自身的奴隸，為其所用，並導致其順利成為獨攬一方的世界霸權。這些行為所帶來的惡劣後果，對整體世界秩序及當地社會秩序——尤其是對於被欺壓及排斥的弱勢一方而言——正意味着這些所謂「發展」，並不足以讓這些社會走入現代。秩序是一種約束，也是一種對發展的要求。

二、 「有序的全面發展」的三大扼要

一味追求量、則只會忽略整體社會運作、發展成果的分布、人民生活空間與公義方面的迷思。反之，只重質不重量的發展觀，則只會將發展的前提——也即是，經濟底蘊及本身所包含的整體生產力——徹底摧毀及阻礙，長遠削弱人民改善自身生活的資源與能力。

在此前提下，「有序全面發展」又有何特徵？第一，一個現代經濟必須具備增長及昇華的雙重特徵。一個負增長，又或是失去驅動引擎

的經濟,即便在部分財富分配方面上變得更為平等,也不能被視為正在積極發展——因為經濟大小定奪該國在國際社會裏面的相對地位,也同時反映了已被釋放的潛能,揭示着該社會的前進潛能與空間。同時,該經濟也必須「昇華」——必須盡量地確保所有公民皆具備享受增長盈利的權利與能力,而不應只有一小撮權貴或精英,得以享用從本身優越基礎上所建立與獲取的成果。社會要進步,首先需要賦予最為缺乏機會者,平等參與在社會及經濟建構過程之中的權利。

資本主義固然有其缺陷,卻是綜觀全球各地近數百年以來,最能在短時間內釋放人民生產動力、捍衛人民生產後享受利潤的應得安全感,以及驅動創新及進步的經濟範式與制度邏輯。美國能成為世界第一大國,固然其帝國侵略及軍事實力「功不可沒」,但也絕對離不開其資本主義主導的社會對吸引人才、匯聚資源與金融、通過創造性破壞驅動科技創新等的龐大作用。當然,一旦資本主義淪為財團龍頭壟斷的工具,這只會本末倒置地將普遍基層生產力及安全感摧殘。解決這些問題,需要非市場機制(包括政府及公民社會)作出相應調整制衡,以確保社會上絕大多數人皆能參與在這個「現代」之中,並從中得益。但資本主義極致的禍害,並不能被當成否定資本主義整體的理據。

第二,一個現代社會的管治模式必須同時體制化並具備長遠可測性。筆者並不認為「選舉民主」是落實現代化的唯一,甚至並不認為是永恆最佳辦法。這是因為若執行及落實不善,配以動盪複雜的社會環境與充斥利益集團的金錢政治下,選舉民主只會淪為財閥民主,而並非真正的以民為主。但反之,若一個政治制度沒有制衡、沒有能持之以恒去監管着挑選、篩選、繼任、執行的原則、沒有適度的平衡與逆向思維,即便是多麼出色的決定者,皆有可能會因種種內因外患,而失去理智主導政策的能力。長遠而言,沒有適當平

衡及內部反駁的管治者，則只會墮入受局部而片面的主觀意志所主宰的困局，導致難以估計或理解的政策決定。現代化乃是將政權政策的實質決定權從（一，或數）個人手上轉移至普遍老百姓手中。須知道，這並不一定是以西方現存的選舉民主來落實。具備良好制衡及透明管治原則的賢能主導政權，也可以滿足這一點。比方說，新加坡政府的賢能體制大抵能持續地將民眾利益及聲音轉化成管治團隊的關鍵行為指標，通過黨內提拔、重視基層經驗、強調廣泛的國際歷練接觸、自小在未來領袖中培育其公民意識等，確保管治團隊融會貫通地把民眾利益納入體制以內。

但無論是選舉民主還是賢能威權，需要的乃是一個制度，即便沒有了特定個體，仍能持續經營下去。多厲害的個人，也只能執政短短數十年。唯有歷久不衰的制度，才能將管治延續數百年。

第三，一個現代社會運作模式的宗旨在於其將偶然變成必然、將例外轉化成恒常的「沉澱」過程。這也是為何有不少西方哲學家及社會領袖，認定現代社會必須摒棄主觀色彩濃厚的思維論述、或是情感為主導的行為模式、又或是宗教及其他所謂的「迷信」（註：筆者並不認為宗教是一種必須否定的「迷信」，但宗教確實可以導人迷信），以迎接客觀理性、科學科技為主導的現代認知論。現代社會本質上與科技密不可分——密不可分的程度，遠超過近代（現代前，premodern）兩者之間的關係。科技與科學嘗試就着我們所有的經驗體驗，提出能梳理並融會貫通的解說，透過反覆檢驗、應用、提想，從而迫使我們生活趨向恒常化。工業革命，讓英美等地迎來現代。五四運動，讓中國近代歷史上看見現代化的曙光，通過「賽」先生與「德」先生，將偶然、或然、毫無人情或倫理可言的帝王制度推翻，打倒封建對人民所施以的枷鎖。以上三大特徵，能夠足夠地涵蓋各種各樣的現代化模式，而並不止於「中國模式」或「北歐模式」、「美國模式」或「英國模式」。若要真正地為「現代化」下一個不偏不

倚的定義，我們不能以任何特定地方或社會的模式作唯一標準：閉
門造車，只會導致理論及現實層面上車毀人亡。

三、　有序的全面發展觀，必須反映具體社會實況

有序的全面發展，需要我們貼近社會實況與現實，不能一蹴而就，
更不能遺忘歷史教訓。若要推動真正發展，我們必須正視現實局限
與可行性、尊重多元而不同價值觀，以及堅拒將現代化等同於管治
一切的迷思。

第一，我們必須正視政治現實局限與可行性，欲速則不達。只單純
提出一個「現代社會」的定義，但對如何實踐及落實此定義一竅不
通，到頭來只會導致極端悲劇的發生。綜觀中外，有不少歷史上的
領導人及政治家，嘗試將社會改造成自身心目中的「理想國」，卻
在改造過程中忽略人性、罔顧資源問題、拒絕正視特定社會政治環
境所設下的限制及前提，甚至將人民視為達成目標的純粹工具，將
人民去人化、去尊嚴化、去異議化，到頭來令人民難以認同所謂的
「最終目的」，眾叛親離；甚至導致社會出現根本動盪、人民陷入無
窮無盡的意識形態漩渦及相互消極爭鬥之中，生靈塗炭。現代化需
要現實的執行者，而不是漠視一切的空想者。現代化是一個手段，
更是一個目標──若為了在短時間內促成現代化，而忽略內在所蘊
含的風險、代價，則只會陷現代化於不義，令現代化變成論證權貴
及當權者玩弄民眾的藉口。我們必須慎防水土不服、文化牴觸、不
符地理實體現實、有違經濟心理邏輯的「極端烏托邦思潮」（extreme
utopianism），美其名是「現代化」，實際上卻淪為殖民主義、帝國
主義、種族清洗主義的工具與藉口，破壞不同地方與人民應有的自
主自決權。

第二，我們也必須對內對外尊重不同社會的文化與價值觀。一處鄉村一處例——不同的社群及共同體，皆締造出不同的政治氛圍及共同思想。一個在香港成長的人，價值觀與在莫斯科成長的，肯定有一定差異——哪怕未必是龐大的分歧，卻也有不少在細節上的根本衝突，可以調和，但難以徹底化解。這也是為何盲目將一套與本身現存的社會氛圍、文化價值觀、經濟模式，以及人性基本牴觸的思想套用在一個特定社會中，哪怕該模式在別處甚為成功，本質上根本不可行。一個相對尊重集體秩序及群體權益的社會，未必適合一個將個人權益置於整體利益以上的政治體制；就正如一個將隱私及自由選擇權視為道德生活基礎的社會，並不適合一個以強勢政府做主導的現代化套路。這些區別區分之間，不同人民之間，沒有誰比誰更高尚。群體主義與個人主義、中華文化與西方文化，皆有長短，各有千秋。若因一時三刻的成敗得失而將不同的價值觀全盤否定、妖魔化，反映的是一種狹窄，更對自身模式進步空間設下不必要的障礙。

第三，現代化絕不是一切。管治良好與否的唯一標準，應當是人民的福祉是否有效地獲得當權者聆聽、尊重，及融入管治過程之中。現代化（全面有序發展）是執行良政的其中一個工具，卻並非唯一一個工具。生活在一個尚未現代化的社會中的人民，大有可能比在現代化的貧窮人口來得快樂。同時，盲目追求表面上的現代化，而忽視對傳統文化、歷史價值觀等保育；又或是將現代化等同於凌駕一切的「時代任務」，只會令執政者與施政者失去分寸、失去對整體大局的研判。一個沒有個人、沒有個體福祉的群體社會，難以稱得上是一個大眾的「家」，又何來國家之說？固然個人必須在實踐群體利益上有所犧牲，但盲目追求群體目的而忽略個人聲音、尊嚴、內在價值、地位，這則絕對違反了政府與公民之間的（理論化）社會契約。

套用在中國情況來說，我們不應懷着盲目崇拜的精神，認為凡是外國的，都是好的。反之，我們應當將外國能夠套用在中國具體情況的，而又不會導致整體社會失序失衡的，以良性有機的手段轉移過來，從而推動符合中國實況的現代化。同時，我們也不應以「這在中國難以實踐」這論述，來否定西方諸國在現代化層面上通過種種思想及科技層面上的創新、體制上的完善及開放，而所取得的成就。

四、　取長補短的必要性：
　　要防「水土不服」，更要防盲目「例外主義」

以上論證了我們不能將現代化等同於西方化。當然，要提防「水土不服」的「崇洋」，但更要提防盲目的「例外主義」，也即是一種認為「凡是中國做的便是對的，凡是西方做的便是錯的」的極端二元對立思維。在商業誘因所煽動的愛國主義，社交媒體所鼓吹的圍爐取暖、迴音牆效應，以及日益複雜的國際地緣政治局勢下，不難看見各種各樣的自媒體或輿論分子，為了吸引眼球，又或是實踐更為「高層次」的個人目標，不斷地發表類似以上的「凡是……、凡是……」言論。當中的理據不外乎就是，「西方快要崩潰，中國將會勝利」（言下之意，中西之間便必然是一個零和遊戲）、「這是西方的，我們不要相信、都是騙人的」（這與西方部分極端媒體渲染中國「一切都是假的」又有何異？），又或是一些缺乏實際證據但讓我們確實自我感覺良好的「壯舉報告」。這些言論一來能振奮人心，二來也是維繫着一種「資訊」共同體的最佳做法。而說句公道話，這種讓人自我感覺良好的言論，絕非中國輿論圈獨有的生態——有不少美國的保守主義媒體，常自認必須執行美國「昭昭天命」，將教條式的「民主」與「自由」發揚光大，抑惡揚善；這是任何一個成熟社會必然出現的輿論現象。

但過度的抑惡揚善，只會導致盲目的「例外主義」，讓我們認為國家現狀的一切一切，都是例外的好、都是完美無缺、毋須改進，也毋須變改，甚至導致我們忽略真正需要處理的內在問題、將應當提出而落實的深層次改革排擠在輿論以外，同時塑造一種錯誤的誤解，令外界認定國家必然是「清一色」的。誠然，這明顯是違背人民最基本的原則，也是對不起國家成立以來超過70年有多，我國管治領導體制的成功之道。過於氾濫的歌頌背誦，讓我們忽視需要解決的問題、並間接構成寒蟬效應，消除對國家長遠發展有利有益的建設性聲音。

同時，這種「例外主義」若管理不善，更有可能演變成一種盲目「否定主義」，驅使我們將源自外國，又或者在這連番批判中被定型為「疑似外國」的一切，包括好的、正確的、有效的，都一一踢走。這種全盤否定思維，正是一種另類的歷史虛無主義，讓我們失去對唯物辯證的基本尊重，而淪為日新月異的唯心辯證者。正所謂工欲善其事，必先利其器。我們要知己知彼，方能百戰百勝。我們要全面充分掌握對方的強與弱，方能與對方進行有分寸的競爭與合作，達成競合關係。

無論是市場經濟作為主導資源分配與科技創新的其中一種渠道與方法、引入外國資金與金融工具落實產業轉型與企業革新、將西方部分文化與價值觀融入中國本身文化之中，締造出獨有而有別於西方諸國新世代現代中國文化，還是雙軌並行地培育軟硬實力以爭取國際社會了解及認知，這些都是中西融合統一所帶來的良性趨勢，也是中國改革開放以來所迎來的種種成就。引入源自於西方的理論與構思，將其配以中國悠長的歷史文化與傳統，改良並重組，同時發展出一套能讓來自於世界各地朋友們在中國市場中獲利，從而讓國人走出去，在外提升自身技能、回國貢獻，這些種種都是務實主義的最佳體現，也是中國經濟現代化的根基所在。若單純因為某些東

西本身是由西方所推崇及採納的，便不問情由的批判及「原罪」定型，豈不是讓我們淪為受別國政策方針主宰的被動者？唯有反採取主動，將外來的與在地結合，推陳出新，方能讓國家持續發展進步。

本人深信，中國開放的大門只會愈來愈大。只要制度性而深入的改革開放不停，現代化的步伐相信也不會停。

「不管黑貓、白貓，會捉老鼠就是好貓。」

鄧公當年就着改革開放提出的思想，其實也同樣能套用在現代化的討論之中。當前經濟與國際形勢不容樂觀，面臨種種發展障礙與挑戰，我們必須放下不必要的意識形態執着，讓證據與事實作為衡量現代化的最主要標準。實事求是，取長補短，方為現代化的金科玉律。這一點，在中國如是，放在全球各地也如是。

3.7

當前經濟的困局與難關：
論全方位改革開放的必要性

中國今時今日面臨的經濟困境，不容樂觀。唯有全方位進行改革開放，拓展與鞏固友善國際資本與國內企業的結合、振興民營企業與民間資本、提高產業內在競爭力從而促成長遠綜合生產力上升、堅定不移地實行全方位改革開放，方能落實國家的「高質量發展」願景。否則，若官僚主義、缺乏監管或競爭下所產出的鏽化主義，以及只看重內部經濟循環而忽略外部經濟連結的思維等氾濫，則會令國家經濟前進軌跡上出現嚴重障礙，甚至不進則退。中國經濟底蘊實力雄厚，但也不能故步自封、偏聽則暗。

以下乃是三點有關當前經濟困境的擔憂與反思，以及一系列相應的針對性方向性調整與初步倡議，期盼此文能引起更為有識之士共同磋商，探討前路：

一、　儲蓄—投資主導模式走到盡頭
　　　　內需振興停滯不前

自改革開放以來，中國舉世皆見的經濟增長乃是源自於兩點關鍵支撐。第一點，乃是以出口為主導的工業比較性優勢，促成在貿易層

面上的壓倒性競爭力，讓其能趕上及超越亞洲四小龍的經濟軌跡，甚至爬過了包括日本與德國等傳統工業大國，如今在當今世界上穩佔第二大國家經濟體系的地位（按購買力來算，甚至已是世界第一）。第二點，則是高儲蓄率下所產生的龐大資本，讓政府能負擔大規模的基建（包括國內外）投資，從而提振整體總需求。前者讓中國擁有龐大的貿易餘額，後者則讓中國成為一個投資主導增長的急速發展國家。

依靠投資而非消費主導增長的經濟體系，往往具備數點優勢。第一，其能在通貨膨脹及價格管控方面游刃有餘，避免由需求所推動的價格上漲令平民日常生活捉襟見肘。第二，偏重投資而輕消費，能讓國家相對適應綜合國家購買力低的「問題」，從而承受甚至支持長期的貨幣匯率偏弱，隨着其他國家的貨幣相對趨強，令整體貿易餘額得以持續上升。第三，即便是以發債或債務為基礎的投資，本身也並非必然有問題，只要投資能帶來以倍計的中長期回報，則能覆蓋短中期的投資成本與落差。七十年代末與八十年代初的中國正值百業待興，龐大人口及仍未發展基建與交通配套的空間，正為投資主導增長提供了肥沃土壤。改革開放四十年的偉大扶貧濟困成就，正是與資本主導開發、開發主導人力資本提升、人力資本提升從而促進基本就業這環環緊扣的順序息息相關。九十年代初期國民儲蓄率佔國民生產總值超過三成半，在2005年更是超過總值一半，比全球平均儲蓄率高出兩倍多，也比歐洲平均高出接近一倍（當然，經濟學家及筆者前輩黃育川對此數據曾表示質疑，其認為中國消費對總生產值百分比比公開數據來的為高；儲蓄率與日本、南韓在發展軌跡對應階段相若）。

早在2000年代末，當時中央便已意識到過度依賴儲蓄與投資模式的龐大問題所在。第一，隨着飽和與過度集中，國內投資邊緣利潤正在下降。第二，也在近年更趨向明顯，地方政府債務纍纍、缺乏監

管與問責的市縣級別政府在推動基建投資發展項目並沒有充分考慮對該區經濟整體利益的影響，導致投資盈利乏善可陳。第三，投資主導的房地產市場出現過熱泡沫化的現象，構成嚴重的宏觀金融不穩定性。第四，基建構建本身與環境與可持續發展考慮相抵觸，在九十年代到千禧年代間導致嚴重的環境污染與破壞，直至習近平總書記上任後落實「金山銀山，不如綠水青山」的兩山論，方得到全方位改善。第五，內需壓抑令中國過度依賴外來進口市場，也令國家長期需要國際市場鼎力支持貿易往來，間接令中國在國際形勢上被迫採取被動，失去貿易主控主導權。可幸的是中國暫時仍是對世界各地的消費者顧客「太重要」，短中期不能被輕易取代。第六，傾斜投資，令信用市場與金融體系出現龐大內在壓力，稍有不慎則只有可能重蹈2008年西方國家所承受及面臨的極大衝擊。

2008的全球金融危機當前，當時國家領導人採取了果斷而英明的短中期措施，確保中國能在全球衰退之下維持出口競爭力，同時採取大規模經濟刺激政策，讓中國渡過一劫。但同時也讓再平衡此一任務變得更迫切。現任國家領導層深諳這一點，也因而在過去十年間進行各種各樣的再平衡政策，嘗試控制及疏導房地產市場的熱錢、進行去工業化與向服務型行業的轉型，並嘗試刺激及鼓勵入口作平衡貿易餘額的舉動。

這些措施固然取得一定成果，但此刻仍未足以化解危機。投資佔中國總生產值百分比仍高達四成二有多。房地產市場固然在「三道紅線」下令泡沫收縮，卻在疫情所帶來的整體經濟下行下，仍未能完全「脫毒」。更甚的是，即便中國的平均工資在共同富裕與服務轉型下，在過去十年有所上漲改善，但消費意欲仍然未能振興。當下之急，乃是要落實以下數點提綱，讓國家透過經濟方針「改革」及對外來技術與進口貿易的「開放」，落實有效的經濟再平衡：

第一，推動可持續城市化，在內陸地區締造新複式城市群、落實鄉村都市化、實現良性高端服務性行業全面普及化，從而提升貧瘠地區的相對工資。第二，將基建運輸投資資源重新撥向技能提升與國際化為主軸的教育，從而二次釋放生產力、改善勞工在國際及國內的競爭力。中國優越於不少所謂「已發展國家」的其中一點，正是我們對教育的重視及尊重。2022年，中國全國大學畢業生數量突破1000萬。我們在量的層面上已取得絕對優勢，現在看的，則是我們能否好好把握官商間合作，進一步在國內推動與推廣以全球經濟需求及秩序為目標的高素質教育。

第三，除了落實社福制度與退休保障以外，更應局部開放社會福利保障予大型可被監管及防控的私人企業，讓其能參與構建公私合營的福利制度，擴大社福資金資源基礎、降低地方與中央政府的財政負擔。第四，也就是筆者必須重點強調的一點，則是建立健康而具備中華文化特色的消費者主導中產文化，鼓勵人民在理性克制前提下參與消費，不只是在財富或工作層面上趨近「小康社會」，更是要透過更廣泛、更多元化的消費，體現中產生活。中國傳統美德強調儲蓄：「積穀防饑」、「未雨綢繆」，但隨着國家朝住現代化大國方向進化，我們需要一種骨子裏的個人經濟哲學改革，方能帶領中國步入二十一世紀。

二、　地緣政治多重外憂引發內患 　　　産業鏈貿易鏈布局仍須慎思

國家領導人多番強調，「中國開放的大門只會愈開愈大」，並堅持到底「實行高水平的貿易和投資自由化便利化政策」。這絕對反映出中央的良好意願，也是經濟道路的正確方向。中國不能走回頭路，則只有走對外深化開放與管道渠道改革的國際化康莊大道。但當今國家正面臨嚴峻的外部形勢挑戰，令開放步伐遇到壓力與阻力。若外

憂不及時平復，則會誘發內患——具體點說，若在外透過「一帶一路」或「17+1」等計劃的投資項目未能順利開拓，則會令中國面臨的國內投資邊際盈餘下降問題在國際舞台上重新上演，對經濟增長有害無利。同時，產業與貿易鏈（實為互相牽連的雙體）若不能維繫或深化，則對中國在趨向高端科技化方向的進程帶來嚴重挑戰。

當今中國正面臨三重針對其對外經濟關係聯繫的衝擊。第一，一帶一路項目本意具備戰略前瞻性，但近年成果受眾多外來因素局限，出現困境。正如中國社科院金融研究所副所長張明於2015年所著的一篇文章指出，「一帶一路」面臨相關投資收益率偏低的問題。一帶一路沿線上部分與中國有合作的政府及當權者（例如：斯里蘭卡），將中國的投資及借款投放於對投資者回報極低、純粹滿足自身政治欲望的大白象項目，令本身已經效益偏低的基礎設施投資雪上加霜，也讓中國蒙受龐大國際社會別有用心的輿論攻擊，以包括「債務陷阱」等的論述圈套攻擊為之。應對恐怖主義、分裂主義與當地政局動盪不穩等的外在性威脅，中國在尊重合作國家的主權前提下變成相當被動，未必能全面有效地捍衛在地金融貿易利益。私人企業與資金的參與雖比2010年代初有明顯改善，卻依然未能發揮拔高補短的作用，有所局限。再加上在地勞工人才的文化與語言代溝，令中國在南亞與西亞、拉丁美洲以及地中海歐洲等關鍵游離地帶中，即使有基建融資、科技對接等硬性配給，卻未能增加整體軟實力與民心對接。整體而言，以上種種限制與短板，局限了國家在外的投資總收益。隨着美元匯率在如今加息周期中不斷上漲，新興市場國家正迎來債務危機（當中尤以拉丁美洲為甚），中國到底能否力挽狂瀾，在維持這些經濟體系運作的同時，也捍衛自身投資利益，仍是一個未知之數。

第二，經歷了新冠疫情、俄烏戰爭，以及中美貿易戰啟動，全球化正迎來一次根深柢固的範式轉移。「能源安全」、「產業安全」、「經

濟安全」……在普及全球，圍繞着國家安全論述意識崛起下，單純的商業利益與成本計算在國與國之間的經濟盤算博弈所佔成分正在逐漸消退。傳統歐美陣營視中國為可能的潛在敵人、視俄羅斯為必然的政治死敵，正嘗試通過各種各樣的制裁與勸諫模式，將產業鏈與生產線轉移至中國以外的發展中國家及新興市場。越南、印度、菲律賓正在急起直追——即便在技能與生產條件上依然有欠成熟，卻在大量非尋常非自然的投資下呈逐漸上漲之勢。加上過去數年中國所採納的獨特公共衞生政策，令有心煽動抽離中國者變本加厲，向廠商及供應商施壓，讓其撤離中國，切斷對自身顧客及生產商皆有盈利的產業鏈。中國作為世界工廠的定位，正在面臨來自四方八面的壓力。能否成功轉型至「增值生產」（value-adding manufacturing），仍看整體勞工人力資本質量提升的速度與普及性如何。

第三，在地緣政治回歸下，金融武器化已成為新常態。從各地金融交易所對他國上市企業的監管打壓，到以國家安全為名，針對個別商界或個人的制裁，這些種種限制將會成為國際政治博弈的新常態。中國如今在融資及投資方面依然非常依靠美國企業及個人投資者。即便是人工智能領域，其中有數十億美元也是源自於美國投資者，佔總百分比約37%。這些資金與資源上的依賴，是客觀的事實，不容否定。若要確保中國能在愈加複雜的國際形勢下順利渡過危機，首要條件是中國必須建立雄厚的「另類」資金市場，連結包括中東與東南亞在內的新興市場，締造新時代的金融圈；但同時也要確保歐洲與美國投資者能在動盪形勢下感受到自身利益得到足夠保障，而不會在政治壓力下輕易臣服站隊。應對金融武器化的最佳選項，乃是以和為貴，而不是以硬碰硬。同時，維持香港作為海納百川而具備完善法治公信力的金融樞紐，也因此而有極大的戰略性必須。若香港失去國際公信力與司法獨立性，則只會對中國金融自主權帶來毀滅性打擊。

化解以上種種問題，需要中國在對外貿易與投資制度上進行系統性改革，也需要其向非傳統及新興市場全面「開放」金融及資金鏈，構建出足以抵禦外來制裁或限制的多極金融體制。一，提升包括「一帶一路」在內的大型跨國投資項目的透明度與監管力度，確保投放資金得以到位，同時必須對當地人民訴求及擔憂呈現更高敏銳度。二，在提升自給自足的金融獨立性的同時，必須鞏固及深化在東盟、中東的產業鏈相互配合，同時嘗試化解與歐盟及印度之間的矛盾，務求不被意識形態聯盟與新冷戰思維逼入牆角。最後，必須慎重看待國際觀感及軟實力短板—軟實力足以干預及影響各地政府的政治態度、主張、取向，若不小心協調控制，則只會加劇部分國家與中國脫鈎的速度與程度。中國此時此刻仍承受不了重點產業鏈脫鈎所帶來的禍害。

三、　民營企業失去「動物本能」
　　落實高質量增長需要官商合作

民營企業與政府之間的關係從來都不是對立的。這一點在中國尤為可見。七十年代末至八十年代初的改革開放初期，中國正亟待基本經濟生產力與需求的創造，方有「一部分人可以先富起來」（1985年鄧小平會見美國代表團）之說。八十年代乃是將草根與民間潛能釋放的澎湃年代。如學者黃亞生所述，由下而上的經濟自由化、農村金融體制設置與完善、個體戶在城鄉中的輝煌發揮、教育與技能培訓開始促進中產階層的冒起，這些種種趨勢皆展示了當年國家領導人鄧小平力推改革開放的魄力與毅力，以及其所領導的國家管治高層對中國經濟發展的願景。九十年代的相應經濟收緊、監管、中心化的重新建立，固然引起了包括黃亞生在內等學者的質疑，卻也是回應當時時局的必然選擇。提高出口競爭力與改善資源利用率、完善監管與法律配套與促進產業結構變化，乃是國家九十年代的重中

之重，故此令純粹的「民營」減少，而催生了二元混合體制。這20年的起承轉合，體現了鄧小平先生的高瞻遠矚。

00年代，中國正式入世後迎來急速的外來投資與貿易增長。除了跨國大型企業逐一進展以外，國內更開始出現自身的互聯網、科技等高端知識產業企業，再配以魔性的風險投資（venture capital）（包括紅杉資本、啟明創投、賽富中國等）受歐美啟發而再加以本地孵化的資本搖籃，讓中國踏上民間高科技與金融結合的高速發展列車。10年代，正在冒起的中產階級、中國龐大經濟投射至世界各地的吸引力，以及歐美國家在08年之後一時的停滯不前，讓民營企業在中國得以蓬勃而有機地發展。直至10年代末、10與20年代交替之際，在財富嚴重不平等、反競爭壟斷、金融無序膨脹等的擔憂下，中國方重新擺向予政府相對積極的一端，重新為政府與民營之間的互動界線下定義。

固然國有企業內在改革步伐未如部分自由派經濟學家所期盼、私營企業頂端所面臨的監管壓力也明顯在過去數年增加，但以上的簡約改革開放史望能帶出一點關鍵而往往被西方評論員所忽略的事實。正如單偉建先生、Rana Mitter與Elsbeth Johnson等在《哈佛商業評論》2021年5月到6月的採訪與文章中所指出，近代開放以來的中國遠比部分西方偏見所認定的刻板形象來得為受資本主義所啟發及影響。固然中國骨子裏仍是一個社會主義國家，也是沿用其獨特的一套政治管治模式，不能被歸納為「西方資本主義」。

經歷了過去包括新冠疫情、金融武器化、政策轉化變換等種種風雨、中國民營企業面臨相當大的不穩定性與不確定性。財富分配平均、防止寡頭經濟獨大，這些都是高尚而合理的情操。然而也有不少分析家認為，最近這年的中國民營企業——尤其是在電子科技、資訊數據、教育娛樂、網上商貿等範疇中——正在失去「動物本能」

（animal spirits），而這一點也正是過去40年以來讓中國獲益匪淺的創意、冒險與革新精神。

在國家主席習近平領導下，最新出爐的二十大工作報告揭示，國家將會把政策重心重新放在「高質量發展」之上，正是以最強而有力的說法回應以上批判與質疑——彰顯了在國家領導層的研判之中，經濟增長的重要性並沒有消退；中國更有打算落實全要素生產率（Total Factor Productivity）拔高及維持。

在這新時代經濟願景中，民營企業必須有所承擔及擔當，政府也應當容許及接納其更活躍及積極的參與，讓民間成為驅動中國發展及經濟轉型的核心引擎。一、將不必要的監管與保護主義去除，鼓勵民營與國企之間出現良性競爭與互動。二、降低初創與上市融資門檻，讓更多企業能廣招外來投資及資金，加速孵化。三、重新及鮮明肯定民營企業獨立經營及推動創新調研與產品開發的重要性，善用及把握民間智慧，觸發技術性蛻變，完善產權保障而鼓勵創新普及化。四、確保國企與民企擁有平等待遇，盡量拿捏及確守私人企業與公營企業之間的產業與管轄界線，在符合基本國家安全原則下盡量開放私人經濟、為私人資本投放創造有利而可信的條件。五、積極鼓勵及資助更多大型企業去補足現時經濟供給不足，讓二三四線城市也能享受到經濟增長的紅利。以上這些種種都是讓民營企業得以固本培元、得以貢獻廣大社會的關鍵要素，也是善用民間資源去確立國家內循環的前提首要條件。有機的官商合作乃是任何成熟現代經濟體系的關鍵核心，不應被污名化，也不應被妖魔化。

民營企業融資成本持續降低、對外對內融資平台及管道進一步加深加闊、政府向市場釋放鮮明而親市場的訊號，這些都是中國重開以後所迎來的一連串良性改變。化解市場經濟所帶來的不平等與不平均，需要的疏導乃是針對被排斥者的支援，而未必是面向拔萃者的

監管；同時，對症下藥地嚴懲違反可持續發展、貪腐擺爛的非道德行為，「一手放一手抓」，必能事半功倍。

四、　找回「企業家精神」彰顯管治威信
　　　再創輝煌

在過去數十年來，「國進民退」與「國退民進」一直被描繪成當代中國政府在經濟政策上必須作出的抉擇，也似乎代表兩種對立立場——要不是支持國企，要不是支持民企，彷彿不能兩者之間取一條較為合理的理智道路。但這種二元對立的論述實有極大誤導性。民企進，因而國企進。國企進時，也要民企進。唯有兩者之間相輔相成，方得為現代前進軌跡。中國經濟起飛，固然民營企業功不可沒，但其只是中國改革開放成功之道的一部分，而非全貌。真正驅動改革的，乃是貫穿政府與市場，公營與民營企業的「企業家精神」（entrepreneurial spirit），也即是讓中國管治向「中國大企業」（China Inc.）模式靠攏與演變的思考模式。在一個政府主導的國家裏面，任何民營企業的成功，都必然建基於具備願景與實力、魄力與決心的開明官員之上。

企業家精神講究的，乃是一種向所有持份者問責，以效率與生產質量為衡量工作表現與能力的主要指標。抓發展、搞經濟，讓增長成績作衡量得失的客觀標準，減少不必要的政治渲染與意識形態對經濟增長的干預，從而方能體現思想家熊彼特（Joseph Schumpeter）所說的「企業家」理想願景，促進良性的創造性破壞（creative destruction），為社會帶來新氣象與智慧型轉型。新任國家總理李強乃是將特斯拉（Tesla）引入中國設廠的功臣，其在2023年兩會與博鰲的發言正彰顯一種務實、前進、敢於實踐的企業家精神。國務院在其領導下，寄望在未來五年能持續確立政府與外來與內在資本之間的合作關係，從而為國家經濟軌跡揭開新篇章。

有不少人也指出過，只落實市場經濟的表面而不實現體制改革，提升包括國有企業在內對顧客、投資者，以及中小股東所代表的社會廣泛利益的問責，從而確保其能長遠地提升自身效能與生產力，只會令市場發展最終走回頭路，空有外表而欠缺內在必須的競爭性。

另一邊廂，也有聲音擔心，只引入所謂的體制改革而未能改善民眾從市場經濟中所能獲取的利潤與成果，則只會引來令政治體制長遠動盪的覆盤之災。

這兩種聲音皆有道理。在兩者之間，必須梳理出一套符合新時代的對立統一方法論。制度需要改革，但不是全盤的放寬與無序化。經濟需要監管，但也不是全盤的否定與國有化。而筆者在兩者之間，更傾向於相信結構性改革與具體性創新必須同時雙軌並行，方能確保創新得以持續。我們需要更廣泛的技術性官僚與業界智慧，融入及投入在制定政府與市場之間的互動。

作為一個社會主義的國家，中國當然勿忘初衷，必不能走放任資本主義的道路，也因而毋須將體制改革等同於往西方制度完全靠攏。但與此同時，也應當將對知識及私有產權的尊重，以及我們應該尊敬的企業家精神，更進一步地在我們的經濟當中樹立。透過樹立企業家精神的榜樣，我們才能協助中國擺脫如今的經濟困境。

3.8
唯有全面深化改革與開放方針方能解決人口老化危機

2023年1月17日。中國官方對外公布數據，顯示22年底全國人口比21年底減少85萬，乃是六十多年以來第一次出現人口負增長的情況。在平均壽命逐漸增長（這是一件好事）、出生率下降、全國人口（移民）淨流出的三重夾攻下，中國正面臨一個嚴峻的人口老化危機。若不及時處理，則會為中國經濟崛起及綜合實力帶來極大的衝擊。有個別聲音認為人口老化乃是現代化的必然階段，毋須多慮——但若中國真的要走出自身獨特的現代化道路，我們站在利益與義務上皆必須妥善拆解此一危機。解決良藥仍是改革開放——唯有改革育兒與教育政策、提振私人消費與文化多元、處理社會躁動根源，方能鼓勵生育；唯有向世界開放移民，比方說設置移民特區作緩衝及吸引人才地帶，方能重新活化勞動人口。鼓勵生育、活化勞動，乃是推動中國經濟往前走的先決條件，不得不做。

一、　不得不正視的人口老化現象

一個社會若出現人口老化，意指的乃是在總生育率（任何一個世代的育齡婦女一生所生育的平均嬰兒數量）下降及人均壽命增長下，導致人口年齡中位數上升。人口老化一般意味老齡人佔總人口比例

大幅上漲、對年輕及經濟活躍人口構成龐大經濟支出壓力。中國在1990年的年齡中位數為24.9，2020年則達至38.4，逼近美國的38.6，遠比其他發展中國家為高。世衛估計中國於2040年的60歲以上人口將會達至總人口28%，而其老化速度也遠比其他大型經濟體系來得急速而鮮明。

要了解人口老化為何出現，則要追溯至以上所提及的三大因素。第一，人均壽命的增加。中國於1990年的平均壽命為69.3。在改革開放所帶來的基建建設、醫療完善、中產階級增長、知識經濟所引發的創新與突破，讓中國在32年間平均壽命增至78.2——此乃是13%的上漲，也讓中國在2021年首次在人均壽命（77.1）方面超越了美國（76.1）。這一點絕對可喜可賀，也應當成為中國以民為本管治哲學的最佳佐證。

第二，則是總生育率的下降。中國1990年生育率仍高達2.51，遠比美國的2.08及日本的1.54為高。但2020年中國生育率僅餘1.28，低於美國的1.64，甚至低於日本的1.34。箇中反映一連串因素，但最為核心的自然是1979年開始的一孩（／二孩）政策。固然當時管控人口，確實對減少整體貧窮與提升人均資源資本投放有莫大幫助，也是中國邁向現代化的關鍵要素前提；但此一政策在千禧年代的延續與維持，令中國人口結構出現一個難以填補的持續真空，也導致了開始富起來而也理應能負擔生多個孩子的中產家庭，卻只能生一孩的扭曲性現象。此外，大城市生活成本昂貴、戶口基礎上的社福制度僵化而難以應對國內城鄉移民、鄉村基礎建設雖有完善但未能與大城市無縫接軌、經濟現代化下高學歷人士選擇不生小孩，這些種種因素皆令中國生育率面臨極大挑戰，難以在一時三刻扭轉或改變形勢。

第三，也許是最被忽略的一點，則是中國的淨移民流入輸出。須知道，一個國家要增加人口，未必一定要透過增加生育率（從而提升出生率），也能通過移民輸入。即便美國是一個已發展國家，其人口仍能錄得淨增長，來源正是來自於世界各地的移民專才。正如北大王緝思教授曾說，「當美國領事館前等待簽證的隊伍不再人頭攢動時，才是美國真正衰落之日。」中國2022年的淨移民率為每 -0.254/1000 人，相對於2021年的 -0.252/1000 人，有些微增長。淨流失在2008年達到相應高峰，然後在逐漸增加的外來移民增多下，過去十年有所緩和。中國絕對具備吸納人才賢能的本錢與空間，但必須進行深度開放，方能將中國海納百川而有容乃大的胸襟充分展示出來。

二、　人口老化乃燃眉之急
　　政策步伐、力度、程度仍須抓緊

人口老化乃是中國當今社會與經濟發展必須解決的當務之急。有個別評論曾表示，既然英美歐等地的人口也在老化，這豈不是代表人口老化乃是任何已發展國家皆必須經歷的階段，毋須大驚小怪？但這一說法忽略了，相對於這些相當富裕及已在人均生產總值方面達到「高收入國家」水平的經濟體系，中國仍有一段距離方能踏入類似的人均收入水平。這意味若我們不能及時振興生育，或補充人口赤字，則必須面臨比這些國家更嚴重的發展樽頸，更可能威脅到我們在世界地位的話語權與願景。

從政治經濟學角度而言，假若我們採納一個非常基本的梭羅－史旺模型（Solow-Swan Model），總體生產函數（Total Production）Y(t) 設定為：

$$Y(t) = K(t)^{\alpha}(A(t)L(t))^{1-\alpha}$$

t 乃是時間，K(t) 則為資本，L(t) 為勞動；
A(t) 為技術發展水平，α 為生產相應資本的彈性

先說 K（t）。以上一篇文章已提到，中國以資本驅動的增長已到達樽頸位置，除非能通過系統性變革及開放競爭，開闢新的投資空間與市場（例如海外投資），讓生產相應資本的彈性得以提升，否則以資本主導的增長模式並不應成為中國未來十年的發展重點引擎。

由此可見，中國有必要同時發展技術發展水平（也即是筆者經常提到的全要素生產效率〔Total Factor Productivity，TFP〕（A〔t〕），不過在這模型中，TFP 被化整為依附在勞動力之上 的一個函數，而在其他模型當中則可能被視為獨立於勞動與資本以外的第三種額外函數）及防止勞動力大規模萎縮，否則難以維持經濟生產增長。若整體人口不斷下降，即便國家引進包括提高退休年齡門檻等的紓緩性措施，也難以根治勞動趨弱的難題。有某些人士認為中國的人工智能及高端科技發展一日千里，必然能讓 A（t）大幅上漲，鯉躍龍門地蓋過一切與人口下降有關的消極因素，讓中國經濟繼續高速奔馳。但此一說法忽略了近數年中國經濟放緩，不只是與經濟再平衡的政策有關，也是與人口赤字令消費者及投資者開始對中國經濟前景產生預兆性（pre-emptive）隱憂，並將可能萎縮的人口估算入自身的商業決定之中。

同時，正如投資家譚新強曾指出，中國的全要素生產率在過去十多年明顯下降。根據 *APO Productivity Databook 2022* 的數據，中國在 2005 至 2010 年間的生產要素率高達 3.0，卻在 2010 至 2020 年間下滑至 0.7，然後 0.5——也即是在勞動與資本以外的所有其他要素，為中國整體生產貢獻只有額外 0.5% 的槓桿。長遠而言，人口老

化也會為社福制度構成嚴重壓力。無論是退休補貼及福利、老人家的照顧及照顧者的身心健康、整體社會氛圍及發展氣候，還是因照顧自身家中長者而間接導致生育意欲減少，這些種種衍生性問題皆會對社會造成非常鮮明的負面影響。A(t)確實要增加，卻不是單純透過一如既往的科技研發政策——而是需要更多的民營初創與中小企參與，同時也要涵蓋現存的科技龍頭。

也有人道聽途說，以為若人口不足，大可以「機械人」作取代，以提供另類的「勞動」（Alternative Labour），從而創造出另類的L(t)。但這些聲音若不是看了太多科幻片，便是對人工智能達至「強人工智慧」（Strong AI），也即是具備執行及複製人類功能與工作能力的條件，擁有自我意識與認知，抱有過分樂觀的憧憬。我們距離人工智能完全取代勞動力的「馬克思烏托邦」仍有一段距離；即便是最為消極（或對強人工智慧的到來最為「進取」）的人工智能科學家（包括Ray Kurzweil與Jürgen Schmidhuber），也認為我們離人工智慧能徹底獨立思考還有約30年之遙，遠水不能救近火。而若屆時人工智能確實成功達「岸」，讓我們能在不費吹灰之力便能複製人類勞動，也不見得這些人工智能會死心塌地地為公眾與國家服務。說到底，科技並不能取代勞動，頂多只能延續勞動個體的生產力時段，推高勞動力在生產函數中的彈性。

面對這些種種難題，國家並不是無動於衷，也沒有故步自封。廢除二孩政策，落實三孩政策是一個好開始。同時，推動共同富裕、落實「雙減」以減低育兒與整體生活成本，乃是刺激生育率與出生率的正確作法。但長遠而言，這些措施頂多充當紓緩作用，而未能徹底解決在後現代化的成熟體制中，中高學歷人士對生兒育女的卻步；中產和基層家庭面對經濟不穩定與不確定，因而恐懼生孩子（怕要付學費，也怕孩子將來找不到或看不到經濟機遇）；最後，過往農村的計劃生育機器固然有其效率，卻也因而衍生出一連串的基層執行

問題，包括「層層加碼」、「一刀切」，導致重重慘劇與悲劇。必須要扳倒這些計劃生育的既得利益者，方能實現2021年7月國務院《關於優化生育政策促進人口長期均衡發展的決定》的決策與藍圖。

三、　振興生育率 需要制度性改革與科技革新

國家必須振興生育率，鼓勵更多家庭生兒育女。那大規模資助與金錢誘因（比方說，為生三到四個孩子的家庭提供額外房子津貼），又能否奏效呢？筆者並不會完全否定這些正面誘因能起到局部作用，但須知道，若在農村與仍未發展的地區推動這些方針，則只會加劇城鄉財富不均，甚至讓農村振興「胎死腹中」。反之，若要在已發展地區與城市中引入這些誘因，則可能對政府庫房開支負荷過重，也未能解決問題的核心——也即是我們接下來強調必須對症下藥，必須盡快落實的改革。

第一，婦女權利與利益必須獲得全面落實。若在職女性選擇成家立室，往往會被職場勸退或逼退——這一現象綜觀全球也有，但卻在西方不少國家中得到相應的紓緩措施，包括支持在職女性同時兼顧家庭與事業、推動男性陪產假、為已婚婦女提供心理輔導與生理支援讓其能適應及重新融入工作環境。即便是中國香港，也通過家庭傭工，讓已婚與已生育的婦女能安心無憂地重回職場。內地在這方面的配套、供給、整體意識與法律仍有不少漏洞，讓中高學歷及追求社會流動的女性專業人士對婚姻與生兒育女產生排斥——這是再也正常不過的現象。在情在理，在一個文明現代社會中，應當沒有原因可迫使一位專業與學識非常出色的女性放棄自身事業，而投向「為國家生兒女」的任務之中。威迫利誘、精神改造，已經不再適用在一個資訊與思想發達的時代中。唯有落實平權反歧視法例、貫徹男女平等原則、根治社會上的「厭女文化」（systemic misogyny），以及強調事業與家庭乃是相輔相成（而不是魚與熊掌），方能提升社

會整體生育意欲。改革職場與商業文化、改善婦女權益，乃是女性針對生兒育女主觀成本的一大要素。

第二，科技並非原罪，更能在生育及育兒方面扮演關鍵角色。卵子冷凍技術能讓成熟女性在事業發展較為成熟之時，開始自身家庭（更無需有伴侶）。在部分輿論圈中引起不必要的反噬與歇斯底里的試管嬰兒、體外受孕與代孕等模式，更是化解人口困境的良性科技。固然政府有必要監管這些新穎科技，確保其不落入不法之徒手中，也從而不會對社會倫理構成衝擊——但我們有必要與時並進，以科學理性的態度助長生育，尤其是讓本身受過高學歷培訓及擁有充沛資源的人士，更容易地繁衍下一代。同時，也要讓基層或勞動階層的人士，能按着自身屬意的節奏及模式，通過成家立室，建立自身的經濟底氣與基礎。育兒與教育科技（childcare and education technology）能為資源較短缺人士減少幼兒教育與扶養的成本，從而促成在幼兒階段的第三次分配。在這些種種益處下，是時候讓我們摒棄過時的守舊保守思維，充分而務實地迎接相關科技的來臨，讓這些技術帶來對振興生育率及提高幼兒教育與照顧水平的可能貢獻。

第三，要鼓勵生育，更要讓人民看到幸福的可能性。過去數年中國出現各種各樣的消極思想與論述，包括所謂的「躺平」主義、「擺爛」、「潤」等。這些現象背後固然可能有個別別有用心人士的煽風點火，但相信更多是源於年輕一代在當今中國所承受和遇到的龐大生活壓力。無論是房租昂貴、就業困難（2022年青年失業率高達兩成）、地緣政治及國際意識形態競爭對其構成的直接或間接干預，還是種種取態與生活方式上的適應障礙（也就是項飆前輩所提出的「懸浮」難關），這些都是當代中國下一代，以及其下一代（若無改善的話）必須面對的難題。固然社會賢達沒有必然的責任要去為他人解決問題，但即便是站在我們主體利益而言，除非我們能順利降低年

輕人生活開支與成本，否則只會令更多人對建立家庭失去動力與興趣。創造幸福感、落實獲得感，仍須讓年輕人感受到自主權與被聆聽的尊重，讓他們也能通過在中國落地生根、不離開不出去，對國家投下信心一票。

有一些聲音認為，「農村是振興生育的主力軍」。這種說法，其實不可取。第一，農村家庭生育的負擔過重，必須有大規模紓緩，否則只會導致「留守兒童」問題氾濫（父母雙雙出城工作，剩下年長的祖父母輩與年幼的孩子，也算是一種悲劇）。第二，農村居民生育意願未必必然比城鎮居民來得強，尤其是在一些農業式微而又未能完全往工業轉型的「被遺忘城鎮」。必須讓全國重點與非重點的農村同樣變得更開放、更現代、更體制完善，方能讓農村迎來生育第二春。

四、　大幅增加移民仍是上乘選項

中國的人口老化問題不能單純依靠提高生育率解決。我們需要移民。我們需要大量、優秀、願意貢獻並在中國扎根的移民。曾有資深「中國通」美國學者跟我說，「中國成功之日，便是其能超越美國，成為全世界淨移民流入最高的大國。」我覺得我們沒必要嘗試跟美國在單純的數量領域上競賽——但箇中邏輯實有可取之處。若中國要成為一個多極世界、多元國際社會中的中流砥柱，首先必須增加自身的人口國際化程度。

但筆者也深諳部分國內學界及政策制定者對移民的合理疑慮。且看美國——大量移民激發了本地的極端右翼本土主義、催生了民粹主義的崛起，同時也令當地文化迎來各種各樣的變化，演變方向有好也有壞。移民並不是萬能藥，也不應在全國所有地方推動——比方說，在鄉郊地區引入大量外來勞工，與當地農民工人產生直接惡性競爭關係，到頭來只會構成社會不穩、破壞和諧。

但這些顧慮並不代表中國不需要移民政策。恰好相反——中國需要有效、針對性的移民政策，讓外來移民能貢獻中國經濟。筆者在此謹提出一點大膽想法，也就是設置「移民特區」。移民特區與當年驅動第一次改革開放的經濟特區底蘊相似，都是在中國領土上享受與其他地區與地方不同基礎建設的「特別區域」，其在招攬高端外來勞工及移民（給予他們十年簽證）方面比國家其他地方來得積極、門檻也相應降低。這些特區必須重點地向包括東盟與拉丁美洲等年輕地區國家招手，招攬人才來參與在經濟轉型之中。比方說，粵港澳大灣區——包括香港與澳門在內——便能充當一個特大移民特區，通過相對寬鬆的移民規定與要求，促使跨越不同行業與界別、不同學歷與背景的移民到來落地生根。為免他們對內陸城市或其他地區構成經濟衝擊，國家可對他們作出要求，必須在特區範圍之內工作與就業，否則會失去簽證。

若這些移民在這些移民特區對中國作出相當的建設與貢獻，更能將他們的身分從「十年簽證」提升至「當區」公民或居民身分，也即是說他們即便並非中國國民，卻也能在移民特區中享受如國民般的法律與稅務對待。固然此一倡議必然有政治難度，但在一個人才競賽日益白熱化的時代，我們必須敢於破格，敢於創新，方能確保中國能渡過未來20至30年的人口危機，重上人口平穩增長，以及起碼能降低人口急速下降的正道。我對中國未來經濟發展軌跡與道路，依然審慎樂觀！

Part 4

明珠☆我家

4.1
國際化是香港唯一道路

香港是中國最國際化的城市,這是其根本定位與角色。香港的價值
在於其要面向世界、促進世界對中國實況的認知,也同時增強中國
社會與體制對國際社會真實真摯的對接;同時,香港也要肩負起在
逆全球化與地緣政治衝突崛起的時代中,繼續維繫中國與外界的
共贏合作互動。正因如此,國際化是香港當務之急及重中之重,也
是能讓我們經歷了過去數年的風風雨雨重振經濟旗鼓的唯一正確
道路。

一、 改革開放是中國近代的偉大成就, 也是香港關鍵功勞

曾有不少對中國感到興趣的外國朋友問我,個人認為過去一百年以
來,中國最令人震撼的成就與最關鍵轉折點為何?而每一次我皆會
跟他們說:是我國八十年代開始至今超過40年改革開放。改革本質
上是一個偉大的勞動力釋放過程,通過合理的市場經濟、積極有為
的私有化、以實證實踐為基礎的管治哲學轉型,將中國從經濟崩塌
邊緣拉回來,讓中國踏上中產化、全面小康化、農村振興與城市脫
貧的關鍵道路。

開放,將更多的外來智慧及競爭引入,從而推動本地持續的創新及研究。開放,同時也讓中國與世界接軌。站在單純人口總量的角度而言,中國乃是全球化過程底下最為重中之重的得益者及受益人。開放,讓世界得以認識中國真實的一面,讓具備實力與潛質的國人得以到外留學學習——這也是我們過去數十年在科技、工程、高端產業中發展迅速的主因之一;主因其二,當然便是開放思維下對唯物主義的新演繹及解讀,驅使國家投放大量資源於建立一個現在於不少方面已超越西方諸國的教育及科研制度,通過市場與政府之間的有機辯證,推動生產力與生產關係往前走。

正因為當年的國家領導人選擇了與世界更深入地接軌,也因而驅使中國冥冥中肩負起以貿易與多邊主義為外交主體綱領的重責,從而奔上了新時代世界共同管治與領導之路。同樣道理,在2008年的金融海嘯以後,中國並沒有選擇封閉金融市場,而是持續地同時開拓內需與對外貿易及供應鏈的兩道戰線。中國向世界打開大門,是一種思維及博弈層面上對傳統國際關係的顛覆,也是一種面向世界諸國,表明我們「海納百川」的國際觀。

正因為中國貿易與經濟有秩序地開放(雖然仍有不少改善與進步空間——包括有必要根治的保護主義及經濟失效之處),所以人民思想也得以進一步開放;在改革開放以後的數十年,人民與地方政府、地方政府與中央政府、人民與中央政府、私企與國企之間的互聯互通,在種種磨磨合合之下,大抵推動國家朝着一個合乎絕大多數人口利益的務實管治作風方向發展。

實事求是,是管治真諦,也是時代奧義。從改革開放,我們能看到務實主義在管治層面上的反映與繁衍;不論理論或框架出處為何,只要能夠實踐人民確實利益,遠離不切實際的唯心主義與虛無主義,便是好的理論與框架。

改革開放也許確實在若干年份內加劇了國內的貧富懸殊及不平等（也因而才有實踐「全面」小康社會之迫切性，確保不只是一小撮人永遠富起來）；也確實助長了部分既得利益者的不正當權力使用（正因如此，才有過去十年以來的監管體制與私營企業之間利益關係的黨規變動，以及其所伴隨的中央落實針對貪腐、肅清操守有問題官員等一系列問責性改革，以鞏固政府在民眾眼中的威信及地位）。這些擔憂是真實的，也必須通過有機的第二與三次分配，配以技能與教育拓展以及持續深化城市化等的結構性改革作解決方法。

歷史上香港關鍵所在，便是作為國家改革開放的一大樞紐與基石，甚至為其源頭之一。我們在冷戰開始之時，便已成為為中國招商引資的通氣孔，一來是因為我們本身文化上與內地的契合（歷史上中華文化的根深柢固），以及與英美等已發展社會的完美對接（普通法制下的法制獲得國際認受性）；二來，也是因為我們本身是一個高度自由經濟體，能讓大量資金自由出入當時被視為具備龐大發展潛能的內地市場。而上世紀八十年代，乃是香港對祖國發揮最大引資作用的時候。我們為改革開放提供了燃料及動力，同時也在冷戰後期及後冷戰時代初期的格局中為中國破開一扇窗，間接鋪墊了中國日後加入世界貿易組織等的國際化步伐。

再者，香港模式為廣東及浙江沿岸等地的經濟特區提供了大量參考資料與數據，讓技術官僚可以較為去政治化的眼光看待經濟金融政策，當中正是香港的人才、學者、專家與商界，發揮了莫大關鍵作用。如今2023年——即使時移世易，我們也不能忘記初衷，忘記香港自開埠以來的特色，正是我們的文化開放性、經濟國際性、管治兼容性，以及人口流通性。

在千禧年代初，香港在金融海嘯及沙士疫情之後的經濟復甦，與內地「自由行旅客」及投資者「往外走」不無相關，甚至乃是因其而

起——可謂是一種另類的命運巧合。在雙循環與「一帶一路」之間，存有龐大而關鍵的發揮空間，讓香港能大展鴻圖。時至今日，香港在經歷了國際社會多番施壓、抹黑、嘗試脫鈎後，更必須積極而正面地力爭上游。深化國際化是我們必須行走的道路。若此時此刻繼續蹉跎歲月，故步自封，只會將我們的歷史角色扼殺、引喻失義。

改革開放並非單純的「國之大事」，也是關乎到香港在國家整體經濟內循環中的定位，以及將國家連結予全球經濟這個「外循環」的「特區大事」。

二、　香港必須繼續開放

現屆政府在去年中開始啟動香港擺脫檢疫與抗疫政策的復常之路，象徵着香港向世界全面重開。當時特區政府以科學證據為主導的開放舉動也充分反映了中央政府期待香港善用「一國兩制」下的獨特優勢，協助國家在國際舞台上爭取軟硬實力及維持國際與中國之間高度聯通，從而在這動盪非常的時代中，為中國通往世界維持一道暢通無阻的渠道。

唯有繼續將自身開放，香港才能捍衛國家利益，同時協助港人與香港整體往前走，持續將香港國際都市這道路走下去。筆者說了很多次香港能在我國「二次入世」所發揮的作用。以下乃是三點實質具體建議：

第一點建議，香港有必要針對性地降低移民成本與門檻，重點提高為外來優秀移民提供的空間及配套。須知道，這並不是單純的經濟援助或片面性的就業機會便能達成的一項願景。

有很多人誤以為，只要我們向外來高端勞工提供高薪厚職，又或是通過房屋津貼及金錢層面上的「吸引」，便能引導外來優秀人才到來工作。

這樣的想法，干犯了數點謬誤：一，忽略了競爭現實：新加坡在配套供給方面比我們做得更積極更優秀，我們單憑經濟及物質條件，在現有昂貴的生活指標及香港先天性的房屋問題下，並不能充分吸引亞太區內人才來香港工作。反之，我們更應當要做的，是把握我們作為中國一部分的獨特地位，向所有（包括現常駐在內地）對大中華地區感到興趣的企業及投資者積極招手，展示出香港作為從事中國市場研究及觀察以及參與在這些市場之中的眾多基地之中，最為開放而貼近國際社會現存商業文化及法律體制的大都市。

第二，這說法過度簡化人才所需，忽略了絕大多數高端行業人才需要看到的，是全面發展空間及創新機會。這也是為何新加坡相對於倫敦、紐約，也未必具備紐倫港的經濟動力所致。紐約與倫敦往往鼓勵其居民以實驗性思維及大膽設想色彩，對其政策及企業生態作出點評，從而塑造鮮明的「回饋循環」。新加坡具備優秀的政府，卻並沒有如倫敦或紐約一般蓬勃而自由發展的商業與公民社會。現時到香港工作的法律或金融人才，並不看到在大企業或龍頭以外發展的機會，也暫時感受不到能積極參與共建生態圈的機會，只看到一連串的「政府項目」，以樣板性手段推動缺乏方向的小修小補。在此前提下，有不少精英視香港為「職場首十年賺大錢」的地方，而不是他們將來創科實業的大本營或基地。

我們應當更大膽地向東南亞、中東、拉丁美洲、非洲、歐洲等地的人才招手，並需要更積極地諮詢及聆聽他們訴求、查找他們對職場及工作地點的需要，從而對症下藥，方能吸引真正人才來港落地生根。

誠然，人才吸納這一問題，反映一個更深層次的問題，也即是第二點實際建議。我們需要大幅提升我們在文化、教育、民間交流方面的軟實力，重新發揮我們作為中西匯聚之地的特色——不盲目排外、也不盲目崇洋。

香港現存的獎學金及對海內外學生及青年人的教育機會，確實不足。北京清華北大尚有蘇世民（Schwarzman）與燕京（Yenching）學人、英國名牌大學有羅德（Rhodes）與馬歇爾（Marshall）學人、美國也有富百勵學人（Fulbright Scholars）等關鍵招攬年輕人才的教育項目。而香港卻在這些方面明顯落後。民間交流也是香港具備優秀條件去進行及拓展的一處空間。早在年初，我便撰寫過有關香港作為推動中國對外二軌外交的基地之應有角色，能支持一些在內地未必能舉辦的較為破格或鮮明的中國與國際對話。香港曾長年累月自我標榜為中美交流的核心場所——但這一說法今時今日已經不再合時。

固然中美關係有其重要性，我也不想看見雙方劍拔弩張，但事實是，中美之間已經難以恢復到20年前那種黃金聯誼。香港需要更積極及踴躍地提升我們在包括RCEP（仍未加入）、APEC（已加入，但似乎並未能發揮更進一步的功效）、中國與東盟之間、中國與其他新興市場之間的樞紐連結角色，為自己創造更多的國際化定位與角色。

今時今日，「國際都市」不再是一個他人賦予的標籤，我們不能「佛系」地等待他人的認可，而要大膽地落實香港夢。提高本地對東南亞及拉丁美洲諸國語言流通性與訓練、鼓勵商界及有心人士在此成立更多大型的國際合作交流智庫，甚至委派公務員到包括APEC成員國在內的海外政府實習，這些都是香港可以及必須能做到的國際化措施。

所以，長遠而言，第三點建議是這樣：香港必須維繫我們的國際化體制及機制、並無論是在內部素質及外部形象方面，皆針對性地提升這些體制與機制的綜合水平。大灣區是一個勢在必行的未來發展方向，但在融合同時，我們也要保留、深化、拓展、拔高我們的法治仲裁水平、將金融資源注入及融入創科與可持續發展等領域之中。

「融合」與「融入」有根本性區別——與大灣區「融合」，讓我們作為大灣區的一員，能有機結合大灣區龐大的人力資源及將來中產市場，以及香港對外的固有及新興聯繫，這是一種積極正面的作法；「融入」在我眼中所指的，則是被動地接受及參與在大灣區之中，並未能以一種共贏共利的主動心態處理我們與大灣區的關係。

我們需要的是融合大灣區，而不是融入。「合」有共融共通之妙。「入」則將香港本質優勢及價值似乎隱去，並未能充分發揮我們現存的體制性優勢。也正因如此，唯有過去數個月摒除香港旅遊及隔離政策所帶來的區隔，開放更多的跨城市人口流通，方能確保能在疫情以後提升香港的整體區域性聯繫，吸納更多有志之士到香港來。

三、　香港必須繼續改革

當然，沒有改革的開放，並不完整。改革與開放乃是一體的兩面。只有開放而沒有改革，則會加劇貧富懸殊、社經不平等、體制與人民之間的距離、精英階層在民眾負上沉重代價以上獲利更多……這些種種都不是可持久或可接受的後果。改革是破除迷信、清除瘀血、去蕪存菁的唯一方法，也是一種方法論與思想觀，驅使我們無時無刻把自身不足查找出來，再從而精益求精。改革需要的，是對制度中僵化及官僚化的山頭進行徹底撼動。改革要求從政者及公共服務者做的，則是在這大變動之時刻中，配合及支持改革者的舉

動，以最坦誠而開放的心理，對一切處之泰然。唯有處變不驚，方能堅守改革到底──否則就只會事倍功半。

第一改革方向，便是善用香港在「兩制」之下的有機區別，服務國家之餘，也要服務亞太區內外的其他經濟體系，重新確立我們作為亞太區其中之一，也是唯一直接與中國有密切所屬關係的樞紐這一角色。財經事務及庫務局曾提出，必須主動推動債務創新，作為頂尖（國際）企業與政府在港融資的工具，這種做法正反映出我們今時今日所需的突破性創新思維。舉個具體實例來說，點心債乃是中國企業融資的關鍵渠道及基礎之一。香港應當做的，是雙向性地，一來引入更多的監管及素質調控條款，從而確保點心債整體素質；二來也是要引入更多優秀亞洲企業，為他們提供一條龍的法律及金融支援服務，讓香港成為他們集資的首選之地。推動改革，尋找如何能滿足亞洲區內最大公約數的創新及發展空間，是我們國際化改革的關鍵第一步。同時，香港也應當大規模探討伊斯蘭金融（Islamic finance），提供更多的教育及技能培訓課程，從而鞏固我們在這方面的金融基建，協助內地加快與中東就着人民幣債券及期貨結算達成以香港為中轉地的連結。

第二改革方向，便是要積極強化我們與亞洲及以外國家的多方面合作──這些合作遠遠不止於金融或經貿，而應當包括真正的文化交流、教育交流、人口流通交流，以及科研及調研交流。香港是港人的香港、中國的香港，也是亞洲、世界的香港。我們對國家最大的價值，便是在一些內地未必能夠直接接觸到或暫時建立不了深入友誼及信任的國際對口國家與地區中，動用我們商界、學術界、政界、專業界別等與外連結，從而促進民間為主導的二軌或一軌半的合作關係。改革方向必須將這一點反映在內。我們應當如何保障外資及外來人口對香港的信任？應當如何化繁為簡，簡化不必要的手續，讓有意在港深化投資及規模的跨國企業，能暢通無阻地到來成

立及強化區域總部？常有人表示，新加坡將會把香港比下去──但一來，香港與新加坡未必是必然的競爭對手。二來，即便如斯，香港也絕對具備急起直追的潛質及動力，欠的乃是適度的政策落實與實施而已。

我並不相信香港最國際化及開放的時候已經過去。為國家，為香港，香港必須持續國際化。我們必須毋忘改革開放的初衷與巨大成就背後的緣由！

4.2

香港，你真的國際化嗎？

（此篇文章刊登於 2023 年 1 月）

香港，你真的國際化嗎？

「國際大都市」、「舞照跳，馬照跑」、「連結中國與世界」。打開報章一看，歌頌香港國際地位及定位的文章，多不勝數。一個高度國際化的香港，將資本主義經濟體制與中華傳統文化結合起來的獨一無二管治邏輯，通過海納百川的胸襟與多元包容的文化，呈現出中國前進道路上的一種可能方向、哲學。確實，國際化不但是香港唯一出路，更是我們對國家與歷史的道德責任，這一點是無容置疑的。

但理想與現實之間的落差，我們並不能忽視，更不能掩耳盜鈴，否則只會欲蓋彌彰。若我們要捍衛香港的國際地位，堅守「一國兩制」對一國的正面輸出與拔高，修補及鞏固香港在全球各地所投射出來的聲譽，不能單靠重要但絕不足夠的全面重開以及解除苛刻檢疫政策，以提振香港國際地位與底氣。這些措施也許能讓我們迎來一時的掌聲、換取一刹那的喘息機會，卻並不能恢復我們在國際層面上的競爭力、開放性與吸引力。「回來」的前提，是要我們反採取主動，讓國際化重新成為管治精髓及引擎所在。

國際競爭力的前提是語言流通度。於《英孚教育》2021年的全球國家地區英語排名當中，香港位列112國家與地區中的第32位，在亞洲當中也遜於新加坡、菲律賓、馬來西亞三大競爭對手。我們的英語水平約莫與西班牙看齊，稍微領先於內地與澳門。即便拋開這些可能不全面的排名不說，只單純針對政策層面。固然在2010年的改革後香港再也沒有正式的「中文中學」與「英文中學」二分，但現實上部分學校絕大多數非語文科目仍以中文授課，而這些學校畢業生，與全面用英語授課學校之間所產出的相比，英語水平必然有落差。作為香港官方語言之一，也是海內外進駐香港大企業的基本通用語言，我們下一代的英語能力卻參差不齊。正如學者 Bruce Morrison 與 Stephen Evans 在 *International Journal of Bilingual Education and Bilingualism* 發表的論文指出，本地大學課程均以英語授課，英語欠佳的中學畢業生不單難以在英語主導商業世界中生存，也同時難以在大學中考獲佳績，雪上加霜，締造社經結構上的惡性循環。

再說普通話。這是我們中國人如今最為通用的語言，也是與全國十四億同胞對接的基本入門券。獲國家教育部認許的普通話水平測試，中小學報名人數於18到21年間下跌接近兩成，中小學生平均成績也有鮮明下滑趨勢。原意良好的母語教育，到頭來卻讓香港的學生只懂得廣東話（甚至連正規廣東話也難以保存），而不懂得自己國家的官方語言。這是何等悲哀？普通話說不成，不止令港人難以北上發展，更難以讓香港成為長遠而言招攬操普通話人才的薈萃之地。

英語與普通話不只是全球各地的主要流通語言，更是學術、科技、金融、法律等行業中的主流語言。若香港要繼續在這些領域中發光發熱，前提是必須遊刃有餘，能遊走在不同國家與政治體系之間，廣納海內外人才，與其交流合作。而不是看見自己國人卻只懂得說

英文，看見外國人卻推搪說只懂得說廣東話的洋涇浜模式。我們更不需要吵嚷着「不要學洋文」，藉着「反殖」為名行「內捲內向」之實；又或是拿着「保育粵語」為幌子而拒絕學普通話的狹窄本土主義者。這些聲音對面臨嚴峻國際形勢的香港是禍是福，是愛港還是幫倒忙？答案呼之欲出。

我們的世界正趨向多極多邊。在此前提下，我們不能只聚焦中美兩者之間的博弈，而是應當未雨綢繆，為拉丁美洲與東盟諸國的崛起做好準備。無論是前者所通用的西班牙語，還是一眾在東盟區內舉足輕重的語言（2021年一項調查〔Wardhana, Dian Eka Chandra (2021)〕指出，世上操馬來語的，有2.5億至3億人左右〔遠不止於馬來西亞或印尼境內〕；操越南話的，則有9000萬人；操泰文的，則有接近4000萬人）──試問這些語言在香港，又有多少人通曉？這些語言背後的文化與話語體系，又有多少港人深切了解？

歐盟五成四人口懂得一門或以上的外語，一成人口懂得說起碼三種外語。但君不見歐盟諸城市將自身標榜為「國際大都市」，即便其國民至少在語言層面上已遠比香港優勝。在全球化日益深化及鞏固的趨勢下，通行語言只會持續地「多元多極化」。我們卻似乎沒有居安思危，而是只懂得繼續自我感覺良好。一個自詡為「國際大都市」的城市，甭提急速崛起的各國語言，就連最基本的普通話（國家語言）與英語（現時國際主流語言）也說不好。

香港，你真的國際化嗎？

近日在報紙上看見有一項調查，指出香港各間大學的「國際化」程度參差不齊，甚至有個別是嚴重落後區內平均水平，與國際化背道而馳。在此，我們當然毋須妄自菲薄。香港有不少大專院校乃是傲立亞太區，師資學生絕不比北大清華為遜色。但確實需要反思的是，為何我們高等教育的對外聯繫與交流仍面臨不少結構性阻力、國

際人才栽培及發展政策方面，也是面臨嚴峻樽頸，難以開展？為何
有那麼多頂尖學生甫畢業便跑到外國去，又或是毅然北上到內地發
展，而沒考慮過留港落地生根與發展？這一現象，尤其是在科學、
科技、工程、數學等理科（STEM）科目中尤為明顯。我們看見這一
幕幕，又有沒有嘗試從這些人才角度與利益出發，思考他們在港的
留與不留之間，到底是什麼樣的心態，從而對症下藥，向他們提出
不能拒絕的條件，讓他們在港看見上升前進軌道，從而留下來當個
香港人？

再進一步而言，社會似乎仍充斥着一種錯覺，認定我們能夠一直「食
老本」下去，直至永遠。有一套說法認為，只要內地一天趕不上國
際普遍沿用的法制、經濟體系及監管水準，香港一天都會保留對內
地的龐大操作價值及地位。但這種說法忽略了，改革開放在內地的
步伐並沒有停下——無論是南沙還是前海，甚至海南，這些改革先
鋒實驗地區均在積極地尋求與國際接軌。若我們以為只要能按兵不
動地「穩守」在金融、法律、高技能服務業等的國際認受性（這本身
也具甚大挑戰性），以及維持低稅制高經濟自由的商業經濟模式，便
能羅致五湖四海的人中龍鳳，以逸待勞，這明顯就是太天真、太簡
單、太過時。我們不進則退！

第一，一座高度發展的國際大城市必須要經濟產業多樣化，更能將
國際化的執行思維與人力資源融會貫通、引導至各大小行業當中。
現時香港的商業國際化，絕大部分局限在金融與企業管理行業當
中。無論在比例還是絕對數字上，皆未能延伸至科技、文化、旅
遊、教育等層面上。反觀紐約與倫敦，無論是文化藝術工作圈，還
是公共行政與慈善機構的文化族裔多元性，都是正面印證着他們
作為以移民為基礎的無比價值與底氣。國際化不能淪為片面而局部
的，而必須是透徹而深入社會各大小行業。原因很簡單：假若他朝
這些行業中的人才選擇另覓高就，又或是被機械徹底取代，香港屆

時的國際性及聯繫，又從哪裏來？更何況這些行業往往流動與地理流失率非常高，只有一小撮的國際人才願意在港久留。若要聯繫國際社會、籠絡各地民心，仍須我們在傳統行業以外下苦功，發揮我們作為文化交流、思想對話搖籃的作用。

第二，我們一直引以為榮所謂「面向國際」的人才政策，背後反映出我們對何謂「國際社會」的狹隘認知。仍有不少人似乎皆認為，所謂的「國際社會」便等同於歐美英等「發展國家」，頂多再包括澳大利亞及新西蘭。對於這些吃瓜觀眾而言，中東、東南亞、中北亞的人才，便必然是「次等」人才，更遑論非洲、拉丁美洲等——這些他們根本不會放在眼內。在此一崇尚舊秩序的封建世界觀當中，容不下全球八成人口，更容不下二十五年後將會在全球人口十大國家當中佔據九席的亞洲與非洲兩大洲。不少傳統精英心目中的「國際」，固然是明日黃花。但反對及批判傳統精英價值觀的某些人，雖然口中說的是「得要國際化」，心底裏想的，卻是將國際化與跟國家融合設置為二選一，主觀認定若香港跟國家融合，則必須放棄對外招攬人才。這一種說法偏頗危險，更是扭曲了國家對香港的寄望。在面臨嚴峻人口老化及出生率不足的情況下，中國正正需要香港作為將移民吸引入國家內外循環的橋樑。若香港要充分融合內地，更應該拓展及突顯自身軟實力與生活素質，吸納來自於東南亞、東歐、中東等地的年輕優質人才，從而為香港在全國戰略格局中加分，深化主動權。

第三，一座城市是否國際化，非常取決於其人民本身的素質與思維。如今是2023年了。但正如一名資深政界前輩早前在一場峰會所言，香港仍有不少人將「印尼」等同於「姐姐（家中傭人）家園」、「越南」等同於「九十年代船民的來源地」及「河粉」等，聽起來很滑稽，實際上卻很現實的刻板印象。這些聯想研判不單是過時，更是反映出一種自我優越感鮮明，但國際視野空洞的故步自封。對世界時事

的認識，從來都不應是一兩個所謂「國際關係專家」所用來經營媒體遊戲的資本籌碼，而應當是所有港人也接觸到、理解到，甚至最終套用在生活中的基本常識。若我們培育出來的所謂人才，能指出在曼谷哪裏購物最通暢，卻不能反思香港與泰國可如何加深商貿合作，這反映出來的不只是香港的集體悲哀，更是我們教育與人力資源栽培系統的整體失敗。

以牛劍常春藤畢業生為社會主導與骨幹勢力的新加坡，深諳自身必須鞏固與加強與世界頂尖學府之間的聯繫，讓國民能自少培育對世界事務演變的透徹認知與批判性思維。先是發掘出具潛能的青年少年，從頂尖小學到出類拔萃的中學皆悉心栽培，再以獎學金支持及鼓勵他們到海外一流學府留學，最終讓他們學成歸國，在地貢獻。與其不斷地追求與新加坡之間的虛無縹緲比較，倒不如貼貼實實地在人才政策層面上向其取經？

優秀的國際人才不斷往外流。具潛質而願意留下來的人才，卻缺乏國際化及往外走的歷練機遇。

香港，你真的國際化嗎？

每一座國際化的都市，必然在國際舞台上有其發言人、友人、盟友與合作夥伴。這些人士未必，也無需完全按着既定官方的官腔與「主旋律」去走，應當具備一定程度的獨立鮮明色彩，方能有公信力、方能真正地創造額外價值。要締造出這一批柔性、彈性的「民間友人」，前提是能讓他們對這座城市的現在與未來、走向與價值觀，皆產生一種由根的共鳴及體會。作為一座金融都市，香港一路走來依靠的，不只是土生土長的香港人，也包括從內地到港或從外地回流的華裔人士，以及在港生活工作數十年的在港移民。這些人都是香港往前走的動力所在，也是我們內在的底蘊、底氣。

但因應過去數年的風風雨雨、疫情所帶來的防控措施、部分國際媒體對我們的渲染批判，這些友人當中有不少正對香港失去信心。再加上本地政圈泛政治化趨勢、區內競爭對手推展的一連串引資吸人才政策，以及地緣政治帶來的不明朗因素，即便是長年以來對我們支持不斷的「國際朋友」，也開始有所動搖。作為熱愛香港、熱愛香港國際化靈魂的人士，我們有義務跟這些朋友進行更深入的接觸及對話，也寄望在權在位者能好好把握我們金融、法律、貿易、科技各界的重量級國際朋友，團結方方面面的力量，做有感召力的建設改革者，打破族裔膚色、出生地方、語言宗教等門戶之見，通過真正的交流、諒解、協調與溝通，重塑香港的戰略軟實力。

誠然，現時香港輿論氛圍出現一種非常令人揪心而擔心的現象——那便是劇烈的兩極化撕裂。一邊廂，有不少人嘗試通過崇洋媚西的表態，嘗試以懷緬過去為名表達對現況的不滿，卻將香港綁在一個受過往意識形態所約束的船上，讓我們難以往前看或走。另一邊廂，卻只見各種偏激而民粹的聲音，不管黑白對錯，不分青紅皂白地針對外國、攻擊外國人、批判「西方思維」。「凡是」西方、「凡是」與現時香港主流意見牴觸的，便被定性為「思想錯誤」。這種偏激形式主義至上的氛圍下，香港又怎能成為舉辦跨國交流與對話的陣地，怎能在二軌層面上發揮紓緩作用，減免國與國之間的矛盾與誤解？在他們眼中，攻擊西方與批評歐美等國家的一切，便是彰顯忠誠的最佳表現，卻不知原來國家一直以來堅持的改革開放政策，正是要從世界各地學會最好的東西，在國內推陳出新，從而為中國未來創造更多的可能。

香港，你真的國際化？

香港的基因不是形式主義。我們的基因乃實事求是，從實踐悟出理論、從理論中得出多元、從多元創造包容的螺旋上升。我希望能看

見更多的港人，能參與在國家在各大小國際性組織中的代表團體當中，發揮我們應有之義。我也希望能有更多港人以自己真摯而不偏不倚的聲音，在多邊會議及對談中發聲，為大國之間和平共處出一分力。

一年多前我出席一場峰會，雲集來自美國、英國、加拿大、中國內地、印度的地緣政治專家、智庫領袖、政客、商界翹楚，卻發現自己乃是最年輕的，也是唯一一名來自於中國香港的代表。香港在哪裏？

數個月前我親身參與策劃及舉辦一場文化交流論壇，跟一眾來自世界各地，包括香港在內的藝術文化資深工作者探討，香港究竟何年何月才能成為亞洲文化交流匯聚一堂之地，通過我們獨有的實驗氣質推動及落實文化創新與改革。香港在哪裏？

數天前思前想後，經過一輪自我盤問後發現，其實國際化必須從自身做起。要推動國際化，首先要將思想從封閉的過度本土主義、沉迷於自身主觀的挫敗唯心主義解放出來，然後再將國際政治博弈化成自身辯證批判的一部分，時時刻刻都敢於更新自身思想、推翻自己、掙脫枷鎖。就着香港而言，我們要敢於發聲、敢於說不，更要敢於善用香港獨特的身份價值觀，為香港在國際舞台上找回自身定位與空間。我希望在不久的將來，我們面對着，「香港，你真的國際化嗎？」這一拷問，能大聲地說，是的！

「修身齊家治國平天下」。其身不正，難以齊家。自身思維不夠國際化，則難以將「家」化成能包容及接納不同聲音、不同意見。《禮記・大學》中除了提出了以上的層遞，更強調「欲修其身者，先正其心；欲正其心者，先誠其意；欲誠其意者，先致其知；致知在格物。」我們得要知而行之，知行合一，方能既明德，也格物。

4.3

回歸二十五年：
一國兩制何去何從？

（此篇文章刊登於 2022 年 7 月）

1997 年，香港重新回到國家的懷抱之中。同胞毋須再受冷冰冰外來者所設下的邊界作區隔，也能在深圳河兩岸相擁團聚。然而回歸 25 年來，香港幾經風雨、也面臨過各種各樣危機。這座城市經歷了重重政治及社會經濟矛盾、各種各樣的山頭主義及私利主義的繁衍，以及形式主義及官僚主義相互交織底下產出的結構性動盪。究竟回歸 25 年，香港的一國兩制應當何去何從？

一、「一國兩制」的政治智慧與深度

香港迎來第 25 年的回歸紀念日，也是反思「一國兩制」本質層面的最好時機。前國家領導人鄧小平先生於 1980 年代提出「一國兩制」，當時普遍被認為是為了實現祖國統一，讓澳門、香港及台灣等地區以特別行政區的形式，在「一個中國」的宏觀性體制之下，維持自身的資本主義制度，同時以高度自治的模式推動符合當地實情的管治模式。這絕不代表這些地區是政治獨立——「一國」主權乃是賦予「兩制」道義公正性的基石；但卻也讓這些地區的政治前進軌跡，在當時波譎雲詭的國際博弈之中，得以保障。「兩制」的成功維繫及發展，也是實行「一國」前進的關鍵要素。站在政治及原則性角度出

發,「一國」與「兩制」必然有政治主權層面上的主次之分,只有國家才是主權的實際擁有者;但從概念與倫理的角度出發,這兩者之間乃是相輔相成。

但若我們單認為鄧公當年就這香港議題的英明,乃是繫衍在其對如何「準備」香港回歸祖國的政治盤算及務實計量之上,則未免忽略了「一國兩制」方針原則上所蘊含的莫大政治哲學性智慧。「一國兩制」,若能成功落實,非但能解決祖國實際統一的政治現實問題,更能突顯出一種二十一世紀的大國管治模式——也即是容許在「一國」的政治與主權基礎之上,構建出多姿多采,符合人民實際需要及以人民為中心的地區性管治模式。這一體制,與美國的以州為基礎的分權制度有所區別,因為無論是特區還是自治區,省份還是直轄市,中國的管治倫理皆是以一國的整體利益為依歸。但與此同時,一個能容許制度性差異及變化的治理模式,比起一個將千篇一律的政治模式照辦煮碗在所有地區實行的相應對象,來得更為靈活而高效。這也是為何我認為鄧公的「一國兩制」乃是一個非常宏大,具備「海納百川、有容乃大」胸襟的理想願景。

一國兩制,不只是和平解決歷史問題的上乘方法,也是推動不同地方管治與經濟實驗的關鍵政治體制,能確保中國各地在推進經濟實驗與改革的官員能更抓實當地實況,更反映出當地民情民利的考慮下,落實與其他經濟條件未曾成熟地區相異的經濟制度,從而將外來資金及國內資金加快疏導至驅動國家長遠發展的引擎。

二、　為何「一國」需要「兩制」?四大體制性原則

經歷了數年政治及社會動盪,常聽到不少聲音說,「我們無需兩制,只需要一國。香港快點一國一制吧!」但這種說法,非但有違歷任國家領導人——尤其是國家主席習近平——對香港寄以的厚

望，更是有愧於我們14億同胞對「一國兩制」的良好意願及期盼。堅持把「兩制」走下去，乃是我們對全港七百多萬人、全國14億人，甚至在構建人類命運共同體下的政治體制探索過程的基本政治義責。筆者認為，在政治主權的大原則層面上實現「一國」，配以在經濟與法律體制的執行層面上落實「兩制」，乃反映出三大主導思想：

第一，「兩制」乃是體現中國特色的體制多樣性與包容性的不二之選。清華大學學者任劍濤的《中國的現代國家構造》一書中曾指出，現代中國獨有的管治制度，乃是透過不斷的內在權力分割制衡及地區與中央就着管治方針的動態「對話」所繁衍出來。從政治走向行政，從「大眾」走向「公共」，是一個長達三十年的體制改革長征路，卻也賦予了中國現時所採納的「鬆弛有道」模式。不同城市及地區、不同人民及人口，皆具備自身獨特的政治色彩及次要意識形態區別──只要大家皆符合主要政治倫理要求，管治皆具備符合、滿足，以及反映當地實情的政治奧義。站在管治第一線的出發，如著名政治哲學家貝淡寧（Daniel Bell）、研究中國基層民主的美國名家裴宜理（Elizabeth Perry）與港大教授閻小駿所言，基層政府官員往往會透過包括鄉村選舉及符合當地實況的特定諮詢與溝通機制，與民眾直接構建深厚的互動聯繫，從而將任教授所說的「革命性趨勢」轉化成一種能支撐政權穩定性的「配合性取態」。站在中央與這些管治第一線之間的，當然是縣處、市廳、省部等的行政級別，而每一縣、每一市、每一省與特別行政區的政府，也有配合及代表當地民眾的基本道義。說了這麼多，其實乃是為了論證一點：與坊間部分說法不同，筆者並不認為「兩制」是中國「一國」之下的異類，而是一種符合港澳等地區政治實況，配合以上所述遍布全國的基本倫理，所衍生出來的具體呈現（particular manifestation）。「兩制」的授權邏輯，與屬於「一國一制」管治之下的省份與城市的根本授權邏輯，乃是同出一源。

第二,「兩制」乃是向特別行政區的人民、老百姓問責的必然體制。常聽到不少政治前輩表示,管治香港乃是要同時向「兩個老闆」問責——一個是中央,一個是港人。筆者對這種「老闆——下屬」比喻有一定的保留,因為管治不應是一種資本主義之下勞資關係所能比擬的工具性關係,而是一種由心而發的生活哲學與態度。從政為官者,必須視每一位老百姓、而不單是符合自身政治要求及口味的支持者,為自身必須幫助(或是間接領導)的對象。但這種說法有一點乃是真實的,那便是特別行政區政府必須同時向中央與香港所有居民問責。這也是習主席所提到,「香港是全體居民的共同家園」的根本性意思。香港獨特的政治歷史、經濟體制、自身所呈現出來而為國際已發展社會所廣泛接納的法治,乃是港人獨特持有的規範價值觀——這些價值觀在內地其他省份可能會找到相應的對等特徵,卻必然在地理與歷史軌跡分歧下,與香港有所區別。追求符合港人主觀願景與客觀需求的管治,並不代表港人的要求比內地同胞要求「更高尚、更優秀」,而是反映為官者要對自身最直接負責的人民,負上更大、更多、更深層次責任的必然倫理。怎能將香港人民與內地同胞在政治及原則性議題上的差距收窄?答案是要確保宏觀性融合乃是能在維持,甚至拓展經濟、法律、文化、媒體等層面上的求同存異,方能讓普遍港人看見在「一國」之下行使自身權利、追尋自身理想生活的可行性。若過分側重及依靠內地視角去處理執行問題,則恐怕會對「一國」構成反效果,令人民對「一國」產生不應出現、也不合國家利益的質疑或反感。

第三,「兩制」有效促進香港作為我國持續國際化、全球化,走出去的關鍵橋頭堡。在百年未見的大變局當前,我國要抓緊機會,站穩立場,積極拓展對外的合作夥伴關係。依我所看,這乃是以三種不同的主要形式呈現的:一,與東盟、拉丁美洲、非洲、中東地區等發展中國家及地區深化「南南合作」關係,堅定不移地落實多邊國際合作主義。二,與歐美等國家維持高度緊密的來往聯繫,同時在

核心議題及原則問題上堅守國家主體利益。三，與世界各地，在城市、企業、公民社會層面上，積極拓展良性與合乎國際法律的聯繫及交流。在這三大主軸上，在香港維持及堅守「兩制」，對國家整體利益來說有着無比重要性。香港的戰略地位，乃是我們資訊流通、思想開放、經濟自由、具備吸納及匯聚海內外人才的先天性優勢。若部分人士認為，維持「一國」，也意味着我們必須摒棄香港多年以來行之有效的「兩制」，這未免是站得不夠高，忽略「中央處理香港事務，從來都從戰略與全局高度加以考量」的國策方針。在全球化出現重大危機的新世代中，香港必須成為國家與不同國際夥伴加深相互認知、建立金融及貿易互通機制、處理仲裁與法律糾紛的橋頭堡。

第四，「兩制」賦予香港作為中國整體治理創新及改革的創新實驗場。有個別評論曾表示，香港必須放棄一切「殖民時期遺留下來的管治機制」，將「大陸那一套」全盤落實，從而才能配合國家發展步伐。對此點，我是不以為然的。固然，管治機制若有過時失效之處，我們必須反覆改良。同時，若管治機制滲透着有違基本倫理的不良思想，我們也必須糾正。但若我們真的要確實達至「有為政府」，我們不應受不必要的執着約束牽絆，從而放棄或抗拒對我們改善管治素質有幫助的改進思想。不管是黑貓還是白貓，能改善人民幸福的，都是好政策。香港也必須善用「兩制」，重新成為國家整體治理創新及推動改革開放的創新實驗場，讓中央及全國上下官員能「摸着」香港石頭，在我們過去及未來軌跡上窺探一二，從而讓他們能在應對治理問題上更能得心應手。具體點來說，香港以紀律與客觀務實價值觀作主導的公務員體制、對整體社會大眾組織的放權及包容、對外國外來思想及人員的重用善用，這些都是「兩制」所賜予我們的優勢。若為了迎合想像中的「一國」口味，而放棄這些秩序傳統，恐怕會令「一國」錯失良好的改革空間與借鑑，間接陷「一國」於不義。

三、 穩守「一國」下改革「兩制」的必要性：
香港如今面臨的四大挑戰

當然，香港現時並非一帆風順。撇除其與「一國」的關係暫且不說，「兩制」之中的香港制度，在過去十數年間出現了四大核心問題，必須正視。若這些挑戰未能及時化解，恐怕對「一國兩制」的未來走向，會構成莫大障礙。

第一，香港必須在維持開放而自由的經濟模式下，化解資源及機會分配的樽頸問題。我曾多次撰文提出，香港劏房與房屋問題，不止是一個資源問題，更是一個尊嚴及社會地位問題。香港的富豪數量乃是全球各地數一數二的，但我們城市裏面接近一成半到兩成的人皆是生活在貧窮線之下。社會流動性自八十年代末以來一直下降，而我們過度側重特定產業的經濟政策，只讓一小撮人富起來，卻並沒有讓所有港人皆可直接從中得益。對這些批評及問題的提出，有個別聲音也許會表示，香港乃是一個經濟自由港，實行的政府收入機制根本並不能應對這些種種問題。但須知道，即便是一個低稅政府，也能實行積極有為的產業政策、房屋政策，以及更為基本的教育競爭力政策，提升人民整體素質及爭取社會往上流的能力。利用公私營協作、推動大規模公共融資，善用金融工具去為政府創造更多庫房收入，這些方法與路徑並不會與香港能吸納更多國際人才及資金有所牴觸。反之，若堅持「兩制」者執意認為必須維持40年前香港所訂下的經濟方針，則只會將貧富懸殊及社會差距加劇，嚴重撼動「兩制」的管治論證性。「兩制」的價值，在於其理論上能滿足港人獨有的需求——若我們繼續拒絕將外來或源自內地的經濟投資及利潤，妥善地分配在人民的手中，這只會加深普遍大眾對「一國」能否真正為他們經濟及實體利益服務的疑惑。

第二，特區政府有義務落實管治體制層面上的改革，才能解決現時我們所面對的管治認受性危機。有不少對特區政府不滿的香港市民，並不是因為「受洗腦」或「政治上腦」，而是對香港多年以來的管治問題——過度的官僚主義、官員與民眾之間的距離感及溝通失誤、諮詢及民意收集過程的樣板性、有關民眾參與在管治過程當中的改革進退失據，以及政治任命官員對政策的熟悉及認知等——的一種由衷反感。這並不代表這些問題在97年前是沒有的——試圖將這些問題轉移至中央層面上的機會主義者比比皆是，但他們所說的並沒有太多事實根據。但回歸基本——「兩制」的維持，需要管治者及執行者與時並進，無時無刻反思應當如何回應民眾利益與聲音。為官者不能怕事、避事，而必須建立符合各方利益的「管治聯盟」，統一香港各大小利益集團，從而站在同一陣線上為人民服務。反之，若管治體制在全城、地區，以及鄰里層面上持續僵化，恐怕即便是最為去政治化而政治冷感的市民，也會對特區政府產生極大的不滿及懷疑，對「一國兩制」長遠的穩定施展只有百害而無一利。香港現時大致恢復秩序及平穩，不應出現以政治意識形態為主導的形式主義及民粹主義者，利用自身的優先權力去挑動民眾之間的仇恨、批鬥及敵視。在這一刻，無論你是支持民主化進程、支持社會復和，還是堅定不移的「愛國心」擁有者，大家都是香港人——相煎何太急？

第三，香港需要文化多元，堅持文化、語言、歷史傳承層面上的「兩制」，方能落實真正的民心回歸、推動確實的文化交流。增加香港學生及市民整體對祖國的認知、提升學童的普通話水平、保育中華傳統文化及國家近代文化，這些都是推行青年、文化及教育政策的從政者的必然任務。但與此同時，若香港要繼續維持作為中西文化匯聚之地這定位、同時也能安撫對祖國仍存有誤解及排斥的民眾之心，我們有必要在保育及維持本土文化上再下更多的苦功，推動更全面而廣泛的文化、語境、本地文學保育。香港文化與國家文化從

來都不應存有（消極）對抗或對立關係。「兩制」成功要素之一，便是要讓港人看到在「一國」文化之下，能夠充分享受及維持自身操廣東話、聽粵語流行曲、追外國或本地的「星」等文化權利。在港進行文化工作，並非一件易事，更往往是經濟虧本的——政府必須重新思考本地文化政策，不再功利地單純將其當成一個「產業」。最後，香港百年以來受西方薰陶所遺留下來的文化遺產，大可以跟我國傳統歷史進行有機糅合——正如天津、哈爾濱、上海等充滿外來文化特色的內地大城市，香港不應抹去或遺忘自身歷史的好與壞，更不應放棄通過文化二制改良一國文化的寶貴機會。

第四，「一國兩制」的核心成功指標之一，乃是其在港人與國際社會眼中的觀感。觀感乃是管治不可缺乏的一環。若「兩制」缺乏了觀感層面上的認受性，極其量則只能充當國家內部的一種評價及原則性堅持。回歸到鄧公當年的遠見——在推動經濟特區的成功之後，鄧公寄望能將經濟特區的多面多變性，進一步拓展至體制、法律、管治模式等層面上，構建出一個劃時代嶄新政治體制模式，讓中國能在世界舞台上與國際社會接軌。國家過去所走的經濟改革路，確實不容易——我希望我們不會走官僚主義與反競爭發展的回頭路，經濟發展進程也不會受眼前的地緣政治與意識形態障礙所阻擾。而香港在這改革路上擔當的角色，一直以來沒有變過，皆為世界提供進入中國市場的跳板，更是促進國際社會與中國之間相互認識的平台與舞台。有見及此，若「一國兩制」在種種（包括抹黑及負面宣傳）因素下，在國際社會眼中遭受嚴重打擊，甚至不復存在，這對國家整體的經濟開放步伐，並無任何益處。而要化解國際社會的觀感問題，並不能單靠「說好故事」，更需要以行動及實質方針作出針對性回應，讓外資及外來商家看到在香港此時此刻營商的穩定性及可行性所在。也正因此，香港必須盡快與世界通關，方能協助國家在複雜多變、荊棘密布的國際形勢下，進行「第二次入世」。

最後，一個管治體制成功與否，與其民眾對其真摯支持率有莫大關連。特區政府必須給予港人信心，必須讓所有港人皆看到「一國兩制」不只是符合他們整體利益的，更是能在困難當前，迎風而起、逆風而行。

4.4

香港三環論（上）——
論香港與國家

香港未來的發展藍圖，在於一個「三環」結構：香港、國家、世界。

香港內部是其中一環，卻不能成為一個完整的循環。作為國家一部分，香港自然應當參與在國家的循環中，採取主動而為港在國內系統爭一席位——最終要讓國家得益，也要滿足港人需要及願景。作為國際金融及貿易系統中的關鍵一員，香港也要站起來，不能躺平接受被競爭對手取代或領先；更不能欣然接受針對香港、或意圖透過香港針對國家的國際勢力圍堵，而不作反擊。

以環作為基本結構單位，是因為這三環，環環緊扣，也是逐環層遞漸進。香港與內地，香港與世界，內地與世界，本身就是互動牽連的不同平面。站在這三大平面的交接口上，我們政府、公民社會、經濟企業等，必須發揮攸關重要的角色，化「被動」為「主動」，在有限的資源及空間中，為這座城市創出一片天來。我們不應再受舊世界崩壞而被打至落花流水的迂腐作風綑綁，更不能武斷下定論，以為自己未來一無所有。

一、 第一環——香港之環：
讓對此片土地情有獨鍾的市民，能安居樂業，
自我實踐

常聽到有人說，香港的未來在內地、在「大陸」、在國家——彷彿國家便必然要為香港提供機遇一般；卻不見國內其他一線城市，會時常強調公民必須「融入國家」發展？香港是一座擁有740萬人的城市。這座城市裏面，不會人人皆想「出走香港」，甚至更未必會想北上到內地公幹、退休。但這並不代表他們不是愛國愛港的公民，也不代表從政者可以忽略他們的興趣、利益、人生應有的尊嚴。須知道，繁榮不單純講數據、發展也不是單看增長。要維持香港整體繁榮，首先必須讓所有熱愛香港的市民，不論政見立場、不論身份還是價值觀，皆能在香港找到自己那片樂土。房屋土地問題，筆者說了很多次，也有很多人提及——在此，且就不說了。但有三大範疇，絕對值得從政者及管治者正視：文化、產業、社區鄰里發展。

一座城市的文化，蘊含着其價值觀，也是人民的靈魂。香港本土文化，本身糅合了嶺南、廣東文化，也有受獨特的國際西方影響，血脈中更是流着濃濃的中國血、中國風。固然，過去數年，香港政壇及公民社會經歷了翻天覆地的變化，今時今日的形勢未必是所有人的那一杯茶。但這是否代表在本土經濟及文化政策上，我們便要「躺平」地接受現況、故步自封、引喻失義？在旺角街頭上及天星小輪碼頭演唱的年輕樂手，難道不值得讓他們自我發揮、獲得尊重、得到經濟及金錢支援的機會？難道除了主流西洋話劇或歌劇以外，粵劇、崑曲、本地試驗劇場等不同的文化產業工作者，便不值得政府及當權者關注，而要繼續以捉襟見肘的模式生活？若不是的話，為何我們不能打開心扉、放下門戶之見，讓更多的小眾文化得以在政府及非牟利機構資助下蓬勃發展，發展出一種糅合大都市風情、香港歷史軌跡、普羅社會文化，以及中英夾雜的文化氛圍？社會一眾

賢達應當關注的，不只是對「高端文化」的支援及資助，更應包括對
廣東話俚語、青年網紅、年輕人（理性）追星風氣下所形成的種種本
土色彩次文化——因為這些都是香港共同文化遺產的一部分，也是
這座城市脈搏的基礎。若體制中人與社會賢達能真正感受及擁戴這
些文化，會讓更多年輕人、中年人……香港人，看見我們這座城市
仍存有足夠的表述和探索空間，足以讓他們繼續在這城活下去、尋
覓自身定位。只有文化多元而共融，讓我們這座城市市民找回去政
治化的喘息空間，才能重塑香港需要的凝聚力和團結。所謂的「環
形發展」，需要的仍是能凝聚共識的動力。

同時，香港必須積極反思其工業政策，充分落實與促進再工業化，
從而善用大灣區給予我們的市場與龐大潛在勞工人口紅利，推動有
利於本土人口，也有利於大灣區整體年輕勞動力的產業政策。香港
有必要在起碼三大部分層面上落實再工業化。第一，乃是在創科方
面，尤其是生物科技、航天科技、醫療科技以及人工智能這四大範
疇當中，妥善利用我們現時眾多的大學，作為吸納引入東盟、大灣
區，以及在外國回流的高端科研人才，然後再以這些大學為基礎，
與包括深圳與東莞在內的高端科技生產城市達成協調協作關係，推
動全面的科技研發鏈，長遠而言也能減免香港對外來輸入科技的依
賴，提升香港自身競爭力。

第二，乃是在生產與服務業之間的「2.5工業」，尋找香港仍能維持
的「增值空間」（value-adding room）。要提升生產力產出的話，我
們必須從「能被機械取代」的相對低技能勞工（也即是在60至70年
代香港工業最蓬勃之時，我們引以為傲的基本生產力），徹底轉型至
不能被其他廉價生產市場或機械所取代的工業。正因如此，再工業
化沒可能是以「回到膠花工廠」的形式呈現，而是必須以先進專業手
工技能，配以人為主導的服務（比方說，航機維修、鐘錶設計與維
修、珠寶製造業）等，從而拓展出香港的二級工業發展。這些行業，

不只能為藍領階層促進社會往上流的空間，也能讓我們在大灣區格局中找到另一支柱。

第三，工業不只是「生產」，也能是以高端服務業為本。我們有必要將在港的服務性行業來一次審慎回顧與反思。金融與法律固然是我們的中流砥柱，卻必不能是我們的全部。隨着二十一世紀的開展，新的營運與媒體平台、新的消費者心態與價值觀，這些種種皆會衍生出新的服務性剛性需求。香港到底準備好了嗎？

宏觀而言，產業過度單一化，不只是削弱我們經濟自主性，導致我們過度傾斜於外來資金及勢力的喜好，更往往為了投其（外資）所好而忘了政府制定經濟政策的最終目標。經濟增長、發展、「往上走」，為的是確保老百姓的福祉，也就是全港人民的幸福。盤踞中環及金鐘等地的金融業及服務業，也許能為一小撮人帶來幸福，卻並不能為香港基層及貧苦大眾帶來直接益處（稅收當然豐厚，但縱有近萬億的庫房，那又如何？）。港大教授鄧希煒對香港這方面問題頗有研究及心得。他曾多次指出，現時香港沿用及重視的產業，根本不能為基層及中下階層，或是缺乏高等教育的市民提供就業機會，同時也未能捍衛他們在社會往上流的權利，導致「權力貧困」。

最後，除了競爭力以外，難道我們這座城市便沒有其他的目標可以追求嗎？當然不是！港人值得為這座城市感到驕傲。港人值得一個能讓他們感受到自主權的家園。港人值得創出一片天的尊嚴及自由。而對於很多港人來說，這種自由關鍵在於地區發展、在於手工藝術品及勞作、在於鄰里之間的社區參與關係、在於服務本地社區的行動。政府應當正面面對及鼓勵願意投身公共事務工作及進行另類創業的年輕人，他們是我們這座城市的資產，而不是負累。他們都是香港經濟未來的一員，而不是「金融、法律界別」等專業人士茶餘飯後的話題。

香港最為珍貴的，是我們內在的創意與多邊形——這一點，無論是
體制內外，都應當正視。不要因為他們的政見、立場、個別意見、
思維執念，而放棄一整代人。環形經濟，是要確保在這裏出產的、
在這裏建立的，最終也能造福這裏的所有人，而不只是一小撮人。
這便是以「環」來取代「金字塔」經濟的初衷。

二、　第二環——國家循環：
　　讓香港重燃自身的引擎，在國家大局中發揮功用

筆者最近幾年也聽到不少政壇前輩曾說，香港的年輕人、成年人，
甚至老人家，都應當「北上」，「回大灣區」發展。這一點想深一層，
其實很奇怪——因為香港本身就是大灣區的一部分。我們要思考
的，不應只是如何「融入」大灣區、如何「配合」大灣區，這些用詞
及字眼本身便似乎將香港角色自我貶低，讓我們變成被動的「被融
合」者，更令本身對大灣區及和國家融合具備消極態度者感到更多
的不快。反之，大灣區作為一個人口超過8600萬（加拿大人口、東
京灣人口兩倍）地區的一分子、香港作為9+2之中的兩個特區之一，
更應當好好善用自身優勢及條件，正面發揮自身作為「莊家」之一的
角色。香港不「只」是另一座大灣區城市。對於整個大灣區來說，其
發揮着攸關重要的法律仲裁、金融融資、物流進入口等角色。

關於香港可以如何「配合」大灣區計劃的研究，坊間有不少論述及分
析，也毋須筆者再加以落墨。但我更想反問及探討的，乃是若有人
因文化差異、薪酬差異、個人喜好等因素而不想北上發展，留在香
港的他們，仍能參與大灣區的共同建設嗎？他們仍能自豪地叫自己
作「大灣區」的共同參與者嗎？

當然，有個別意識形態主導的人士，可能會對大灣區扣上各種各樣
的標籤，將自身前途與其徹底脫鈎，但相信絕大多數港人，只要是

能留在香港、繼續他們日常生活及習慣的同時，也能參與共建大灣區，中長期而言未必不會對大灣區產生改觀。換言之，與其一味鼓吹「北上」發展，然後將在港發展描繪成「錯位過時」的決定，我們倒不如採用逆向思維，正視香港應當如何將本身經濟實力及資本，扣緊大灣區的發展軌道，讓留在香港的市民和下一輩，都能感受到大灣區可以如何幫助他們。加州州政府會不會叫一個住在三藩市的人，學會「愛上灣區」？不會——因為三藩市本身便是灣區的一員，毋須進行額外的刻意思想工作！與其不斷強調香港要「貢獻」大灣區、「投入」大灣區、「愛上」大灣區，倒不如着手將香港現有的創意、資本、基建架構，與大灣區接軌，讓港人就算身處香港，也能參與區內的產業鏈、供應鏈、科研調研、旅遊業等範疇，從中與內地同胞合作。

此外，大灣區也絕非融合國家發展整體大局的唯一板塊。我們有必要放眼至內地的其他部分與地區，以更高格局審視香港對國家的戰略價值。若香港仍要保持自身對國家所做的貢獻，維持對中國內循環經濟的關鍵重要性，我們必須認清楚一點：只有維持我們獨一無二的法制、經濟、金融秩序，力爭與東南亞及亞洲其他地方維繫聯繫、維繫我們與國際社會的連結，這樣香港才能持續地發揮對國家的正面作用。國家未來有數項重大方針——包括與中東與東盟地區的金融連結與聯繫、經濟轉型至一個內需主導的中產性社會，以至於實現從工業至服務業的全面轉型——乃需要香港作為借鑑、基礎，以及融資合資的橋頭堡。香港必須能為國家其餘地方供應資金、法律及體制支援、人才及國際聯繫。香港也要積極地透過與包括大灣區在內的同胞合作，為港人國人尋覓就業機會、發展空間，以及一個讓社會大眾皆可共同富裕的機遇。

三、　兩環之間的互動及聯繫——從我們這座城市的環形經濟走向我國的內循環大局

須知道，國家雙循環指的並不只是「兩條腿走路」，而是兩個循環之間的相互配合（正如中財辦副主任韓文秀2021年所言，雙循環乃是「新發展格局」，強調的是「國內國際雙循環，不是國內經濟的單循環」）。

顯然，作為我國其中一座城市，香港本土發展這一環並不能成為或被視為一個具備政治地位的經濟「循環」，所以我們這座城市內部的「環形發展」，跟國家的全方位內循環必須有所區別。正如《習近平新時代中國特色社會主義思想學習問答》中第59問所說，「如果各地都搞省內、市內、縣內的自我小循環，搞「小而全」，甚至以『內循環』的名義搞地區封鎖，就會破壞國內統一大市場，阻礙國民經濟良性循環」。與此同時，作為特區，香港也有身兼發展模式試驗場及利用自身制度性獨特之處，貢獻於國家整體發展的責任及義務。香港必須確保自身經濟蓬勃發展，才能為國家提供燃料、動力。

再具體點來說，香港成功推動環形經濟發展，對國家內循環也是百利而無一害。第一，一個安居樂業的香港，正是印證「一國兩制」的最佳證據。反之，若社經不平等持續惡化、政府管治不善而令民眾看不到政權對其的尊重、政治內訌及謾罵取代積極有為的改革、香港作繭自困，這不只是有愧於香港市民，更是對國家整體大局來說構成的一大污點，更會間接動搖國家內外雙循環的穩定性。能管治好自己、治理好此城，便是對內循環的最基本貢獻。

再說，透過發展本土產業、工業、制度，香港能為大灣區及以外的國內發展項目，帶來獨有的人力資源和知識，協助國家發展軌道上多樣化並多元化，也能為國家提供另外一條安全而可控可防通往國際的渠道。香港若管治有效，只會讓港人感受到回歸以後在中央願

景下可以發揮的創意及價值。反之，若我們經濟持續低迷下去，繼續受內耗及單一化所困，則只會令港人與國家關係愈來愈遠，對大局來說不是一件好事。

最後，香港有必要思考，如何將我們這一環，變成連結國內外兩大循環的「橋樑」——透過將自身經濟模式重新規劃及定位，從而找出一條屬於香港所有人的康莊大道，為我們這座城市重燃希望、也為國家在此風高浪急的大時代中，提供更多的底氣，堅持到底。無論是香港這一環，國家的循環，還是我們接下來一章探討香港與國際社會之間的關係，環環皆重要。

4.5

香港三環論（下）——
論國家與世界的關係，再看香港

以上提出了三環發展觀框架。在這個風雨飄搖的年代之中，我們皆很容易被一時三刻的表象蒙蔽了雙眼。有人喜歡將表象當作實象，從中過度演繹及判斷我們唯一的可能性。也有人喜歡讓現實牽着鼻子走，不願意跳出現有框框，為自己訂下了各式各樣的思想禁區。本身，香港與國家的關係，以「一國」為主軸，卻是以「兩制」作獨一無二的橫跨性橋樑。

「兩制」的存在不是只為了港人，也不是單純為了國家，而是因為這確實是能讓國家進步、同時讓港人擔當大局中主動積極角色，成為國家與世界接軌的關鍵橋樑之一。唯有看清看楚，持續維繫香港與世界之間的緊密連結，認清楚香港能為國家做出的貢獻，才是真正地對國家負責任。

在此前提下，香港不只是一個國家與港人之間的共同合約下的產物，更是一個背靠祖國、面向世界、聯繫中西的樞紐。接下來這一篇文章，將探索香港如何能從國家「內循環」中邁向我們這座城市與世界的「大循環」，再從中讓全國人民（當中自然包括香港人民）得以獲益。香港應當想得更多、更積極，不要作繭自困。

一、 第二環與第三環：
　　從內外循環走向國際社會

國家不搞鎖國。國家對外貿易支撐着關鍵的國企、私企，在國家發展自身配套及軟硬實力的過程當中，提供所需的彈藥及資源。國家主席習近平在2023年初的講話當中，也多番強調中國必須在多極多邊世界當中，充當負責任的發展引擎角色——不搞帝國主義，也不會以商業貿易作為欺壓他國的手段。外來資金固然不是萬能，也不應是我們不惜一切所求的動力來源，卻也是填補供應鏈中資金不足、科研研發原創資本不足、為中小企及創業者提供關鍵燃料和起步點的關鍵一環。中國與世界之間的人口、學術交流，為國家與世上其他國家接軌供應着攸關的渠道及管道。最後，正因為「一帶一路」及亞投行不是如部分霸權主義所推崇一般的「意識形態工具」，才更應海納百川，有容乃大地接受及接收和我們政見也許有所不合、卻也可擔任合作拍檔的國際夥伴。

內循環不是脫鈎工具。增強自身經濟抗逆力、強化基建及內在就業機會、推動內需及內地市場，這些目標，與過去數年所出現的種種市場管制及監管措施，本來就不應被解讀為讓國家「復辟」五六十年前曾出現的「再次鎖國」現象。即便中國確實需要提升自身在科技層面上的自給自足，前提是不能失去最基本的金融與技術，以及特定部件的供應。中國乃是全球化之下最大得益者之一，也透過資金管制加自由貿易流通這獨特組合，成為成功崛起的世界勢力之一。內循環本質上，應當是協助國家更持續而長期地與外界加深貿易及商業互通的基礎，而不是如部分國內外極端聲音所言，有效的「脫鈎工具」。

固然，在新冷戰的前提下，有可能有個別國際聲音或勢力倡議將中國從國際舞台上徹底排除，孤立中國——但這些聲音並非國際主

流，也不應被當為政壇主旋律。而過度對這些聲音的渲染，只會導致不必要的故步自封，令我們失去與理性、以利益共贏為主的朋友交流的空間或機會。

同時，從一個更深層次的角度而言，避免及約束過度放任資本主義，並不代表放棄資本主義。前者乃是對資本過度滋生及繁衍的適度調控；後者則是一種過於「一刀切」的武斷。國際社會與國家磨合過程當中，必然有可能帶來一定負面外部性。但無論是提升國家整體與世界溝通及交流的能力（語言教育），還是在高端科技上合作可帶來的共融及市場拓展（高端科技），抑或是文化上的互通互聯（演藝文化），這些範疇固然有其內在問題，必須監管，但國家絕不是、也不應將這些互融空間連根拔起。有聲音將過去數年的科技監管視為「市場倒退」，未免過於以特定意識形態眼光看待國策。

在以上三大原則下，香港不能內捲、任由自身淪為一座二三線城市。如果。內循環對香港主要的需求是，要在國家發展內有市場中擔當相當重要的角色，那麼我們這座城市在外循環中所發揮的角色則更為微妙。我們要在維持法制、既有的競爭力優勢、人口流通（抗疫措施之下，這一點似乎難以達成）以外，尋覓更多更深的結構性優勢，讓我們不只不會與世界脫軌，更可與全世界各地加深及加強聯繫。在這結論中，有兩點值得留意：

第一、國際社會人士為何要到香港來？在過去數十年而言，普遍是因為我們低稅、沿用普通法、跟內地（回歸之後，自己主權國家）關係密切、有着發達的基建及配套。香港對於國際社會的價值，過去40年來（自我們發展的工業優勢開始被東南亞及內地等取代），一直都是從一個「被動」的立足點出發。這些原因足以讓我們成為世上各地資金及商家的「寵兒」，但背後卻反映着一種「佛系」經濟政策——不作為、不有為，所以在各方眷顧下，才有所作為。筆者認為這種

取態，是時候要改變了，香港要從被動走向主動，重新塑造國際投資者及商家、以至諸國，對我們的認知及研判。香港不應是一個國際博弈之下的犧牲品，更不能成為政治煽動的根據地。我們要從國際社會手上奪回主動權，利用我們的優勢，為國家發展提供機遇及燃料。

第二、香港對國家及中央的價值，在於我們與內地之間的不同。這裏的制度分割、求同存異，並不是一種有違政治底線或原則的偏見固執，而是一種務實而全面的發展方向，乃是一個對所有持份者都好的綱領路線。因此，香港領導們也不應欣然放棄自身應有的話語權，事無大小為了所謂的政治正確，去將內地那一套照辦煮碗地搬過來。作為國家一部分，我們更有責任在合理範圍之內，摸索、實踐內地如今也許仍未落實、亟待探討的可行模式及套路。經濟改革是國家之趨勢——香港也應當反思如何在走出新自由主義陰霾的同時，維持自由市場公平競爭應有之義，為國內資金提供一個走向國際的道路。最後，香港在國家內外循環中所擔當的角色，驅使我們必須跟國際社會更緊密聯繫——在不違反國家安全的前提下，我們必須積極爭取與包括本身並非充分肯定或支持香港者的了解與溝通，起碼讓我們能跟他們達成最基本的共識。

二、 三大值得反思的問題及阻礙

現時，從一個與國際對口、接軌角度來說，香港確實面臨各種各樣的隱憂：

第一、香港如今正面臨頗為嚴重的人才流失潮問題。國際社會資金及企業到港扎根，或多或少與我們優秀的企業管理文化有關，也是和我們國際共融的從商創業文化有莫大關係。現實是，無論是因為此城的社經矛盾、文化模式轉變，還是各種形式的政治動盪及改

變，人才外流從強積金提取及移民申請數量上可見一斑。我們這座
城市正面對着非常嚴峻的人力資源問題。我曾多次說過，香港不能
以為大陸到港的人才，便必然能成為本地居民的「替代品」——內地
人才大有可能往外闖、或到深圳、北京、上海等大城市工作（而不到
香港），或是留在所在地。我們需要一個完整而進取的人口政策，然
而我們今時今日的方針，根本不能吸引國內最頂尖優秀的人才到港
發展。

第二、香港在國際社會層面上的形象及觀感，姑勿論是否客觀正
確，也勿論背後是否有政治勢力及別有用心的媒體在挑撥離間及渲
染（答案是，肯定有）——確實因過去數年來的種種發展，而有所大
幅倒退。無論是認為香港法治受到一定衝擊，還是懷疑香港法律及
政治體制與內地那一套區分已經不復存在，甚至是質疑香港是否仍
具備中國「最開放城市」這比較性優勢的外資及企業，皆對此城未來
感到懷疑。客觀而言，香港仍然擁有不少的制度性優勢，但這些優
勢在國際舞台上的認可及研判，並不會因為我們一次兩次的公關行
動，或是對同溫層的受眾所發表的一兩篇文章，便能成功逆轉。確
立底線問題以後，香港的國際形象及觀感，仍須港人及各方建設性
力量以事實論證。沒有事實根據的，只能淪為空中城堡，難以落實。

第三、「一國兩制」在此時此刻，其實需要一個更為鮮明而完整的論
述，讓國際社會認知到何謂「兩制」，何謂「一國」。無論是有心還
是無意，外國公民社會有不少人士對香港的研判皆是認定此城政治
道路已走到窮途末路、「一國兩制」「不復存在」。如上所述，人們總
是喜歡聚焦於部分挫敗點，然後將部分的挫敗與缺陷放大而等同於
全部。如何在此前提下，重燃國際社會對港的信心及希望，是我們
應當思考的問題，也是港人在國家基礎上必須反思而面對的確實難
題。我們不需要更多搖旗吶喊的啦啦隊，我們需要能跟世界溝通及
對口的夥伴，在這荊棘滿布的前景當前，為香港做應份的事兒。

三、　世界之環：
香港如何能在國際舞台上發揮應有角色？

香港如何能融入世界之環，維持我們作為國際城市應有的靈活度（flexibility）、連結性（interconnectivity）、透明度（transparency）？有的說，問題出在大格局中，我們沒辦法，只能認命。也有的說，港府必須採取主動，促進香港重新進步、否則不進則退。更有聲音將矛頭不是指向香港，而是指向國家，卻忽略了，其實港人在推動自己城市發展層面上，在過去26年以來一直都有很大、很大的自由度與尺度。尺度是否永恒不變？當然不是。但在有限的尺度之中創造出相對無限的可能，這不是口號，而是義務。

首先，香港有必要確保自身的制度及結構性優勢，不會受國際制裁或謾罵、干預及影響，導致我們失去自身獨特價值及條件。從政者及當權者有必要確保我們的法制完整、法庭保留受世界認同及尊重的多元背景、司法制度具備透明度與論證，尤其是在商業仲裁、貿易法、金融及融資法上，必不能受政治因素或考慮所搖擺，更不能因社會輿論及在香港的政團壓力而隨風搖擺。誠然，筆者對這一點是有一定擔憂。我懼怕的並非什麼刻意由上而下對司法制度的破壞──我不相信這一套膚淺的陰謀論。但我懼怕的是，在「政治正確」的氛圍下，司法制度受到社會上無形之手的約束與逼壓，讓在港工作多年的資深司法從業員，包括海外法官與法律界朋友們，對香港失去信心與基本信任。香港穩健、完整、可測可料的法制，乃是我們商業樞紐的常勝規則，更是為何這麼多中資企業選擇到港上市、這麼多海外國際機構選擇以香港為區域根據地。失去了這一點的話，商業前途堪虞。

同時，除了捍衛現有體制以外，香港更要反思，我們應當如何爭取在國際及亞洲舞台上，將自身優勢更加鞏固——從亞洲仲裁中心、再到大灣區與世界銜接的貿易金融（trade financing）中心，這些建基於我們現有優勢上的定位及角色，只不過是香港應當去試去想去探索的冰山一角而已。長遠而言，落實元宇宙、人工智能、雲端運算等與這些傳統服務性行業的結合，乃是整體香港所需的大方向。

第二，香港從來是一個充滿潛能及活力的國際都會。過去二十多年來的政治糾纏，並沒有摧毀我們根深柢固的資源，更不足以將我們現有這些財產連根拔起。我們擁有最優秀的人才，包括不少對公共事務及香港前程抱有熱忱的年輕人。這些不只是我們的人力資本，更是我們的榮譽。而這些年輕人，肯定可能個別想法與「政治主旋律」不符，也有他們自身的心結及糾結，但若體制能學懂欣賞他們的創意與初心，讓他們看見留在香港發展的機會及空間，相信香港在產業發展及轉型過程中，必然是如虎添翼。社會復和，也因而是挽留這些人才，營造社會可居感的關鍵一步。若香港未能全面步出過去數年的政治紛擾，繼續糾纏在撕裂與仇恨之中，我們的國際吸引力、感動力、凝聚力又從何而來？

一座城市死與不死，能否前進，並非取決於一兩個人的思想或言論或行為，也不是一群人與另一批人之間的表態及謾罵，而是我們能否從悲天憫人的消極主義及掩耳盜鈴之盲目樂觀之間找出一條新路——一條能反映香港如今所面對的種種難關，也能讓我們帶來改變、促進變革的大道。這條路，也許並不平坦，更未必容易。三環論，望能為這條路，點出方向，也點出我們的共同未來。

4.6

新冷戰到臨前的香港人才政策

香港這顆東方之珠，若要再度發光發熱，必須真正地吸引人才過來。在這個複雜詭異的大變局中，我們究竟如何吸引人才到港，為中國、為香港出一分力？這是今天我想討論的問題。

討論前，有數點事實必須澄清。一，香港確實在經歷着嚴重的人才流失問題。官方數據指出，2021到22年間，香港的人口淨流出數量達至11萬人，再加上2020年到21年的9萬人，已有接近淨額20萬人在過去26個月之內離開香港（實際或不止此數）。我們的勞動人口，自2018年的400萬人，下降至2022年的376萬人。最主要離開的年齡群組，乃是20到24歲的一代人。

無論是出於對社經矛盾不滿、政治變遷感到焦慮，還是對外國生活步伐及氛圍更為嚮往等原因，皆有不少港人選擇離開。這裏可能有人未經深思熟慮，也會有人純粹到外「闖一闖」，最終回流此地。外國月亮當然絕非特別圓。那一撮（卻不是所有）對外國抱有盲目樂觀憧憬的，面臨殘酷的現實（包括通脹、經濟蕭條、生活艱難）後也可能夢醒。但也有很多人未必會回來。我們不能掩耳盜鈴地說，香港並沒有人才流失問題。要解決問題，首先要認清楚問題。

二，香港正在面臨人口老化的結構性問題。長年累月的低出生率、相對其他地區較低的移民數量，再加上如今出現的移民潮，這些種種因素皆令我們面臨嚴峻的人口政策危機。某程度而言，這是再也正常不過的。作為一個成熟經濟體系，隨着香港人均平均壽命持續上升，我們的年長人口持續增加，再加上年輕人流失及出生人口減少，二三十年後我們的公共醫療及基建設施所面臨的壓力，必然是前所未見的龐大。但認清問題後，還是要解決問題。如何維持我們的國際競爭力，前提是我們還「有險（人才人口）可守」。若不想通過各種各樣人口政策刺激生育率，我們則必須敢於面對問題，大量而且同時策略性增加來自內地、外地的移民數量，並構建一個真正能容納不同族裔及文化的熔爐，方能化解危機。

三，現時香港仍然存有不少深層次的社經矛盾。在新班子上場之後，確實看見特區政府在化解市民所需層面上有作出深刻而明顯的努力，局部政策也取得良性成效。但整體而言，在移民潮及國際地緣政治糾纏的雙重夾攻下，香港民情民心遠未能平復。同時，對於選擇留下來的人而言，消極放棄可能很容易，但絕非出路。

培育人才、刺激本地生育率這些解決方法不在話下，但更想聚焦的，則是吸引及挽留人才這一塊上。針對這一點，筆者謹在此提出以下看法。在新冷戰前夕，香港必須以四大方向，鞏固自身的人才優勢：第一，吸引海外回歸祖國的華裔人才。第二，為祖國有意「走出去」人才提供一個國際化基地。第三，應當向歐美以外的「非傳統」國家招手——尤其是東南亞與中東——讓他們到來香港發展，落地生根。第四，必須讓現時有意離港的人才，看見香港「能變」與「可變」的空間，才能讓他們回心轉意。唯有四管齊下，方能扭轉移民潮、解決人才荒。

一、　吸引海外回歸祖國的華裔人才

中美新冷戰及交惡，為香港帶來一定程度的第二春。無論是2008年金融海嘯以後所構成的經濟大蕭條、歐美英等地政客為了營造所謂的「全球化導致經濟下行、導致人民受剝削」的論述而捏造出來的反移民論述，還是在新冠疫情及中美貿易戰下所衍生的針對性反華反中思潮，其所衍生出來的暴力與仇恨罪行，這些種種皆令不少海外華人——甚至包括曾多代在外國生活及落地生根的「土生土長」美籍、英籍、加籍等華人，在這反智的時代趨勢下，產生回流（或移民去）去中國的想法。作為一名曾在英國求學多年的年輕人，我可以直接地說，種族歧視確實不是歐美英國家獨有的現象（看看香港不少人針對南亞或非洲人的歧視及白眼，便可見一斑），但針對華人、東亞人的歧視卻於近年變得特別嚴重。加上本身存在的「竹天花」（bamboo ceiling）（也即是少數族裔在西方職場上爬升至相當高度，事業便會停滯不前）等，要在海外抬頭、力爭上游，絕非易事。

而對於不少本身嚮往外國生活素質及基建，又或是較為習慣歐美國際社會文化語言，又或是本質上對中國缺乏全面認知而感到卻步的華裔人才，他們未必願意一蹴即就，到內地生活工作。無論是法制與政治模式，文化還是社會氛圍，這些種種範疇上的分歧，令在外華人對內地產生一定層面上的抗拒或猶豫，即便願意嘗試，恐怕也未必如意。在此前提下，作為中國「一國兩制」下最開放、獨具西方特色、與國際社會全面接軌的特區大都市，香港絕對應當發揮作為國家一部分的應有之義，為這些「回流者」提供一塊福地，讓其不只可安居樂業，更能大展鴻圖。香港歷史上就是一個華洋雜處，走在時代與國際尖端的經濟金融重地。香港的成功故事，一直以來皆是依靠或是從海外吸取經驗，然後回國回港的精英，又或是在港英時期能學貫中西、遊走多方的溝通橋樑人才。若將這些橋樑本質上及

技能上既通中、亦曉西的特色抹走，不只是摧毀了香港多年以來所依賴的特色，也是將國家在嚴峻國際形勢中的一道生門堵死，絕對不是香港應該走的路。我們必須保留國際化與開放的特徵，以吸引及鼓勵更多具備優秀技能及學歷的海外華人回國回港發展。因此，我們必不能故步自封。除了將固有優勢（包括法律、金融、貿易）等領域強化做好，更要積極提供優越條件（包括生活津貼及針對回流人士的配套）、重振香港過去數年因疫情與防疫政策而磨蝕的文化空間、讓回流人士能輕易地在港居住的同時，也能申請回內地通行證（從而達成真正的一小時生活圈），通過這種種措施，增強及優化我們在海外人才眼中的吸引力。同時，與其「說好」香港故事，倒不如通過重開香港「做好」香港故事，讓外來投資者、商業人士、遊客（背包客）也能看見香港真正的繁盛與多元，並沒有因過去數年的政治風波而消失。香港最美麗的地方在於人民、在於其獨一無二的生活素質、在於我們的便利與靈活。

官方與非官方分工要清晰——官方負責的，應該是結構性及條件性的優化，解決短期的實際燃眉之急，以及中長期願景與規劃；非官方能擔當的，則是將香港原汁原味故事道出，以中性中立語言公諸於世，從而避免塑造「硬宣傳」的感覺。也唯有這樣，才稱得上真正「軟硬（實力）兼施」。這過程當中，國際商界所擔當的橋樑角色（允許人才調動來港、在港增加——而不減少——投資及參與、維持在港的業務）非常關鍵。過去一年，現屆政府明顯較為願意聆聽在地外商外企及國際商界的聲音，這是一個良好開始——但如何維持恆常而可持續的溝通機制，讓國際在地企業能更真實地往自身國家及社群反映香港實況，客觀地道出利弊，仍需要各方努力；不能單純以「說好故事」作硬指令，因為在外資外商群中，這種論述與思維模式絕不適合。

二、　為祖國有意「走出去」人才提供國際化基地

若中國要真正地脫離中等收入陷阱，必須提升自身經濟競爭力——尤其是全要素生產率（Total Factor Productivity）、增加自身在產業鏈所賦予產品的價值（value add）、擴展及支撐實體與虛擬產業並行雙軌發展、減少低效率與低效能的基建投資。這些種種改革的核心所在，有兩個。第一，是體制性及結構性改革。第二，是通過汲取海外技術及思維、與國際社會持續深化接軌、善用國際資金及競爭推動本地改革創新，也同時開拓消費者市場為中國企業加深及發掘新的顧客市場。一切所有的經濟改革，前提乃是「走出去」，而不是「閉起來」。八十年代搞經濟特區、九十年代放棄價格雙軌制而重組國家企業、千禧年代加入世貿後的資金市場與經濟起飛，這種種過程中彰顯的，無疑都是往外開放為中國帶來的龐大利潤及進賬。正如國家主席習近平所言，「開放是當代中國發展進步的必由之路，是實現中國夢的必由之路。」

如今國家經濟面臨重重挑戰，需要的，正是能接通連結中西海內外的人才，通過與國際社會的複合合作與交流，尋覓突破點及新力量，去推動經濟改革與發展。事實上，中國有不少人才願意，也希望能通過國際化、透過走出去，獲取關鍵的培訓及教育，從而將來回國貢獻。作為中國唯一一個擔任外資外企進入中國營商的根據地與國際金融樞紐角色的特區，香港絕對能為國人同胞提供一個與國際接軌的營商及事業發展空間。當然，所謂的「走出去」，並不局限於所謂的國界——若在美國長年累月地停留在華人社區及群體之中，這並非「走出去」，而是「困在此」的表現；反之，在中國國土以內，也能「走出去」——因為在一個虛擬世界崛起、全球化邁向區域化的時代之中，人與人的接觸及交流，並不再如30年前那般受地理實體因素所困。真正的「走出去」，是一種思維層面上的開放，成為「以大度兼容，則萬物兼濟」而具備國際視野的人才。所

謂的「文化全球化」，也是一個以個體思維為主體及主導的過程。也正因如此，即便在國家領土上的香港，也能成為國人「走出去」的橋頭堡。

是次新冠疫情中後期處理的進退失據，正正反映出香港必須拿捏得準的「分寸」所在，是要在維護國家利益的前提下，盡量善用「一國兩制」優勢，在應放寬的時候放寬、在應開放的地方開放，盡量保留香港獨有的生活文化秩序，以挽留及吸引更多未必喜歡過度嚴苛抗疫政策的人才。

但香港不能沾沾自喜，以為只要能堅持「一國兩制」下普通法法制（其中也包括確保我們的法官具備豐富海外聲譽與經驗，從而鞏固我們體制的公信力）、低稅制（我們也要反思如何創造更多政府收入來源，以應對現時出現的庫房減少難題）、資訊與資金流通等特色，便能吸引國人來港。香港的（內地）優才輸入計劃引入了多年以來，申請及獲批數額皆遠低於香港實際可容納的數量，也未能為所有有意到香港大展拳腳的同胞排除門檻。我們在「融入」大灣區的同時，更應反思如何吸納大灣區最頂尖的創科、金融、服務業、法律人才到來香港工作，同時也能為他們提供與包括東南亞、歐美英等地對接的機會──長遠而言，這一來有助大灣區本身其他地方的在地服務業發展，二來也讓香港在大灣區內的定位更為清晰。

長遠而言，香港要成為協助全國人才增值充值的人力資源鞏固與拔高的地方。無論是在大學層面將世界最著名的公共知識分子與領先學者，招攬到來坐鎮我們的學府；還是在職場上，政府與亞洲大型機構與企業商討，安排內地與本港具抱負的青年人到彼方工作實習，還是利用香港蓬勃的金融圈，推動創投，讓初創得以順利發展，這些種種方案措施，皆必須圍繞「人才拔高」這構思展開來。因為單靠五六十年前便設立、沿用至今的基建設備，又或是25年前

回歸以來中央賦予香港的得天獨厚價值地位，根本不足以推動香港
未來二三十年往前走，更遑論吸納內地同胞到港落地生根。

三、　招攬歐美以外的非傳統國家尖端高端人口

新冷戰到來前夕，我們有必要認清楚地緣政治對人才流通的影響。
一路走來，香港都是一個無任歡迎西方人才到來進駐生根的好地
方。這一點我們不應改變——即便局部歐美國家不再視香港為一個
根本性上與內地有所區別的城市，甚至嘗試用盡一切辦法將香港妖
魔化與抹黑，我們應當將我們的西方友人與個別政客分隔開來，繼
續讓香港成為他們進入亞洲，在新加坡以外的一個基地選項。

但與此同時，歐美英並非世界的全部。我們更應當放眼全世界發展
中國家與新興市場，而即便是已發展市場當中，東北亞的日韓、東
南亞的新加坡與太平洋的澳洲與新西蘭，也可以是香港的「新人才
庫」。但要吸引他們過來，必先找出他們嚮往香港、熱愛香港的原
因，再從而增強。比方說，東南亞人才來這邊填補高端服務業（包
括法律、金融等行業）缺口，正是因為這裏的工資、發展機遇、配
套遠比他們家鄉來得強，也是因為這裏的金融法律生態圈擁有傲立
世界的本錢與底氣。我們應當更積極地鼓勵在港跨國及傳統大企業
到東南亞聘請實習生、中初級人員，讓他們未來二三十年在港建立
自身事業，才能從而培育出深厚的歸屬感；而不是單純「獵頭」現
存、上了年紀的高層——因為他們離退休不遠、退休後也未必有意
在港久留，更遑論為香港提供長遠生產發展動力。

馮國經先生成立的「亞洲環球研究所」（Asia Global Institute），每年
招攬十多名來自世界各地，對公共行政與政策具備豐富經驗與熱忱
的優秀年輕領袖到來香港學習，與香港政商學界翹楚們交流。筆者
有幸去年末在一位好朋友安排下，到研究所發表演說，跟一眾同路

人切磋討論，探討中國政經外交的未來走向。是次機會也讓我見識
到，其實對於很多這些尖端人才來說，香港仍然有其魔力。他們也
許對中國過去與未來發展意見不一（但絕不極端或沒有理據），他們
也許對香港能否堅守我們核心價值與體制半信半疑——但他們皆不
約而同地對香港得天獨厚的大自然與高度密集發展城市氛圍表示嚮
往。與其投放以千萬元計的資源嘗試進行「公關工程」，倒不如將資
源精力更多地放在強化為這些朋友而設的專才配套，從稅率、房屋
配套（可否建立為高端人才所設的資助性宿舍房屋？）、事業與資產
發展等方面入手，從而事半功倍？

四、　挽留人才，印證「可變」與「能變」的可能性

最後，單純吸引人才到港，但留不住他們，其實對提升香港整體競
爭力、解決人口老化問題也是無補於事。為何現時人才要離港？有
不少坊間評論，皆採用了以下二元論述之一。一種說法是，「香港看
不見希望，唯有海外才有政治及表述言語的希望。」另一種說法則
是，「這些離港港人到外國之後，就會發現外國問題眾多，然後就會
體會到香港如何好。」

兩種說法都是值得商榷的。前一種論述為移民這決定賦予過多的政
治渲染及意義。說實話，絕大多數選擇移民的家庭，移民之時相信
並不是為了什麼崇高的政治理念，也不是為了在海外「表達」意見。
貿然向移民的家庭加上各種各樣的道德義責，其實是一種苛刻的勒
索，也是一種一廂情願情感投射。筆者對所有經過深思熟慮後離開
的朋友、不是朋友，祝願他們在海外生活愉快、找到他們自己生活
的歸屬及空間。後一種論述，未免過於簡略地同化所有選擇離港的
人士。有不少選擇離港的，有可能是受過高等教育或技能培訓的，
也有的也許現時學歷經驗未到，卻絕對有可能在未來發憤圖強而成

功上流的潛能人才。更甚的是,這些人其中也有不少處於社會與企業中層的中年人士,在過去兩年舉家搬遷。

固然,有些離港的,可能是出於根本性政見立場問題——對於這些人而言,無論是極力挽留還是爭取,也未必能讓他們改變初心。但也有不少離港的,相信是因為在過去數年間,他們看不見民意驅使施政「可變」及「能變」。可變,指的乃是彈性。能變,指的乃是回應。寄望在接下來這一年、五年、十年,特區政府能更積極地與本質上對其抱有懷疑、甚至局部持否定態度的市民溝通、對話、交流,將他們有機有用的聲音納入體制之中。這才是真正地促使人才留下來,以港為家,共建香港的長遠之策。

4.7
什麼才稱得上「說好香港故事」？

很多人皆在說，要「說好香港故事」，從而說好「中國故事」。

但究竟什麼是說好香港故事？說好故事的衡量標準是什麼？

任何一個好的故事，應當具備真摯地打動受眾的能力，不能單純以處理公共關係的手法，炮製出一個空有外表卻敗絮其中的空殼；也不能守舊而固執地以為，「有麝自然香，何必當風立」。這些年頭，不只要有麝，還要迎風而立，更需要內外兼備。

好的故事，需要觸碰到並打動人心——需要的，乃是對受眾的了解。若連受眾的關心之處或偏好也搞不清，根本難以「說」故事，更甭提將這個故事說好。也正因如此，筆者認為最好的香港故事，必然是一個能對得住港人、對得住國際社會，從而才由根地對得住國家的立體論述。我們熱愛的香港，是一個不完美但可愛、不完善但從善、未必最為豐沃卻生機處處的家。這一點，也是維繫着香港人這獨特身份認同的關鍵所在。

一、　說好香港故事，必須對得住香港所有大眾、　　能向質疑反對者交代

有人認為，說好香港故事是一個純粹「對外」的過程——只需要在大型國際盛事時，讓尊貴賓客感到賓至如歸，讓外資外商感受到香港朝氣勃勃，這便已經是「說好」故事的稱職表現。

改善國際形象、招商引資、向抹黑攻擊者痛斥其非，當然是「故事」推廣方式，毋須進一步深究。但若將此認定為說好故事的全部，則未免有點本末倒置、也是倒果為因。任何良政善治，必然是建基於聆聽、服務、回應及尊重其自身的人民。中國要說好故事，並非主要為了招攬及取悅外國受眾，而是因為中央政府深信人民需要一個能在動盪之時進行安撫、作出動員的論述，凝聚民心、化解社會內部矛盾、將矛頭指向真正的主要矛盾。同樣道理，特區政府說的「故事」、做出來的「故事」好與否，最為攸關重要的指標是，普遍港人大眾接受嗎？民眾願意接受這個香港故事嗎？

政府能夠在施政之時，急市民所急、以人性化而能接受的語調語氣處理港人期待及願景，以及向質疑反對者交代與論證自身管治決策及判斷嗎？若絕大多數香港民眾欣然接受政府的施政，即便是在國際社會部分別有用心者執意惡意中傷或渲染下，這些謠言也自然不攻自破。反之，若政府未能化解絕大多數港人的心魔或質疑，這只會讓針對國家與香港者乘虛而入，將香港愈描愈黑。

那應當如何說好「本地」故事？必不能以「宣傳」角度先入為主，將說故事等同於賣廣告。第一，當權者必須展示其對普羅市民的疑惑、擔憂、不滿，甚至部分對政府的猛烈批評之了解，並作出具體回應。有不少朋友常跟筆者說，他們認為「高高在上」的官員根本並不明白他們所面臨的種種難關困境——產業單一化而經濟競爭力下降、貧富懸殊而上樓遙遙無期、對地區衛生及治理水平的不滿，這

些問題尚有不少現屆官員在過去數個月嘗試間接去回應。但政治表態表忠文化被奉為尚方寶劍、香港在民粹反噬下正在失去國際化優勢及特色、小市民及中小企在過去一段長時間的嚴苛抗疫政策下所承受的龐大精神經濟壓力、人與人之間的猜疑與排斥，這些種種問題，卻似乎並沒有得到政府的明顯重視。即便有個別官員嘗試拆解部分問題，但他們也未能讓廣大市民感受到他們的同理心，更遑提對解決問題的決心。發言強悍而旗幟鮮明地表明「一切如常」，最終所構成的主觀觀感，卻是欲蓋彌彰。承認問題、承認解決問題的迫切性，甚至就這些問題或錯誤公開道歉，乃是疏導民怨的第一步，反而更能彰顯政府的胸襟。

第二，當權者應當易地而處；正因為這本身有一定難度，並非是人人做到，正因如此，更應當廣納反對及批評聲音，容許其在體制以內預先道出、提出缺陷，從而提前堵塞將來可能出現的危機或漏洞。特首早前表示，要在管治過程中引進「紅隊」模擬關鍵反對聲音。然而，除非這些紅隊聲音具備足夠的政治份量、權威、地位及實權等對施政執政者進行具建設性的內部批判，否則這只會淪為橡皮圖章或走流程，難以反映出實際民意。說實話，若政府有誠意的話，最有效的「紅隊」實驗，便是在政策推出前，由特區官員親自到各大小壓力團體及民間組織——尤其是對政府持有反對或未必友好態度的社區中，與其成員爭辯、討論、切磋、交流，從而一來可提高政策水平；二來能更準確掌握正反民意意見；三來也能向社會釋放「願意聆聽」的訊號。反之，若施政者繼續選擇偏聽偏信，只向堅定支持者釋出善意，這只會導致社會撕裂持續惡化，對改善管治威信及修補民意無補於事。要相信人民。要相信反對聲音並非全都是「為反而反」。更要相信在底線釐清後的行政領導下，體制能容許及容納更大尺度的批評力量，這些才是制度自信的表現，也是說好故事關鍵契機。

第三，說故事者的最終成功標準，應當是其能否令本身質疑或反對者，對其改變研判、回心轉意。圍爐取暖固然能讓人自我安慰，麻醉性情，卻並不能成為說故事的唯一目標。筆者在過去數年間曾與不少專業，甚至政治冷感的友人或港青交談。當中有不少都是專業、出類拔萃的「香港人才」，本應為此城的未來棟樑。這些人往往並非受意識形態主導，也沒有過強的政治偏見。但他們幾近無一例外地跟筆者說，他們認為自身難以跟體制中的實質決策者溝通聯繫、更未能受體制的「香港故事」所打動。接觸、對話、溝通——尤其是通過閉門對話及研討會進行的——乃是化解誤解、將對方「人性化」的第一步。若連這一點也做不了，在這種惡劣的二元同溫層效應下，即便政府實行那麼多的優秀政策，也難以將這些政策植根在市民心目中——又怎能破冰，怎能說故事？更別論若這些政策到頭來只能讓一小撮人獲益，令一大群人認定自身乃是被政府所「放棄」的一群。

即便筆者相信政府具備與市民「溝通」的良善本意，但本意不能充當績效。我們不能將所有反對聲音皆設定為擁有同樣而單一思想，並以一竹篙打一船人地認定其「無可救藥」：因為正是這種偏激而主觀的前設，讓在過去十多年以來，社會出現一次又一次的大型群眾對壘衝突。建制有必要讓港人感受到基本管治誠意。

二、　說好香港故事，必須敢於面向世界、與國際觀眾進行有效溝通

即便是「對外」說故事，我們也必須要面向全世界，對國際觀眾及受眾所接納的訊息及語言有更深入的掌握。我們需要針對不同的對象，施以及啟動不同的敘事及論述機制。對於普遍態度對中國友善的，我們自然要維持良好而緊密關係，彰顯在「一國」的外交政策下，我們作為「第二制」應有的禮尚往來。對於本身立場搖擺不定，或是嘗試

在中國及其他國家中取得平衡的，我們則應當創造更多空間，讓其看到香港作為中國對外橋頭堡以及亞太區區域樞紐的獨特性，盡量爭取創造更多的合作空間，從而降低誤解、推動相互認知、深化民間交流。至於局部針對中國的聲音及勢力，我們則必須四兩撥千斤，以柔制剛，以動用最少力度的方式將他們的抹黑攻擊輕描淡寫地化去。最後，對於歇斯底里攻擊中國與香港聲響的，我們則要逐點擊破——卻不能失去風度。這才是香港應當發揮的軟實力。

第一，先說對港友好的國家，香港有必要向他們以最為地道、親切的語言與論據，道出我們現存的優勢——也同時邀請他們參與在共同構建香港未來想像與故事之中。與其由政府擔當唯一的策劃及表述者，倒不如善用香港的商界及廣泛民眾，通過二軌外交，讓國與國、城與城的民眾之間產生共鳴。同時，也應培育出真正深諳及洞悉當地語境、文學、宗教及價值觀等的人才，鼓勵其以當地文化及價值觀作載體，身體力行地將香港優勢發揮出來，毋須刻意地誇大我們的優勢，只需將事實道出來，便能讓其他國家感受到香港本身的長處所在。即便我們經歷了狂風暴雨，但我們根基仍在，也不會在驚濤駭浪中失去對自身光芒的堅持。平鋪直敘有時比誇誇其談更為有效——這也是為何「講人話」，讓人感受到你的親和力，才是講好故事的第一步。

再說那些立場與外交政策飄忽、隨着政治形勢與人事變動、「日新月異」的國家。對於這些國家，我們更要懂得靈活彈性。我們不應事無大小皆上綱上線，將茶杯裏的風波演化成一發不可收拾的洪水猛獸，從而將他們拒於門外。國際關係中的分寸，便是要我們懂得何時「鬆」、何時「緊」，如何游刃有餘。若為了一味的「政治正確」表態，到頭來令本來大有可能深化合作友誼關係的國家，與我們之間失了和氣，則得不償失。說好故事，首先要尊重對方、包容對方；更要懂得對症下藥，找出他們的疑惑及質問，對其一一化解。只歌

功頌德，不斷強調香港如何「完美」、如何「平靜」、如何「繁榮」——即便這是事實，也難以說服本身對這種單向性、片面性的正面言詞抱有強烈懷疑的「不信者」。面對這些國家，更應當讓非官方聲音成為官方輿論以外的另一個頻道，搭建出在官方論述以外的渠道，從而由下而上地建立夥伴關係。要記住，說好故事，並不是將任何「故事沒那麼完美」者趕盡殺絕，更不是要將本來取態模糊的，逼成敵對聲音。

第三，面對對中國及香港持反對或針對性意見的人士，我們又應當如何「說故事」呢？我們又應否事事與其針鋒相對，務求通過以硬碰硬的形式，以刀光劍影塑造香港的國際形象？誠然，筆者認為這種以攻擊為主調的回應方法，正是中了有意挑撥離間的詭計——正是這種語調及輿論，讓我們被部分媒體及輿論標籤化，妖魔化：即便這絕非我們本意或符合我們的利益。作為中國的一部分，我們當然要遵守政治底線，也要具備對國家利益的認知。我並不認為我們應當每一件事皆「政治立場上身」，將部分國家定性為十惡不赦的「敵國」、並進行語言「武裝化」。因為到頭來，我們往往非但未能游說需要爭取的中間派人士，更反而加深了國際社會對香港的認知誤差。說到底，我們毋須跟那些有理無理皆排斥異己的極端聲音玩泥漿摔角。

最後，要真正地改善說故事的效率，我們還是要海納百川，將外國或外籍人士當中有證有據、具備客觀說服力的意見與倡議，反映在施政及管治之中。同時必須要分清楚誰是有意破壞社會秩序的煽動勢力，誰是擁有良好意願去改善香港國際競爭力與效率的友人。善意的批評不是原罪。我們必須慎防引喻失義，以塞忠諫之路也。這也是多年以來中國在改革開放下的成功之道：在國際化、全球化的道路上，所有認同中國崛起的皆可以是我們的友人，我們更要放下不必要的族裔主義與狹義內捲主義，廣結善緣，方能事半功倍。

三、　說好香港故事，必須讓香港堅守中國國土上　最自由、開放大城市身份

除了本地港人與國際社會以外，「說好香港故事」最關鍵的受眾，自然是我國的14億人民——就是我們的14億同胞。「香港故事」獨特性在於，我們並非一座內地城市，而是一座應當擁有與內地在經濟、法制、文化上有機區隔的特別行政區，在「一國」的大原則下，繼續維持及發展「兩制」，讓「兩制」之間的良性張力驅動香港繼續保持國際及亞洲區內的中心角色，從而也能讓全國經濟及人民獲益。香港必須是中國國土上最自由、最開放的大都會、國際城市。我們固然不能因過去與現在的優勢而沾沾自喜，對同胞產生一種卑劣幼稚的優越感，也不能妄自菲薄，忽略了「兩制」的價值所在。中國如今面臨前所未見的嚴峻國際形勢：第一，香港不應為國家添煩添亂；第二，香港更應善用自身體制、價值觀、社會的高度成熟，去開拓中國故事的另一面、去創造具備中國香港特色的國際軟實力。中國並不需要另一個上海、深圳或重慶。

為何香港能夠吸納未必願意到內地居留工作，卻很想接觸中國的海外人才？為何香港能容納不想到海外居住、卻也想繼續享受中西文化交融的內地同胞？為何香港對很多老一代、不談政治、只談賺錢的前輩們來說有其吸引力？正是因為其行使完整、具備國際公信力的普通法制。因為其擁有獨一無二的營商環境根基。因為不管你來自何方，只要你熱愛香港，你便是徹徹底底的香港人！這就是香港魔幻之處，也是我們能傲立在眾多世界大城市間的成功竅門。

這是否代表我們便要忘記或忽略自身國家？絕對不——我們有必要認識中國、認識中國文化，更要認識國家發展的軌跡與歷史。但與此同時，也要對中國文化與傳統去蕪存菁，將壞的排除出去、將好的精華抽出來，精益求精、革新與演化，從而創造出具備香港特

色的中國文化。我們也要將同樣道理套用在流行於香港的英美、歐洲、東南亞等地文化──不能因為其是外來的，便將其全盤否定，又或定性為此地必然不容的。

中國在進步。香港也要進步。若我們讓文化教條主義潔癖當道，或讓自以為「政治正確」的論述壟斷輿論氛圍，或為了表態標明立場而喪失了經營了數十年的國際聯誼關係，這絕對是沒有善盡作為中國特別行政區，我們最基本的道德義務。站穩底線的同時，更要反思，應當如何捍衛整體全盤利益。

4.8
香港需要一套戰略性「文化交流」政策

香港絕對能在國際文化交流中扮演更關鍵的角色。無論是在國家十四五規劃當中對香港的期望，還是香港本身出於歷史洪流及文化環境所演變出來的獨特之處，我們皆必須保留我們開放、務實、國際化的特徵、與內地保持有機良性互動與區別，以亞洲文化之都作為願景。香港得天獨厚的人才與語言優勢、累積深厚的歷史緣由與遺產，將自然與都市糅合在一起的並存氣息，都是讓我們充當藝術文化之都的根本本錢。

但單憑這些「老本」，絕不足夠。「文化政策」這四字，言簡意賅。我們假設政府能夠以政策及方針來締造文化，也假設了政府具備在文化層面上推進及維持改革與創新的能力。因為有「政」府，方有「策」劃一說。政府必須在推動文化裏面扮演領導角色，而不能單純依靠業界及評論界人士提供構思，然後慢三拍地處理倡議與落實。文化政策並非順手摘來，唾手可得，而需要政府走入文化界，走進演出者與觀眾、創作者與受眾當中，與文化社群進行平起平坐的對話，而不是單純政治聯誼或社交應酬。這樣，方能讓香港特區政府與大眾社會聯手奠下未來十年、數十年的文化政策。

以下想聚焦的，是香港在發展國際文化交流中心願景時的阻力及困境為何。表面看來，香港肯定有意將自身定位成一個交流中心，但必須聽其言觀其行。我們現在的文化政策並未能促成我們流通化、靈通化、將藝術文化貫穿在我們的公共空間之中，更遑論容納海內外各種多姿多采的文化工作者、思想潮流，讓他們能在香港匯聚一堂，進行真正合作與具深度的交流。理想很宏偉，現實很骨感，我們需要了解問題，方能落實改變。以下是就着我過去數個月跟文化界多名前輩與後起之秀，通過對話與交流而得出的數點觀察。

一、　缺乏清晰時代敏銳度與全面國際化願景

2021年《施政報告》提出有關香港成為中外文化藝術交流中心的五大方向，當中以「建立世界級的文化設施和多元文化空間」、「加強與海外藝術文化機構的關係」、「加強與內地的文化交流合作」等三大綱領為主要具體方案。文化界前輩胡恩威較早前撰文詰問，究竟這些方向應當「如何落實？怎麼執行？訂立什麼具體指標？」我想更進一步地表述以下這一點：為何文化方針欠缺具體方案或指標？原因是我們對自身的定位及藍圖本身構思，沒有應有的時代敏銳度，也沒有充分發揮香港文化優勢去有機地為國家補短，準備去真正推動國際對話、從而擴大香港的論述營造權。

先說敏銳度。近年常聽到的「說好故事」，是一種軟實力的投射舉動。綜觀全球，所有強國皆具備軟實力投射的意圖與操作，其實再也正常不過。最為成功者，當然是將實體地標與虛體思想結合起來，將歷史傳統與現代因素連結起來的倫敦與紐約二城。倫敦投射包括了西區（West End）劇院、占士邦、英國皇室，卻也有肖迪奇（Shoreditch）的「文青氣質」，糅合新舊建築物的萊斯特廣場（Leicester Square）。紐約的，則有時代廣場、百老匯、洛克菲勒中心，卻也有這些地標背後所象徵着的多元族裔與思想的包容性文

化（實質情況如何，這當另計）。所謂「紐倫港」——反觀香港，若
我們要落實「世界級的文化設施和多元文化空間」，我們有必要思考
如何能與紐約倫敦這兩大城市分庭抗禮，劃分出一個鮮明的國際交
流定位。比方說，我們應當承擔亞洲的表演、跨媒、實驗、傳統中
國文化之都這個責任。我們必須為現有的藝術空間賦予真正的國際
地位與聲譽。這樣，才是交出一份負責任的答卷。

要成功落實這點，並不能單靠說我們是保育「中國文化」的橋頭堡。
這一點也無疑是出於國際形勢：現時歐美有不少民粹反中派政客，
挑動民間的歇斯底里排外思潮，去質疑及批判包括孔子學院在內的
中國文化組織，指控他們為滲透、特務與統戰組織。同時，更有愈
來愈多的政治渲染論述，嘗試將中國文化醜化或等同於一種在他們
論述中被當今管治者「壓迫」或「壓榨」的虛構受害人。面對這些嚴
峻抹黑、攻擊、批判，現時我們因為僵化而保守的戰略思維，選擇
了以有限度而高門檻的方法與「友好」藝術組織及團體交流，而忽略
了西方諸國中文化及思想光譜上多元但未必符合最為嚴謹「政治框
架」的合作夥伴。這樣一做，間接拱手將推動亞洲內的文化對話與
交流的角色奉上予眾多由歐美或日本主宰的文化峰會組織。我們故
步自封，一來削弱了中國整體對外軟實力構建，二來也是違背香港
本身開放優勢，自貶定位。

當然，我們的未來並不局限於，也不應被視為單純為與西方社會的
對接交手。這個時代正在見證的，是中國與東南亞諸國（東盟）之
間更緊密的經貿與投資合作。「一帶一路」裏面所強調的「民心對
接」，需要的是各地人民在文化、語言、思想、公共空間構建層面上
能更立體地對立。可惜的是，香港的管治階層似乎並未能跟上時代
節奏——我們對東南亞的知識、語言掌握、文化保存，仍然非常貧
乏。東南亞文化工作者寧願選擇理論上空間更小、尺度更緊的新加
坡或曼谷為唯一二交流陣地，也不來香港。這樣說來，又談何「加

強與海外藝術文化機構的關係」呢？我們應當做的是善用香港現有的國際連繫與友好，不只是就着歐美部分人士的誤解謠言進行反擊與澄清，而是以行動——包括舉辦真正具備深度而開放的傳統中國文化論壇（而不是圍爐取暖的官樣「演講會」）、招攬及資助來自亞洲各大小國家地方的藝術演出者、大力推動藝術走入街頭與民間——去證明香港作為中國最國際化城市的價值與地位。通過這些行動，我們也可間接回應了那些指控中國以文化為名、輸出「銳實力」為實的偏激批判，以實踐說明真理。這一點，暫時難以在官方立場或定位方針中看見，只看見多番的「弘揚中華」，卻不知如何能在非我陣營的土壤上進行「弘揚」。政府公務員及駐外官員需要更多在這方面的培訓；整體香港的管治階層也需要就着國際文化聯繫的底蘊思想深化及活化他們的認知。

再說國際化。香港的未來除了祖國以外，乃在於聯通中國與全世界的一個樞紐。有不少本地聲音及體制意見乃是，香港只需要好好「保存」中國文化、欣然依賴及接收「祖國庇蔭」，便能坐等收成。我們不能不進則退。要真正地將中國文化傳播及提高國際地位，需要我們將其藝術品及文化演出等的社會環境及緣由，以外國熟悉的語言道出。同時，若要推動交流，更應善用香港在尺度及言論空間相對而言的寬鬆，為內地藝術工作者提供平台與外國合作者對接，同時也讓外國能看見當代中國的另外一面。現時究竟有沒有全方位的規劃，能點出香港：一、如何能在配合內地文化傳播與保育工作以外，求同存異，開拓內地未必做得到的破格文化深思及反省（例如就着性小眾身份探索舞台演出的學術或非學術討論）；二、可以如何為內地文化實踐家提供頭腦風暴與實驗的觀眾及社群，又或是；三、在中歐美關係持續劍拔弩張的情況下，善用香港，為中西文化互動社交交往保留一片相對的「樂土」。若因為看似的「政治正確」，忽略了敏銳而全面地推動國家文化走出去、海外文化走「進來」香港，則實質有愧國家對香港的期盼及要求。我們準備好了嗎？

二、　交流政策過於重「上」輕「下」

此時此刻可能會有讀者反駁，香港乃是世界數一數二的藝術之都，皆因我們是全球第二大藝術品拍賣市場，在2020年更佔有全球市場的23%（僅次於美國）。同時，我們坐擁包括M+、故宮博物館及香港藝術館等三大藝術展覽博物館，以及數以百計的私人畫廊。這樣看來，我們不應妄自菲薄，更應為自己的國際化感到鼓舞！

但這種說法有幾個頗大的核心問題。第一，文化不只是一種「產業」或「市場」，更不是一種狹窄的商業「產品」，我們不能以售賣商品的心態處理文化，更不能以「在商言商」的營業額作為衡量文化互動交流的基礎。現實上，紐約或倫敦的文化色彩，並不源自於蘇富比在當地所拍賣的具體金額有多少。藝術品可以買賣，但藝術存在於市場經濟語言以外，並不應輕易地將其金錢或數量化。第二，這些藝術空間往往對於普羅大眾來說，吸引度有限。當然，香港這三大博物館在價格及實際開放予普通香港市民層面上確實下了不少苦功，但從整體藝術展覽及參與（包括 Art Basel 在內等的蜚聲海內外展覽）層面來說，民眾參與度仍然嚴重不足。第三，這些博物館本質並不足以承托一個蓬勃而多元的文化生態圈（cultural ecosystem）。前線工作者的感受、需求、發展空間一直有限；其聲音亦未能在現有的政策釐定過程中獲得透徹反映。結果為何？便是一個只服務具備金錢及社會地位的精英、忽略普羅百姓或基層前線工作者的「生存模式」（modus vivendi）。但這個模式，並不容人輕易地「生存」——是次疫情對本地藝術工作者在場地上的限制及剝削，便可見一斑。

當然，我們今天且放開整體藝術工作者及產業發展所面臨的種種資源及空間樽頸。即便如此，從與內地及國際社會交流的角度出發，現時基層的文化交流方針乏善可陳。有不少藝術團體及個體工作者，難以負擔到外地出行、流動對話、舉辦大型演出等的直接成

本，也沒有與海外相似團體的聯繫或接觸經驗，故導致他們即便是
多麼好的藝術產出，也唯有在地化而本地化，長遠在他們的選材及
體裁上也有嚴重限制。固然本地文化值得保育、但何謂「本地」？作
為一座國際化城市，「本地」是否必然局限於適用於及符合本地文化
消費者口味的文化符號？難道「本地」就不能滲入國際因素，以多元
國際視角訴說本地故事，又或是以本地視角探索海外議題？而要做
到這種「貫通中西」、打破過往我們對「本土就等於香港範圍以內」
狹窄思想，需要更廣泛而深入的文化基層與前線工作者為主的國際
交流。交流不只能是服務顧客與消費者，也要服務文化創作人，從
而服務香港的文化骨髓。

更進一步地推論，我們必須知道，任何成功的文化交流空間，皆有
鮮明而齊全的職責分工。舉一個具體例子為基礎：任何視覺藝術項
目演出，需要演員、導演、內容策劃，也需要燈光與聲音方面的人
才。這些人才未必所有人皆是佼佼者，卻通過相輔相成的互補不
足，締造出一場順暢的表演。同樣道理，一個完整的藝術城市社
會，很少會單有創作人、卻沒有適當的藝術批判家（art critic）或文
化學者（cultural studies academic）。世上絕大多數的文化大都市，
並不是單憑一兩種媒介或風格便能成為「交流空間」。要脫穎而出、
鶴立雞群，需要的起碼是一個完整成熟的生態圈，能隨着時代與觀
眾偏好而改動及演變。這些演變乃是從下到上，而不是由上主導
的——當然，這並不代表「上」的體制及官僚，便不應就「下」而提
供援助及資源；甚至我們長遠而言應當將「上」與「下」之間的區別
打破。但整體而言，政府絕對有必要聆聽基層藝術工作者的訴求、
兼顧他們的利益，盡我們所能地鞏固及增加香港文化產業與外國對
應者之間的互助互知，從而方能擴大香港在國際文化界層面上的吸
引力。

重新重視以民間團體推動國際文化對接，還有一點核心好處：提高香港作為一個特別行政區的國際軟實力與話語權。與其由受硬繃繃體制要求所綑綁的官方機構及半官方團體作為推動文化對接的主要搞手，倒不如將「文化外交」這個關鍵任務交予在國際藝術空間中享有地位或獨有吸引力的民間文化及藝術家，讓他們主導在例如崑曲、粵曲、舞台劇或歌劇、視覺或多感官藝術層面上的對外合作，吸引更多志同道合之士來港發展，尋找並建立他們自身對中國、對香港的認知。這些發展機會大可包括獎學金、實習院士（practitioner-fellowship）或其他的經濟與職業援助。最真實、最人性化的香港故事，也就是最好的故事。唯有將不必要的形式官僚主義去除，相信民間的動力與能力，促進有機有心的民間團體建立交流友誼，才是「建立多元文化空間」的最佳做法。同時，更能通過國際友人的參與及支持，激發本地對國際事務具備興趣的文化界人士，振興本地文化發展的道路及自信！

這裏我也得提一下一位我很尊重的前輩朋友，也就是榮念曾（Danny Yung）前輩，以及其所創立的《進念二十面體》劇團。劇團在推動文化交流上，不遺餘力；榮老，也是這方面的先驅泰斗。近年，進念二十面體「香港＿帶＿路城市文化交流會議2017」雲集了12名「一帶一路」沿線城市的自身藝術工作者，讓他們在香港一邊自身專研創造，一邊進行深度交流，嘗試找出一套能反映，也能超出「一帶一路」傳統範圍的文化共融模式。進念不會盲目否定或崇拜官方方針與立場，而嘗試在官方與非官方、體制內外間進行各種有機的落地對話與教育，通過頭腦風暴與個體之間的碰撞火花，走出一條新的文化認知路來。

2018年到19年間，Danny啟動「一帶一路實驗劇場」，將沿路國家地區的傳統文化藝術——包括中國的崑曲京劇和四書五經、柬埔寨傳統面具舞蹈、印尼的古典爪哇舞與宗教儀式——配以標誌性的「一

桌二椅」及破格的實驗性 3D 聲效與實體模擬科技，打造出能讓年長
年輕的受眾皆能找到自身觀賞意義及得着的藝術作品。其中，《驚
夢》將杜麗娘與柳夢梅之間的故事重新推演幻想，將其變成對數碼
監控、現實功利主義、性別刻板定型與邊沁（Jeremy Bentham）的
全景監獄的一種表態及批判，也從而以震撼鮮明的色彩與動感的舞
台設計，為西方觀眾們打開了通往古典中國文學的大門。進念就好
比一把精緻的鑰匙，嘗試在世界大國處於政治矛盾下紛紛關上大門
之時，為國際對話保留一口氣、點一盞燈。正如王家衛《一代宗師》
所說，「有燈就有人」。

三、 沒有戰略思想、沒有人才培訓，現時何來實踐？

實踐需要有思想、有能力、有目的。要不然，便是白幹。要實踐國
際文化交流，首先要弄清楚，是為了什麼具體目標交流？是為了吸
引旅客？是為了賺取經濟盈利或「改善形象」？很可惜的是，這些
單獨看似風馬牛不相及的理由，卻往往被當成了文化交流的唯一原
因。當然，我並不是一個「文化潔癖者」，認定文化交流必定要「只
談文化，不談政治」。任何形式的國際交流皆離不開政治、離不開話
語權與輿論塑造、離不開道德定義權的爭論。實際上，我們要推動
文化交流，除了是因為文化值得保育或傳播以外，更是為了在國際
社會正被一種聲音或思維壟斷之時，積極推動鮮明、完整的另類論
述，塑造一種新的道德話語權來源，推動象徵多極主義（symbolic
multipolarity）。說得直白點，便是要確保世界不會只有一種聲音、
一種世界觀，從而喪失多元互動、包容兼容的潛質。

沒有思想、沒有能力、沒有目的，又怎能實踐以上願景？香港現時
並沒有一個專攻文化交流或政策的智庫，也沒有一個成熟的文化政
策研究氛圍。一個沒有內涵或理念的「交流中心」，其實與一個展覽
廳或活動中心無異。這是我跟香港數一數二的文化界鼻祖榮念曾前

輩聊天時，大家共同得出來的一點結論，也是在其授權下，在此與大家分享。香港需要一個統一而集中，以香港為基地及根源的國際面向文化組織，能仿效如德國歌德學院（Goethe-Institut）、亞洲協會（Asia Society）等頂尖國際智庫機構，為中國傳統文化及香港本地文化提供一個完整平台，更需要這個組織敢於跳出現有框框、大膽設想、小心落實、全面制定有機而開放的國際交流政策。最後，也要此一智庫為香港培訓人才，系統化地栽培各種類型的文化工作者及從業員。

進念於1997年開始，每年皆會舉辦一個「城市文化交流會議」，邀請來自世界各大小城市的代表到來參會，當中有不少重點皆是投放在中華文化保育與創新等的具體議程。會議聚焦在以實際經驗、各地文化工作成功與失敗作為主導思想，不「空談」也不「誤國」；討論成果更會以報告形式發表，並呈交於各地政府有關官員，讓其能夠在政策上配合及推動，甚至參與在主導藝術氛圍與環境的構建過程之中。

千禧年，香港舉辦了回歸以來首個超大型文化交流盛事，乃是香港柏林當代文化節。當時近千名亞歐城市的領軍藝術家及文化人，聚首一地，那是何等的盛事！與會者紛紛以香港為題材，亞洲為受眾，探討政治與意識形態、身份認同與青年人對未來思想想像等的議題，徹底打破了所謂的「藝術為藝術、政治為政治」的迷思，卻也同時為正在冷戰結束後尋覓新共存模式的東西雙方，提供一個「第三空間」，也即是相對中立的實驗空間。這也就是將戰略思想套用在藝術層面上的關鍵要素。

文化不只是一種工業，也不是一種純粹的賺錢工具。與其思考如何讓文化更能「商業化」地暢銷賺錢，倒不如認真反思，應當如何提高文化的「大眾參與度」，同時讓香港本土文化能在與國際接軌下，在

符合國家整體原則下，有機茁壯地成長。這也就是在港推動國際交流的前設與基本精髓。

香港不應只是一個「活動中心」。我們不應只「舉辦」而不「策劃」活動；更不應以「主辦活動」為目標，而忽略了「創造文化」及「推動交流」的實際最終目標。活動是手段，討論是媒介，更深一步的文化互通互信，才是真正奧義所在。香港向來都是中國往世界踏出第一步的橋頭堡。若我們忘記自己長處、放棄自己本份、選擇保守地原地踏步——這相信非真正熱愛文化的人想看到的。

4.9
國際化的首要前提
是要讓青年人走出去

讓青年人「走出」，乃是讓香港迎來第二波國際化的不二前提。

任何一處地方的青年，都是其未來發展的動力來源與引擎。

香港如今面臨兩大當務之急。第一，乃是維持香港國際化的優勢，鞏固與強化我們現存的長處，並積極拔高補短，務求能令香港在地緣政治博弈與風眼中找到自處之道。

第二，則是化解青年根深柢固的民心所向問題，多管齊下，讓他們除了獲得社會經濟往上流的空間與權利，更能通過國際化，與世界接軌，找到貢獻國家的土壤與方法。

第一點，則早在過去數篇文章詳細探索，在此也不多說。唯一的補充便是，香港青年骨子裏的文化DNA，是外向性的。我們得天獨厚的中西交織歷史，讓我們在中國弘大版圖中，具備獨一無二的歷史責任，那便是協助中國在國際形勢最嚴峻險惡之時，突圍而出，迎接改革開放的進步跳躍。站在2023年，香港政客不應單純地問，「香港年輕人可以如何了解中國？」，而要問，「香港年輕人可以如何協助祖國？」。

至於第二點，面對年輕人在過去數年的民心浮躁、對社會失衡的不安、對經濟體制的控訴，我們有義務去解決問題，而不是解決指出問題的人。我們不應消極地說，「不喜歡香港？那你走吧。」我們更絕不可千篇一律地強調，「回去大灣區吧，那邊有很多機會。」——一來，香港就是大灣區的一部分，這種說法，從何說起？與其說回到大灣區，倒不如思考如何立足香港，貢獻灣區，放眼世界。二來，大灣區的工業產業未必適合所有如今在港的年輕人生活方式與文化——對於無意北上發展的港青，我們應當讓他們在外發展的同時，也能對祖國與香港作出積極正面的作用。

一、 提高青年人綜合競爭能力：
　　　迎接多元多極世界時代到來

無論是特區政府還是私人企業，我們有必要提升年輕人的綜合競爭力與實力，讓他們得以在這個越加複雜而多變的世界當中自處。世界正在變得更為多元，也更為多極。

多元在此指的，乃是隨着機械化與自動化等趨勢席捲各地經濟，單一化而重複度高的絕大多數「白領」工作將會迎來人工智能與電子基建的衝擊與直接競爭。要在這「後 AI」時代中生存，則必須具備多項功能與技能，並能跨越不同領域與範疇：要不是進行難以複製或用機械取代的「專業勞動」（包括高技術藍領工作與服務性主導的行業），便是要拓展「彈性並以人為本的服務」——例如，分析地緣政治並將其成果化成可行的政治與政策建議；以宗教與哲學理論作為基礎，在心理與社會學中開拓新知識領域。人與人的互動難以用人與機械替代。這為我們這一代，以及下一代，提供了攸關重要的契機。只要我們能「把握」多元，拒絕單元，應可避免被人工智能淘汰。

至於多極這一說法，則是反映了過去數十年的地緣政治趨勢。冷戰結束之際，乃是世界的單極時刻（Unipolar Moment）（參見查爾斯・克勞薩默〔Charles Krauthammer〕在《外交事務》中於1990年1月發表的一文）。即便如此，根據世界銀行數據，美國生產總值於1960年佔世界生產總值百分比為40%，在1980年下降至25%。此一比例在冷戰最後十年中雖偶有突破（在1985曾達至34%），卻並沒有太大的扭轉之勢。時至2019，美國約莫佔全球生產總值24%，中國則佔16%。「中西」以外的60%，則由世界各大經濟體系，包括歐盟、日本、東盟等地區組成。與其繼續聚焦在香港作為單純的「中西」交集之地，我們應當更有願景與衝勁地去探索，讓香港成為「多極世界」的交匯昇華之處。我們要培育出敢於影響與改變世界的年輕人。我們要教育出能夠在不同文化中遊走，而不被一種死硬文化所綑綁或局限的社會棟樑。

正因如此，香港有必要循着三大方向進行教育、技能培訓、工業產業等範疇的綜合結合性改革。第一，乃是提升港青的多元語言能力，除了改革中英文教育（在《香港，你真的很國際化嗎？》一文也有說過），應當引入來自東盟、歐盟、中東的專業師資，為就讀中學、大專、大學等的學生提供文化與語言訓練，改善我們在包括印尼 - 馬來語、亞拉伯語、西班牙語的流暢程度，也要同時提供駕輕就熟，融入生活一部分的別國國情培訓。認識一個國家，除了在課堂與書本上的學習以外，更需要長時間與當地人交流與實習所帶來的全方位體會與浸淫。香港既要強化國情與國史教育，也要在教育制度上鼓勵學生往外看、往外走走。對於貧苦而難以負擔這些開支，卻具備鮮明發展潛質的青少年，政府應當提供津貼與額外支援，通過國際化拔高勞動素質與生產力，從而拆解社會不平等問題的部分根源（勞動技能與市場需求欠缺匹配）。

第二，無論是再工業化還是職工主導的教育課程，皆有必要反映出周邊國家與地區的需求。且讓我們聚焦在東盟上：印尼、菲律賓、新加坡這三國的初創經濟，正值起飛之際。作為擁有亞洲中最多一流大學的城市，我們是不是應該反思，可以如何確保在港的科技初創人才，能在東盟、內地、香港三地間遊走，從而將研發成品與企業功效盈利最大化？無論是在電子貿易、物流科技，還是點對點個體化服務，東盟當地的年輕人才在這些不同領域上，已有超越香港、直趨深圳上海之勢。除了直接跟這些企業競爭以外，香港是否也應當鼓勵我們下一代，嘗試找到這些生態圈中的不足，然後積極介入補短？比方說，印尼正在積極拓展電動車與再生能源的行業。香港的大學，是否應當投放更多研究資源，吸引更多區內研究人才，去訓練出可持續發展行業方面的專才，讓他們能在這些企業扮演關鍵的中高層顧問角色？又或是，越南與泰國皆需要具備普通法知識的法律專才，協助他們推動經濟現代化——香港能否在這裏發揮一定角色？

第三，要培育出在國際舞台上站得住腳的人才，需要他們對國際社會具備不偏不倚的認識——不盲目以為外國月亮特別圓，卻也不要成為新一代「義和團」，認為所有西方東西都是壞的、國家與香港的一切都是潔白無瑕的。國家需要懂得國家主體利益、同時懂得分寸與秩序倫理，卻也同時敢於理性而實事求是地道出事實的人才，而不是單純地唱好唱白的「青年才俊」。我期盼我們下一代，能從歷史錯誤與前人過失中學懂學透歷史的教訓，確保我們不會重蹈覆徹。我更希望我們教育制度能認真地將地緣政治常識與分析灌輸予年輕人，以非洗腦的形式鼓勵他們接觸與理解現代中國、當代世界，以及古往今來的世界趨勢。唯有落實以上三大方向的改革，方能確保我們35歲以下的年輕一代，能站得更好地看世界，認清楚大千世界的多元性與積極性所在。

二、　全方位支持青年人參與國際事務：
　　　推動民間交流與管治體制參與

有很多人以為，支持年輕人走入國際，所需的單純是鼓勵及鼓吹他們在世界平台上「多發聲」，說多點好話，便能滿足他們作為社會棟樑的應有之義，發揮他們需要擔當的作用。但我們得要「把握時代大勢，應對時代之變」，同時切記「空談誤國，實幹興邦」！發聲不是不好，但絕不能充當國際參與的唯一模式。得要多調研、多考察、多讀書學習、多交往對話，方能將國際化奧義啟發出來。而要啟發此一奧義，落實這一原則，需要我們認真思考，究竟香港青年人對國家來說的獨特性在哪兒？

依我所看，香港年輕人的文化與技能獨特性是一把雙刃劍，具備以下數點特徵：第一，靈活圓滑，懂得在不同持份者與勢力之間協調與溝通、紓緩矛盾、化干戈為玉帛，卻也因而被部分批評者視為缺乏腰骨與原則。第二，經常接觸不少國際社會（主要圍繞着中國、歐美國家在內，卻似乎並沒有包含全球南方及絕大多數發展中國家）的資訊來源，能更有效地採納外國理解的語言與概念，在傳統西方話語體系中組織與表述自身觀點──卻也因而對中國色彩較為濃厚的價值觀與文化有所排斥。第三，經濟實幹與務實主義為主導，務求以最低最少成本，達成最高效益的結果──卻也因而有時候觸犯「心頭過高、難以落地」的思想錯誤。正所謂一分耕耘、一分收穫，有時候唯有埋頭苦幹方能迎來突破與成果。第四，則是我們對香港的想像乃是跨越或超越「實體」想像──對於不少香港年輕一輩來說，香港是一套價值觀，更是一種理念，毋須局限在一個實體三維地理之中；卻因而會被部分保守派批評這是與現實脫節的身份構建基礎。這四點特徵，固然某程度上是一種概括性論述，並不能套用在所有人身上；同時，也必須理解到，水能載舟，也能覆

舟——我們不能單靠這四點坐吃山崩，也不應忽視它們所帶來的暗湧與挑戰。

話雖如此，當中的優勢，讓香港年輕人絕對具備為中國、為香港在外擴充軟實力、發展整體國際版圖、為落實人類命運共同體下的多邊主義作出努力。有不少有意服務香港社會的年輕人，未必想被「困」在一個特定地方中，也未必符合本地較為僵化而擁有既定框架條文所限定的「體制」。但他們也可以在體制以外，為香港建設，從而成為「體制以外的愛國愛港者」，用自身的方式在海外為香港建立聯繫、溝通渠道、鋪墊經貿人民來往的橋樑。我有一位朋友，若干年前曾邀請我與幾位合作夥伴在其領導下，推動香港與緬甸之間的公務員（尤其是中高級技術官僚）交流培訓。也正是這個歷時多年的項目，讓我見證了一群沒有龐大財力勢力支持、也沒有政治色彩或強硬後台撐腰的年輕人，眾志成城之下所能取得的成果。箇中的辛酸，卻也讓我體會到來自香港而在外國工作的二三十歲年輕人，所面臨的獨特壓力與困難。

我希望未來這幾年，無論是特區政府還是香港商界，無論是公私合營還是以非牟利形式運作，我們皆能提供更多的機會與空間，讓年輕人能在外，與來自內地以及其他國家的同輩夥伴多合作、多交流，推動公共行政、民間對話、技能互換、整體昇華這四大要素為主導的「二軌外交」。再說，在國際體育盛事、文化演出中脫穎而出的香港青年人，也正是我們在國際舞台上的最大自然代言人與代表，通過體育與文化交流落實新時代版本的「乒乓外交」與「文化外交」。我們需要更多此類優秀外向型人才，讓民間交流得以轉化成系統性的軟實力增長。同時，年輕人也要在國家在外的官方代表團中爭取參與機會與空間。國家近年開始推送香港青年赴聯合國系統任職，正是體現了國家對我們年輕一輩參與「一軌外交」的厚望與真摯包容。長遠而言，特區政府必須跟這些從事一與二軌外交的年輕港

人，建立一個恆常而全方位的合作與聯繫機制，讓政府能更準確地掌握國際形勢，充分理解到未來的挑戰與機遇。通過與不同國家的學界、商界、文化界、青年界等建立深厚而互助合作的友誼，香港年輕人絕對具備獨一無二的定位，協助中國「第二次入世」。

說一個動聽的故事，與打造一個動人的故事，沒有任何衝突。我們要注意慎防的，反而是某程度上的矯枉過正，讓香港年輕人「不敢出去」，只敢內捲而往內看。現時經歷了大亂，已進入大治以後的香港依然蔓延一股怪誕歪風，有部分聲音打算將任何香港與外的聯繫及合作皆抹黑描黑，以「低級紅、高級黑」的形式將香港去國際化，也同時讓與體制缺乏聯繫與接觸的年輕人，感到無所適從。我們必須讓青年人可以無論是在香港、內地，還是國際社會中，皆可找到自身探索與發揮的空間，讓他們通過實踐，找到自己的一套價值觀與國民身份認同。

三、　修補社會撕裂，凝聚民心：
　　　身體力行「做好」香港故事

最後，香港必須說好一個獨一無二的香港「青年故事」。國家主席習近平曾說過，要讓「每一個香港青年都投身到建設美好香港的行列來，用火熱的青春書寫精彩的人生」。建設美好香港，是歷史時代交給我們的關鍵任務，無論是出身優渥還是基層、來自於內地還是東南亞的年輕人，曾經犯錯還是沒有，只要是在獅子山下，我們便應當接納及擁抱他們，讓他們作為推動社會往前走的生力軍。年輕人要對我們的國家自豪，首先要為這座城市感到驕傲；要為這座城市驕傲，則必須具備一定程度的歸屬感與拼勁。他們「火熱的青春」，也是譜寫香港接下來第二春復甦的關鍵要素。

這裏，有聲音表示，我們應當單純接納最忠誠、堅定不移地展示愛國精神的「良好青年」，方能正本清源。但我卻會反問一句：那其他的年輕人呢？我們是否真的準確放棄一整代人，以滿足我們對二元對立意猶未盡的延遲需求？我們是否希望曾經犯錯的年輕人繼續泥足深陷、不能自拔，原因則是我們認為他們無可救藥，所以任由他們變成最終藥石無靈的反叛者、邊緣人士？復和是當今青年政策最關鍵的一點——我們必須要讓經歷了過去數年風雨的年輕人，包括曾想歪想錯、行差踏錯的小伙子們，看見體制願意讓迷途知返的他們提供一次機會，讓他們重新認識自己、認識社會。

唯有這樣，我們方能在國際舞台上重拾香港作為一個多元開放社會，在守護法治與道德底線的同時也能通情達理的聲譽。普遍國際社會（除了個別敵對與針對性人士以外）不想看見我們再一次沉淪在社會撕裂內耗當中。我們國家也不想香港，作為國際化橋頭堡，再一次淪為時代矛盾與煽風點火的混沌戰場。體制有必要積極地吸納及接受年輕人——包括最初未必符合最嚴苛的「忠誠要求」者，讓他們慢慢通過接觸與合作，看見制度內發聲與表述意見的空間與可能性。同時，更要積極籠絡在外國讀書、對國際事務有接觸的年輕人才——包括在港出生的港人，在內地或外國出生的內地同胞，以及在外國生活多年的華僑二三四代。在大國博弈之下，這些人士往往對香港也有一定興趣，現時卻未必具備到港回港的渠道與配套。為這些朋友們提供正面誘因，吸引他們（回）到港落地生根，成家立室，這才是「做好」香港故事的上乘法門。

一個百花齊放、海納百川的香港，也是一個讓不同背景與故事年輕人也能找到自我的香港，也是一個發光發亮國際大都市。青年興，則香港興。香港興，則國家興旺，世界自然能更繁榮昌盛。為邁向世界舞台，為國爭光的香港年輕人，喝采！

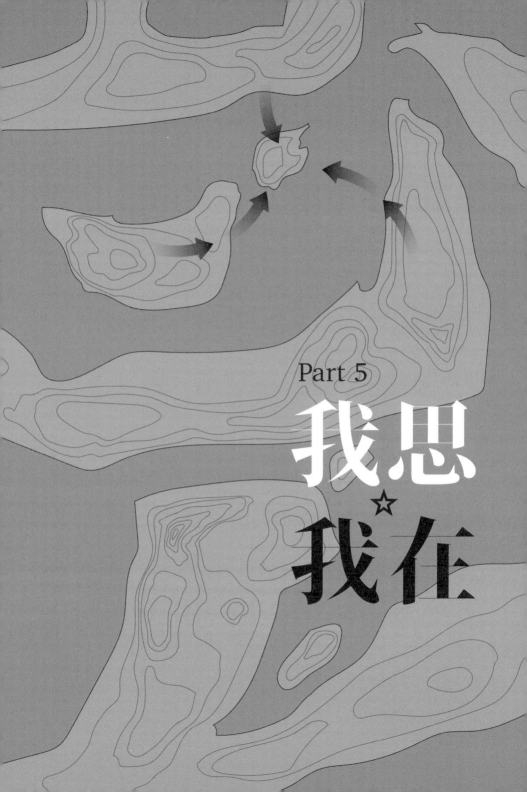

Part 5

我思☆我在

5.1

知識分子 責任何在？

這個時代，大家都想做所謂的關鍵意見領袖，爭上位、爭權奪利、求名求功、求聲求望。

看得見的法律、看不見的規矩；看得見的一時衝動發言、看不見的骯髒潛台詞。這是一個個體受主題操控、個人被群眾所定奪的年代。人人都說要說自己想講的話，活出自我，但誰來界定「自我」、誰來主宰及操控自身「想」做什麼？在一個一切在形而上層面上早已確立的秩序規矩下，究竟何謂真正的「我」，而不是他人眼中構想，以及「我」認為他人想我成為或作為的「我」？

在媒體渲染、社交平台日益掌控我們生活、政治兩極或多極化的情況下，個體主見變成了群體的奴隸。思考與辯論變成了圍爐取暖的遊戲。語言變成了欺騙及為自己爭光爭位的工具。所謂的「獨立」及「批判」思想從而成為了民粹與權貴機器鞏固及操控一切的一條條鏈子，將人民牢牢綁上自身從來沒有認知過的意識形態戰車上，讓普羅大眾成為了政客及輿論家針鋒相對的犧牲品。人民是無辜的，卻要負上最大的枉然代價。政客可能是衝動的，卻因自身作為公眾人物而必然承擔的後果，挑起並備齊最重的重擔。

至於挑撥及煽動人民為己用的輿論家，則往往可以全身而退，至少保得一身美名，而毋須負上慘痛代價。將所有批評聲音以最為惡毒的假設及推卸做掩飾，從而將欲蓋彌彰的事實變成難以置信的謊言、將世界說成只有黑白兩色，然後再將自身立於白色高地之上，這是時代中「贏」的作法，也是投機者最為擅長的攀爬之道。因為這就是人生，這就是當代部分「知識分子」所謂的操守。

但真正的知識分子其實有一種責任。這種責任並不是「以最為複雜的語言，說最為簡單的事實」，不是為有權有勢者的過失及歹毒塗脂抹粉，卻也未必是西方社運界最為流行的「向強權公然說真理」（speak truth to power）。知識分子的責任，是要在現存的制度以下，盡一個進諫者的角色——在不同持份者之間協調、游說、解釋、建議，而不是盲目跟隨群眾路線及壓力，成為人云亦云的機械人。

人云亦云者，這種「知識分子」，哪怕他有千萬個頭銜、有千萬個讀者，不要也罷。寧願作罷，也不要做這類跳樑小丑。

一、　何謂知識分子？

何人是知識分子？筆者認識的一位老學者前輩喬姆斯基（Noam Chomsky）曾說，「知識分子的責任是說出真理，揭露謊言。」古希臘哲學家並不會將自身形容為（公共）知識分子（正如真正有素質的餐廳不會以自身有多少米芝蓮星做招攬），卻會視哲學及思辨家為社會中的異見者，必須透過時常發聲，確保社會上存有多於一種聲音。而另一邊廂，也有不少聲音認為知識分子乃是社會勞工人口的一部分，必須為社會發展作出貢獻。周恩來總理在國家建國初期表示，「知識界」早已成為國家工作人員，為社會主義服務，乃是工人階級的一部分。同時，西方諸國過去數十年出現不少暢銷作家、演

講者，皆挾着「知識分子」名稱，名正言順地透過自身勞動賺錢。公說公有理，婆說婆有理。

依我所見，知識分子同時肩負兩大身份。第一，乃是知識賢者（knowledge elite）的責任，必須心無旁騖、為爭取及追求知識（且在此界定為真、被論證的主張——Ayer所說的Justified True Belief）出盡全力，不會因或然的因素或社會環境左右，而放棄原則及真相。第二，則是行動家（practitioner）的責任，必須思考及兼顧自身行為的結果、效用、應用性，以及能為社會帶來的希望（或絕望）、良果（或惡行）。

沒有前者的知識分子，只會淪為十分動聽的詭辯家（sophist）與煽動家。缺乏後者的知識分子，則永遠只能停留在象牙塔中，說的話可能是真而純，卻難以下地、更難為人民帶來幸福。同時，知識分子在兼顧這「雙面性」以外，也應當在適當時候身兼其他職業或崗位，透過這些短中期的位置，拓展自身對知識的思考、反思及歷練。這兩種身分之間的平衡與取捨，正正構成了士大夫中，「士」與「大夫」之間的常態性糾結（constant identity crisis）。

二、　知識賢能不可成為有權者的打手，以私利取代真相

說是巧合又好，說成是知識體制為了鞏固自身權力，因而賦予他們的「恩賜」也好，知識分子確實在人民心目中往往懷着一定自然地位——他們被視為知識的最佳研究者，也是最能將前人智慧及宏觀框架套用在現在，貢獻真知灼見的人士。固然「仗義每多屠狗輩，負心多是讀書人」，但這一句在我們日常生活中的運用，本身便是預設了，讀書人往往透過自身所經營及賺取的公開聲譽，進行「負心」之時，淪為利益團體的打手，為有權者背書。

在此，必須作出一點澄清：有權者不同於（可能是在制度中）當權者。當權者顧名思義乃是名義上掌權者，也即是權力的「表面對象」（surface figure）。他們理論上有權，但實際上卻未必有權。權的來源，實際可能是看不到的隱形遊戲，可以是金錢才俊或政治世襲家族，也可以來自於宗教、群眾主流論述、掌管媒體的大亨等⋯⋯這些源頭皆撰寫着人民必須服從的規矩條文，再以各種各樣的糖衣毒藥（包括偶像、看似客觀的新聞、日常生活的習慣及台詞），讓民眾對其死心塌地。尤其是在大型的國際局勢層面上，有權者往往並非「枱面」輕易見到，而是透過各種各樣的中間人及代理人，操控着表面遊戲背後的實際政治鬥爭。

冷戰時期，蘇聯擅長以反射性控制（reflexive control）的形式，將受操控者在其不知情情況下，引導至進行某些對自身看似有利、實際完全反智反己的行為。

在這前提下，與其說知識分子不應成為建制或「當權者」的一分子，倒不如說得較為公允及準確一點——知識分子不能成為有權者的代理人，姑勿論有權者是否身在體制內外。無論是財團實際操盤人還是政府官僚系統的隱形幕僚、能煽動民眾卻看似「獨立」的「KOL」，還是能號召上千萬人的宗教領袖背後的顧問，這些人都是有權者。若一味將政府妖魔化，將體制描繪成知識分子必然要「反對」的對象，將反體制的人浪漫化成必然脆弱易碎的小花，這是一種無知，更是對所有非政府權力結構的掩飾。現實是，世界上處處都是高牆野狼。單純以為只有一匹野狼、一面高牆，是天真，更是自欺欺人。真正的知識分子不會成為任何人的奴役——掌控司法權者如是，掌控大眾民意如是，掌控資金資本者也是。

什麼叫做不成為奴役？有的說，其實很簡單，便是，不會因他人以其位置所賦予的好處或甜頭，而改變自身取態、立場，去迎合他

人。但這並非一個好的定義——人類與生俱來便是社交動物（social animal），本質上和實際上都會嘗試改變自己，迎合他人，以獲得內心所渴求的滿足感。我們可為這種對社會認同的渴望作各式各樣的詮釋及演繹，但仍改不了事實根本——若以上定義確實成立，那我們便真的「born free, yet everywhere, we walk in chains」（盧梭〔Rousseau〕名言）。若這一說成立的話，那我們根本毋須分辨為他人做打手的知識分子，與其他知識分子的區別，因為兩者都是同樣地缺乏自由。

依我所見，若一名知識分子本身持有鮮明道德規範及原則，而這些假設乃是符合最基本的合理性（例：不會盲目推崇暴力，或為傷天害理的行為辯護），而其唯一或主要僭越這些規矩的原因，乃是他人所賦予他們的好處（不只是金錢，也可包括民眾認可〔掌聲！！！〕、外界觀感〔「你有風骨！」〕、權力和位置），而不是出於自身真摯願望或期望，那他們便確實淪為不折不扣的「背書人」。為天理不容之人而辯護的「背書人」固然可惡——但為了贏取所謂的尊重而扭曲事實，不看是非全部，只看支持者願意看到的現實者，也同樣可惡。當然，箇中可惡的程度未必幾近相同，因為程度乃視乎行為及言論所導致的結果嚴重性，以及偏離道德規矩的距離。

知識分子因應這自身作為知識賢者的身份，必須要就着知識追求此活動（activity）扛起義務，在創造及尋求指示層面上尊重及遵守真我對真相的認知，不被社會其他因子或權力結構所干預及扭曲。須知道，知識本身賦予了知識分子在社會中受他人尊重及聆聽的專利權；他們所說的言論，往往會被演繹成被大眾接納的「知識」一分子。

知識本身是一種力量（force），以個人作導體而影響社會整體的秩序；同時，也是一股具備自主性的權力（power），透過個人行為反覆強化和確立自身的唯一正當性，排斥一切與自身不同的「反知

識」。被邊緣化的知識（marginalised knowledges）並非因為自身不符所謂的客觀「事實」，而是因為他們在一個鬥爭遊戲中敗給了現有權力所支撐的意識形態。知識分子不應當欣然接受以上這一點。知識分子必須無時無刻在知識框架中創新、突破，抗衡主流知識本身的壟斷性——哪怕所謂的創新及突破都必然只是現有體制邏輯的延伸，都比欣然接受主流知識來得為佳。這也是撇除支持歹人所帶來的負面結果不說，為何知識分子必須要守着本心、守着真我，與誘人的主流知識體制保持一定獨立距離，從而才能符合自身崗位的職務。

三、 行動家不能活在象牙塔中，以說話取代行動

說完了知識賢能這一方面，我們也應當探討另外一方面。我們必須意識到，知識分子——尤其是今時今日的知識分子——沒可能只躲在象牙塔中，作出自身認為妥善的貢獻。原因很簡單——就算你選擇逃避、選擇讓人接管或取你之位去參政、論政、議政，你所產生出來的知識、你的一舉一動，皆有可能成為有心人士的玩弄及利用對象。知識分子若不在公共場所或陣地中為自己所研究出來的知識作辯護，則必須接受被他人擺布及惡意刪改理論的風險。同時，知識分子可以捏着鼻子說，「我不想碰這攤渾水」，但這攤渾水不會因你嘗試置身事外而離你而去。這片渾水只會向你靠攏、將你吞噬，直至你失去最基本的反駁權利。連 right of reply 都沒有，憑什麼做知識分子？

傳統西方「智慧」常指出，知識分子必須擔任當權者的「馬蠅」（gadfly），猶如馬蠅一樣圍着當權者轉圈，務求令他們因應這些不能肅清的異見困擾非常，從而讓他們作出改變。我倒覺得，這種說法反映着一種非常不切實際的羅曼蒂克思維。在不少人的理想國度

中，全國人民會就着真相及政策辯論，辯論的成果會被施政者所執行，而無需所謂選舉或「賢能管治」的代理產物。

但現實並非如此——現實社會中，有着各種各樣的掌權人及持份者、群組及個人私心，這些因素皆令施政及政治本身充滿着波譎雲詭。掌權者肯定不是聖人，也有他們的私心及私利。若一味站在道德高地，嘗試以自身認為是「正確」的真話來打動或要挾當權者，請注意，我們生活在一個不是《哈利波特》，不是《漫威漫畫》的世界之中——以上不是現實會出現的景象。當權者不會因為你說某一句說話所帶來的民眾漣漪，因而對你讓步、退步。象牙塔弄出來的理論很完整、說民眾愛聽的話很容易，但弄出來之後、說完之後，又如何？掌聲起落後，又如何？現實枷鎖及政治，不是你說一兩句話，便能改變。因為若真的是這樣，為何我們還要沿用官僚系統，還要接受政治的無處不在，無時無刻上班下班的打工一族還要向現實做出必要的妥協及低頭？

當「講好話」取代了「做好事」（當然，講好話也可以是做好事的一種——但前提是你能夠影響到需要及應該影響的人，而不是一個人孤芳自賞），成為社會行動的主導思維，所帶來的結果很糟糕、很殘酷，也顯而易見，便是將本來可以爭取到的改革空間也扼殺，以「轟動光烈」取代「寸步改變」。一剎那光輝，換來永遠的黑暗。對，你會贏到你自己的「良心掌聲」，卻放棄了將理論及理想實踐。

哪怕只是將現實推進一小步、讓稍微多一點的改變出現，任何社會行動家都有必然的義務去作嘗試。因為不嘗試的結果，並不是「原地踏步」，而可能是「不進則退」，甚至在極端及民粹挑動之下，徹底的「車毀人亡」。當然，嘗試完，也並不代表一定會成功——但起碼你在自身的崗位，嘗試做出過一定的努力，為社會局面帶來轉機。知識分子有必要思考自己言論所能帶來的效益及成果，以最具

策略性的方法，嘗試找到多方共識及共同點。不能為了自身的面子、自身懼怕群眾批鬥，而忽略了實事求是的重要性。知識分子要找知識，更要將知識變成行動，將兩者之間本不應存在（卻在後天環境下出現）的隔膜打破。

四、　知識分子作為進諫與構建者

知識分子必須成為關鍵的進諫與構建者，既「進」，也「諫」，同時更能構建出關鍵的「論述」與「理論」，從而落實執政。進言的對象，不只是政府、在位者、官員，也應當包括財閥、商界、文化界、各界領導。向有權者進言不是一種選擇，而是一個現實政治枷鎖下的必須與義務，乃是影響整體大局的必然決策。忽視政治現實，只會令你淪為只談不做的一面幌子。好看，不管用。

但與此同時，知識分子不應有道德潔癖。知識分子可以成為體制一分子，為人民在體制內尋覓幸福，將民眾意見反饋於管治者。同時，知識分子也可以在體制以外，理性發聲、用成熟的技巧說真話，將真話變成推動社會改革的動力燃料。

同時，知識分子必須敢於構建新的論述、思想、「故事」，為社會管治與秩序帶來良性貢獻。同時，也不要忘記理論工作，透過全面性而根深柢固的理論昇華，從而鋪墊與搭建出社會進步的道路。這也是中國千年以來士大夫的義責及理想應有作風。當然，說起來容易，做起來很難。

真正的知識分子必須同時兼顧數個不同的身份。他們既要尋求知識、創造知識，也要在應用知識層面上，將功效及公用最大化，以確保知識得以助人、貢獻社會、改造現實，但切記，知識分子不能被民眾牽着鼻子走，成為民意、民望、民眾的奴隸。因為這是對知

識的不敬,也是對自己的徹底侮辱。社會需要對知識份子多一份包容,少一些偏見。知識份子,則要真正的道德勇氣。

我相信知識,是以理論與行動的結合所創造出來。我更傾向相信社會前進,乃是源自於知識分子與整體社會之間的相互認知,相互協作,即便面對地緣政治、民粹崛起、奉承形式主義等交疊下的暴風雨,我們並不懼怕。我們不怕!

致謝

我要感謝所有曾經幫過我的人，以及曾經指導我的前輩與朋友。

與你們的衷心交流，獲益匪淺。

我更要感謝所有質疑與批評我的人，以及在知識路上我曾打交道的切磋對象。

你們給予我最痛快而酸辣的鞭策，讓我不敢鬆懈怠慢。

最後，感謝 XF 兄就着這本書的點撥與獨一無二見解，對我來說絕對是醍醐灌頂。

這些年來，我走遍了世界各地，天南地北，皆是懷着一種不知天高地厚的辯證精神。

如今，是時候返璞歸真，回家了。

我感激過去，珍惜現在，相信未來。

多多指教。

地緣★風雲

作者	黃裕舜
編輯	區嘉玲
設計	Pollux Kwok
出版經理	余佩娟、李海潮

出版　　　信報出版社有限公司　HKEJ Publishing Limited
　　　　　香港九龍觀塘勵業街11號聯僑廣場地下
　　　　　電話（852）2856 7567　傳真（852）2579 1912
　　　　　電郵 books@hkej.com

發行　　　春華發行代理有限公司　Spring Sino Limited
　　　　　香港九龍觀塘海濱道171號申新証券大廈8樓
　　　　　電話（852）2775 0388　傳真（852）2690 3898
　　　　　電郵 admin@springsino.com.hk

　　　　　台灣地區總經銷商
　　　　　永盈出版行銷有限公司
　　　　　台灣新北市新店區中正路499號4樓
　　　　　電話（886）2 2218 0701　傳真（886）2 2218 0704

承印　　　美雅印刷製本有限公司
　　　　　九龍觀塘榮業街6號海濱工業大廈4字樓A室

出版日期　2023年6月 初版
國際書號　978-988-76644-1-3
定價　　　港幣168　新台幣840
圖書分類　國際政治、社會科學

作者及出版社已盡力確保所刊載的資料正確無誤，惟資料只供參考用途。